2018年度
中国林业和草原发展报告

2018 China Forestry and Grassland Development Report

国家林业和草原局

中国林业出版社

《2018 年度中国林业和草原发展报告》

编辑委员会

主　任	张建龙					
副主任	张永利	刘东生	彭有冬	李树铭	李春良	谭光明	胡章翠
	苏春雨	杨　超					
委　员	（以姓氏笔画为序）						
	丁立新	马爱国	马国青	王月华	王永海	王志高	王海忠
	田勇臣	刘克勇	刘　拓	闫　振	孙国吉	李世东	李伟方
	李　冰	李金华	吴志民	张志忠	张　炜	张艳红	金　旻
	陆诗雷	周鸿升	周　戡	孟宪林	陈嘉文	赵良平	郝育军
	郝学峰	郝雁玲	徐济德	高红电	高述超	黄采艺	菅宁红
	程　红	潘世学					

编写组

组　长	闫　振	李　冰					
常务副组长	马爱国	王月华					
副组长	刘建杰	夏郁芳					
成　员	胡明形	柯水发	李　杰	林　琳	周　琼	刘　珉	谷振宾
	张　坤	张　鑫	唐肖彬	王佳男	曹露聪	苗　垠	侯　翎
	张朝晖	郑思洁	杨　智	高静芳	林　琼	张　旗	张云毅
	孙　友	李世峰	李新华	吴红军	毛　锋	邹庆浩	王　楠
	张会华	程小玲	孔　斌	赵庆超	徐　鹏	张浩宇	汪飞跃
	马　藜	龚玉梅	王卓然	徐旺明	那春风	陈光清	孙嘉伟
	付健全	袁卫国	伍祖祎	黄祥云	孔　卓	吴　今	张　棚
	沈瑾兰	徐信俭	李　屹	张美芬	于百川	刘正祥	肖　昉
	富玫妹	郭　伟	李　磊	徐建雄	解炜炜	李俊恺	朱介石
	吴　昊	李成钢	马一博	曾德梁	张　媛	付　丽	刘　博
	杨万利	张丽媛	姜喜麟	何　微	管兴旺	钱　蕾	周榕蓉
	周　默						

前　言

　　2018 年，是党和国家机构改革后的第一年，党中央赋予林业和草原部门新的重任和历史使命。林业和草原系统全面贯彻党的十九大和十九届二中、三中全会精神，认真学习习近平新时代中国特色社会主义思想，牢固树立"四个意识"，坚定"四个自信"，践行"两个维护"。按照党中央、国务院的决策部署，坚持改革创新，全力推动林业草原事业高质量发展，各项工作取得了明显成效，为建设生态文明，促进经济社会发展做出了积极贡献。

　　国土绿化取得明显成效　全国共完成造林 729.95 万公顷，其中，人工造林占比达 50.39%；林业重点生态工程造林占比达 33.47%。第九次全国森林资源清查结果显示，我国人工林保存面积达到 8 003.10 万公顷，继续保持世界首位。建设国家储备林 67.38 万公顷。重点草原保护修复工程区草原植被盖度比非工程区平均高 11 个百分点。

　　自然保护地实现统一监管　按照机构改革要求部署，组建了国家林业和草原局，加挂国家公园管理局牌子，统一管理国家公园等各类自然保护地。国家先后印发了三江源、东北虎豹、祁连山、大熊猫 4 个国家公园体制试点方案和 6 个国家公园体制试点实施方案。截至 2018 年底，共启动国家公园体制试点 10 个。东北虎豹、祁连山、大熊猫国家公园管理局挂牌成立。

新增国家级自然保护区 11 处、国家级森林公园 17 处、国家沙漠（石漠）公园 17 处、国家矿山公园 1 处、世界自然遗产地 1 处、世界地质公园 2 处、国家地质公园 5 处。

资源得到有效保护　国家林业和草原局组织开展了应用遥感手段结合地面核实验证的全覆盖森林督查工作，发现案件线索 16 万余起，依法进行了查处和落实整改。天然林保护范围扩大到全国，中央投入天然林保护资金 453.4 亿元。完成了国家级公益林落界工作，落界面积 1.14 万公顷。加强滨海湿地保护严格管控围填海，从严控制重点国有林区林地的使用。加大对草畜平衡和禁牧休牧的监管，全国主要草原牧区都已实行了禁牧休牧措施。全国草原综合植被盖度达到了 55.7%，比 2017 年提高了 0.4 个百分点。《第三次全国国土调查工作分类》明确设立湿地一级地类，包括红树林地、森林沼泽等 8 个二级地类。先后组织开展"飓风 1 号""春雷 2018""绿剑 2018"等专项打击行动。森林草原防火和有害生物防控成效明显。

产业结构持续优化　全国林业产业总产值达 7.63 万亿元，比 2017 年增长 7.01%。商品材产量 8 810.86 万立方米，人造板产量 2.99 亿立方米，各类经济林产品产量 1.81 亿吨。森林旅游游客量达 16 亿人次，同比增长 15.1%。林业产业结构进一步优化，三次产业结构比为 32∶46∶22。全国天然草原鲜草总产量 10.99 亿吨，草原承包面积 2.87 亿公顷，全国重点天然草原平均牲畜超载率为 10.2%，较 2017 年下降 1.1 个百分点。

生态扶贫成效显著 中央财政安排生态护林员补助资金35亿元，比2017年增加10亿元。全国累计选聘建档立卡贫困人口生态护林员50多万名,可精准带动180万贫困人口增收脱贫。享受退耕还林还草补助政策的160多万贫困户平均每户增加补助资金2 500元,享受禁牧和草畜平衡奖励的农牧户年人均增收700元左右。联合印发了《生态扶贫工作方案》,到2020年力争组建造林合作社（队）1万个、草牧业合作社2 000个,吸纳10万贫困人口参与生态工程建设,新增生态管护员岗位40万个,带动约1 500万贫困人口增收。国家林业和草原局安排4个定点扶贫县中央林业资金2.39亿元,促成4个定点县与17家企业签订了18份合作意向书,投资金额达17.5亿元,4个定点县有68 412人脱贫,69个贫困村摘贫。全国油茶种植面积扩大到426.67万公顷,依托森林旅游实现增收的建档立卡贫困人口达35万户。

林草改革全面深化 国有林区停伐政策全面落实,政企分开稳步推进,管理机制逐步理顺。截至2018年底,全国国有林场已完成改革任务,95%的国有林场被定为公益性事业单位,事业编制21.7万人,林场数量4 358个。除通过国家试点验收的3个省份,其他28个省（自治区、直辖市）已完成了省级自验收工作。除个别省份外,各省份均以省政府名义出台了落实国办83号文件的实施意见。推动放活集体林经营权、引导林权规范有序流转、创新林业经营组织方式等改革深入推进。国家公园体制试点、草原资源产权制度、国有森林资源资产有偿使用等改革稳步推进。

支撑保障水平继续提升　林业草原投入政策进一步完善，中央资金重点支持国有林场林区道路建设，中央财政加大对长江经济带相关省（直辖市）地方政府开展生态保护等带来的财政减收增支的财力补偿，加大专项对长江经济带的支持力度。中央林业投资完成 1 144 亿元。金融支持力度进一步加大，有 30 个林业 PPP 项目进入财政部 PPP 项目库。2018 年财政部发布的第四批政府和社会资本合作示范项目中，3 个林业 PPP 项目入选。2018 年国家开发银行和中国农业发展银行发放林业重点项目贷款 190 亿元。《中华人民共和国森林法》修改、湿地保护立法、国家公园立法取得积极进展。发布 2018 年度重点推广科技成果 100 项，林草科技和信息化水平不断提升。

国际交流合作不断深化　积极服务国家外交大局，落实大熊猫、朱鹮、犀牛等物种与有关国家的合作研究。推进"一带一路"林业草原区域合作，深度参与全球林业草原治理，与有关国家签署林业合作协议 10 个。成功将"全球森林资金网络"落户中国写入《联合国森林论坛第 13 届会议决议》。亚洲开发银行贷款林业生态发展项目累积使用贷款 8 710 万美元，欧洲投资银行贷款林业打捆项目完成总投资 7.5 亿元。2018 年，林产品进出口贸易总额达到 1 603.64 亿美元，比 2017 年增长 8.07%。

2019 年，全国林业和草原系统要以习近平新时代中国特色社会主义思想为指导，全面贯彻落实党中央、国务院关于林业和草原改革发展的重大决策部署，深入开展大规模国土绿化行动，扎实做好林业草原生态保护和修复工作，积极推进各项重点改革，提供更多优质生态产品，让绿水青山持续发挥生态、经济和社会效益，为决胜全面建成小康社会、建设生态文明和美丽中国做出新的更大贡献，以优异成绩向新中国成立70周年献礼。

2019 年 9 月

目 录

专栏目录

A P1-16

摘 要

摘　要

1. 国土绿化效果显著，林草建设稳步推进

扎实开展造林绿化　2018 年，全国共完成造林 729.95 万公顷，超额完成年度计划任务，其中，人工造林占全部造林面积的 50.39%；国家林业重点生态工程造林占全部造林面积的 33.47%。全民义务植树有序开展，发动全社会力量植树 17.5 亿株（含折算株数）。部门造林工作亮点纷呈，城市建成区绿地率达 37.9%，城市人均公园绿地面积达 14.1 平方米，全国公路绿化率达 64.5%，运营铁路绿化率达 84.3%。完成国家储备林建设任务 67.38 万公顷。

依托工程修复草原生态　2018 年，我国继续实施退牧还草、京津风沙源治理、西南石漠化草地治理等工程，开展草原生态修复和保护，工程区草原植被盖度比非工程区平均高 11 个百分点，植被平均高度和单位面积鲜草产量分别比非工程区高 38.3% 和 52.7%。

2. 自然保护地管理体制机制取得突破，实现统一监管

创新国家公园体制机制建设　2018 年，党和国家机构改革方案明确提出由国家林业和草原局统一监督管理自然保护地，以国家公园为主体的自然保护地体系逐步建立。启动了国家公园体制试点 10 个，在体制机制方面取得突破，逐步试点统一事权、分级管理的体制建设和收支两条线管理机制，基础工作扎实推进，生态保护力度加大。

加强自然保护区和自然公园管理　2018 年，通过开展制度建设、规划审查、专项督查、人员培训、宣传教育、梳理自然保护地信息等一系列工作，规范管理自然保护区和自然公园。新增国家级自然保护区 11 处、国家级森林公园 17 处、国家沙漠（石漠）公园 17 处、国家矿山公园 1 处、世界自然遗产地 1 处、世界地质公园 2 处、国家地质公园 5 处。112 处试点国家湿地公园通过验收，6 个城市获得全球首批"国际湿地城市"称号。

3. 林草融合取得新突破，资源保护迈上新台阶

随着党和国家机构改革全面完成，林草融合发展取得新突破，资源保护工作迈上了新台阶。2018 年，国家从严控制重点国有林区林地的使用，各地严格执行年度森林采伐限额，探索林木采伐管理新办法新举措，森林资源保护管理成效显著；加快推进全面保护天然林，17 个省（自治区、直辖市）20 个省级单位实施天然林有效管护，森林管护面积达 1.15 亿公顷。全国草原生态环境持续恶化势头得到有效遏制，草畜平衡和草原禁牧休牧工作扎实推进，2018 年，中央财政安排年度草原补奖资金 187.6 亿元，其中，草原禁牧补助 90.5亿元，草畜平衡奖励 65.1 亿元，绩效考核奖励资金 32 亿元。全国草原综合植被盖度达到了 55.7%，较 2017 年提高 0.4 个百分点。湿地保护管理能量稳步提升，中央财政安排资金 16 亿元实施一批湿地保护和恢复项目。全面完成防沙治沙重点工程项目建设任务。森林和草原灾害防控工作成效显著，灾害损失明显下降。

4. 林业总产值增加，产业结构优化，鲜草总产量增加，牲畜超载率下降

第三产业增加较快，商品材总产量小幅增加　2018 年，林业产业总产值达到 7.63 万亿元（按现价计算），比 2017 年增长 7.01%，同比增速减少 2.85 个百分点。林业一、二、三产业产值与 2017 年相比，都有不同幅度增长，第三产业增长迅速。林业三次产业结构比进一步得到优化，由 2017 年的 33∶48∶19 调整为 32∶46∶22，第三产业比重增加 3 个百分点。林业旅游与休闲服务业产值增速达 21.50%。

2018 年，全国商品材总产量为 8 810.86 万立方米，比 2017 年增加 412.69 万立方米，同比增长 4.91%。全国非商品材总产量为 2 087.64 万立方米，比 2017 年减少 243.58 万立方米，同比降低

10.45%。2018 年，全国各类经济林产品产量有所减少，经济林产品产量达到 1.81 亿吨，比 2017 年减少 3.72%。全年林业旅游和休闲的人数达到 36.6 亿人次，比 2017 年增加 5.58 亿人次。

天然草原鲜草总产量有所增加，天然草原平均牲畜超载率有所下降　2018 年，全国天然草原鲜草总产量 109 942.02 万吨，较 2017 年增加 3.24%；截至 2018 年底，全国已承包的草原面积约为 2.87 亿公顷。全国重点天然草原平均牲畜超载率为 10.2%，较 2017 年下降 1.1 个百分点。全国共采集甘草 69 422.8 吨、麻黄草 13 440.5 吨、冬虫夏草 146.04 吨。与 2017 年相比，甘草和麻黄草采集量增加，冬虫夏草采集量减少。

5. 林产品出口和进口较快增长，但出口增速低于进口增速，贸易逆差有所扩大；木材产品总供给小幅下降；原木与锯材产品总体价格水平环比稳中微降，同比先涨后跌、总体小幅上扬。草产品出口以草种子为主、进口以草饲料为主

2018 年，林产品出口 784.91 亿美元，比 2017 年增长 6.93%，占全国商品出口额的 3.16%；其中，木质林产品出口 562.00 亿美元、非木质林产品出口 222.91 亿美元，分别比 2017 年增长 2.80% 和 18.96%。林产品进口 818.73 亿美元，比 2017 年增长 9.19%，占全国商品进口额的 3.83%；其中，木质林产品进口 563.71 亿美元、非木质林产品进口 255.02 亿美元，分别比 2017 年增长 11.01% 和 5.35%。林产品贸易逆差为 33.82 亿美元，比 2017 年扩大 18.04 亿美元。

2018 年，木材产品市场总供给为 55 675.16 万立方米，商品材产量 8 810.86 万立方米；木质纤维板和刨花板折合木材（扣除与薪材供给的重复计算）14 285.03 万立方米；农民自用材和烧柴产量为 2 724.69 万立方米；进口原木及其他木质林产品折合木材 29 854.58 万立方米。

2018 年，木材产品市场总需求为 55 675.16 万立方米，比 2017 年下降 2.07%。其中，工业与建筑用材消耗量为 42 081.77 万立方米；

农民自用材(扣除农民建房用材)和烧柴消耗量为 2 228.61 万立方米；出口原木及其他木质林产品折合 10 686.17 万立方米；增加库存等形成的木材消耗为 678.61 万立方米。

2018 年，中国木材市场价格综合指数呈现"先涨后跌"的阶段变化特征，价格指数由 1 月和 2 月的 130.1% 持续上涨至 5 月的 134.5%，6 月开始持续降至 10 月的 123.7%，11～12 月稳定在 124.1%～124.2%；各月同比涨幅区间为 -7.66%～9.00%。

2018 年，草产品出口 30.69 万元，其中，草种子占 80.68%；草产品进口 6.61 亿元，其中，草饲料占 80.79%。

6. 生态扶贫取得实在效果，生态公共服务稳步推进

2018 年，国家林业和草原局协调广西、贵州两省份林业主管部门安排广西龙胜县、罗城县，贵州独山县、荔波县等 4 个定点县中央林业资金 2.39 亿元，安排省级林业资金 3 077.07 万元。对定点县基建项目审批给予重点支持。4 个定点县有 68 412 人脱贫，69 个贫困村摘贫。生态护林员选聘规模稳步扩大，以集中连片特困地区为重点，累计选聘建档立卡贫困人口生态护林员 50 多万名，可精准带动 180 万贫困人口增收脱贫。160 多万贫困户享受退耕还林还草补助政策，平均每户增加补助资金 2 500 元；对实施禁牧和草畜平衡的农牧户给予禁牧补助和草畜平衡奖励，农牧民年人均增收 700 元左右。贫困地区生态产业取得积极进展，全国油茶种植面积扩大到 426.67 万公顷，依托森林旅游实现增收的建档立卡贫困人口达 35 万户。

2018 年，新增全国林业科普基地 49 家，中国生态文化协会分别授予北京市昌平区十三陵镇康陵村等 128 个行政村为"全国生态文化村"称号，授予海南呀诺达雨林文化旅游区"全国生态文化示范基地"称号。各主要新闻单位和网站共刊播生态文明建设报道 2.04 万多条（次）。众多载体围绕弘扬生态文化及推动林草改革发展推

出系列精品展览、论坛。青少年生态文明教育和实践活动的思想性、体验性、实效性显著增强。社会公众生态文明教育参与感递增。企业参与生态公益事业层次渐深，成效显著。

7.林草改革持续推进，成效明显

国有林区改革取得新进展 停伐政策全面落实，中央6号文件确定的第一项改革任务顺利完成。政企分开逐步推进，内蒙古森工集团已经完成全部社会职能的剥离，吉林、长白山森工集团完成了林区教育、公检法和部分供水、供电、供热等职能移交，龙江森工集团完成了林区教育、公检法、电网、通讯等职能移交，大兴安岭林业集团正在进行林区检法和教育的职能移交。中央全面深化改革领导小组办公室（以下简称中央改革办）对重点国有林区完善管理体制提出了明确意见，管理体制改革思路逐步清晰。森林资源管护成效不断提升，各地基本建立并实行了三级管护体系，取得了良好效果。地方政府保护森林、改善民生的责任逐步落实，内蒙古将林区道路建设纳入自治区"十三五"道路建设规划，吉林省将林地保有量、占用林地定额纳入各级政府目标责任考核内容，黑龙江省将林区发展纳入省"十三五"经济社会发展规划。富余职工基本安置，林区职工人均年收入平均增长1.1万元，林区社会保持稳定。

国有林场改革持续深入 截至2018年底，全国国有林场完成改革任务。除浙江、江西、湖南3省份通过国家试点验收外，其他28个省（自治区、直辖市）已完成了省级自验收工作。从改革总体情况看，保生态、保民生改革原则较好地落实。改革红利逐步释放，全国国有林场0.45亿公顷森林资源得到有效保护，全面停止了天然林商业性采伐。民生改善成效明显，累计完成国有林场职工危旧房改造54.5万户，职工年均工资达4.5万元，是改革前的3.2倍。基本养老保险、基本医疗保险参保率为100%。财政支持力度大，中央财政累计安排改革补助资金158亿元，国有林场全面停止天然林商业性采伐累计补助138亿元。基础设施不断强化,四部门联合印发了《关于促进国有林场林区道路持续健康发展的实施意见》,连续3年投资107亿元支持国有林场内外道路建设。国有林场管护站点用房建设试点的3个省份共建设管护站点用房868个,中央投资1.8亿元。体制机制不断创新,95%的国有林场被定为公益性事业单位,人员精简林场整合目标实现,国有林场事业编制减少到21.7万人,国有林场数量由改革前的4 855个减少到4 358个。

集体林权制度改革不断深化 2018年,各省均以省政府名义出台了落实国务院办公厅83号文件的实施意见。印发《国家林业和草原局关于进一步放活集体林经营权的意见》,进一步拓展经营权权能。完善集体林地承包经营纠纷调处考评指标并部署考评工作,推进集体林权监管系统和林农服务平台建设。印发《国家林业和草原局关于推进集体林业综合改革试验区工作的通知》,启动新一轮(2018—2020年)改革试验区工作,明确33个改革试验区及其分别承担的改革任务,提出用3年左右的时间,在重点领域和关键环节开展探索试验和制度创新,形成一批可复制、可推广的经验做法。全国明晰产权、承包到户的基础改革任务基本完成,已确权集体林地面积1.80亿公顷,占纳入集体林权制度改革面积的98.97%,发放林权证1.01亿本,发证面积1.76亿公顷,占已确权林地面积的97.65%,1亿多农户受益。各类新型林业经营主体达25.78万个,经营林地面积0.4亿公顷。林权流转规范稳步推进,林权抵押贷款工作有序开展,林权抵押贷款余额达1 270亿元。

草原改革逐步推进 按照《国务院关于全民所有自然资源资产有偿使用制度改革的指导意见》要求,国家林业和草原局已就草原资源产权制度改革开展了相关专题调研,委托有关研究机构开展了深入研究,初步形成了改革方案框架,争取到2020年,基本建立起产权明晰、规则完善、监管有效、权益落实的国有草原资源有偿使用制度。在不断增强和有效发挥草原资源生态功能的前提下，兼顾草原资源的生产功能，提升国有草原资源对维护国家生态安全和保障农牧民生计的双重功能，实现国有草原资源保护与利用的生态、社会和经济效益的协调统一。

8. 林草政策逐步完善，法制建设稳步推进

一系列林草政策出台 2018 年，在国土绿化方面，印发了《关于积极推进大规模国土绿化行动的意见》和《关于加快推进长江两岸造林绿化的指导意见》，明确要完善政策机制，培育国土绿化新动能。在资源保护和管理方面，国务院印发《关于加强滨海湿地保护严格管控围填海的通知》，明确要严控新增围填海造地，加快处理围填海历史遗留问题，建立长效机制，健全调查监测体系。印发了《关于从严控制矿产资源开发等项目使用东北、内蒙古重点国有林区林地的通知》，划定勘查、开采矿藏和风电场项目禁止建设区域，严格限制商业性勘查矿藏项目临时使用林地，提高开采矿藏项目使用林地准入门槛；印发《关于加快推进森林经营方案编制工作的通知》，要求国有林经营单位必须编案；野生动植物保护类、森林资源类、林业有害生物防治检疫三类行政许可随机抽查工作细则出台，加强许可事中事后监管。在自然保护地建设和管理方面，印发了《关于进一步加强国家级森林公园管理的通知》，提升国家级森林公园管理能力。在集体林权管理方面，印发了《关于进一步放活集体林经营权的意见》，在八个方面明确政策措施。在扶贫方面，中共中央、国务院发布《关于打赢脱贫攻坚战三年行动的指导意见》，明确了林草领域扶贫政策。印发了《建档立卡贫困人口生态护林员管理办法》，明确享受中央财政补助的生态护林员范围。在国有林场建设方面，印发了《关于促进国有林场林区道路持续健康发展的实施意见》，明确道路属性归位，合理确定建设标准，落实建设养护主体。在财政金融方面，印发了《关于建立健全长江经济带生态补偿与保护长效机制的指导意见》，明确中央财政要加大政策支持。印发《林业生态保护恢复资金管理办法》，推进资金统筹使用，提高财政资金使用效益。

林草法制建设持续推进　2018 年，继续推进森林法和草原法修改工作，启动湿地保护法草案和国家公园法草案的起草工作。制定和修改并颁布部门规章 2 部，合法性审查及发布规范性文件 17 件。全国共发生林业行政案件 18.29 万起，比 2017 年增长 5.54%。全国共发生各类草原违法案件发案 8 199 起，比 2017 年下降 40.4%。全国森林公安机关共立案侦查各类涉林和野生动植物刑事案件 3.39 万起，比 2017 年增长 3.99%。打击处理违法犯罪人员 3 万余人（次），收缴林木 7.5 万立方米、野生动物 23 万余头（只），全部涉案价值 9.18亿元。组织开展"飓风 1 号""春雷 2018""绿剑 2018"以及"严厉打击犀牛和虎及其制品非法贸易"等专项打击行动。2018 年，共办理行政复议案件 53 起，其中，受理 36 起并已全部办结，不予受理17 起；共办理行政诉讼应诉案件 39 起。

9. 林业支撑力度持续增强，保障体系日趋完善

林草资金来源渠道多元，中央财政投入力度进一步加大　2018年，全国林业生态保护与建设累计完成投资 4 817.13 亿元，与 2017年相比增长 0.35%。其中，国家资金投资完成 2 432.49 亿元，占全年完成投资的 50.50%。用于生态建设与保护的投资为 2 125.75 亿元，占全部林业投资完成额的 44.13%；用于林木种苗、森林防火与森林公安、林业有害生物防治等林业支撑与保障的投资为 608.44 亿元，用于林业产业发展的资金为 1 926.33 亿元，其他资金 156.61 亿元，在 2018 年完成林业投资总额中占比依次为 12.63%、39.99% 及 3.25%。2018 年，草原生态保护和修复中央财政安排预算内资金 39.73 亿元。

林木种苗和草种管理规范，林草科技创新不断提高　2018 年，国家林木种质资源保护工程项目中央预算内投资 1 亿元。林木种苗

生产总量充足，满足造林绿化需求。全国实际用种 2 152 万千克，其中用良种 414 万千克、良种穗条 78 亿条（根），同比 2017 年实际用种量减少 233 万千克，减少 7.8%；造林绿化实际用苗量为 165 亿株，同比 2017 年减少 24 亿株，减少 13%。成立国家林业和草原局第一届林木品种审定委员会和第一届草品种审定委员会。2018 年，中央财政投入林业科技资金 9.69 亿元，4 项成果获国家科技进步二等奖，申报国家科技计划专项有 11 个项目获批。遴选入库林业科技成果 891 项，发布 2018 年度重点推广林业科技成果 100 项，授予植物新品种权 405 件，开展森林认证实践项目 20 多个。发布林业国家标准 47 项、行业标准 180 项。

教育改革成果丰富，信息化成果显著　2018－2019 学年，全国林草研究生教育、林草本科和高等林草职业教育（专科）毕业生人数比上一学年增幅较大，中等林草职业教育毕业生人数继续减少。招生情况为本科、高职招生大幅增加，林草研究生招生大幅减少，中职招生呈逐年萎缩趋势。全面推进林草行业干部培训工作，举办培训班 305 期，培训 23 298 人次。2018 年，全国林业信息化率达到 73.83%，中国林业网站群新增国家公园站群，重点龙头企业站群上线 59 个子站，全年发布信息 30 多万条，中国林业网荣获大世界基尼斯之最"规模最大的政府网站群""政府网站政民互动类精品栏目奖""2018 年互联网＋政务服务创新应用奖"等奖项。中国智慧林业体系设计与实施示范成果荣获梁希林业科学技术一等奖。

国有林场建设取得成效，林业工作站稳步推进　2018 年，建立国有林场在线培训平台，举办国有林场职业技能竞赛和 4 期国有林场培训班。完成林业工作站基本建设投资 3.79 亿元。新建乡镇林业工作站 214 个。共有 418 个林业工作站新建了管理用房，727 个站配备了通讯设备，696 个站配备了机动交通工具，2 634 个站配备了计算机。确认 2018 年度全国共有 476 个林业工作站达到合格标准并授予"全国标准化林业工作站"称号。

10.区域林草持续发展，各具发展特色

我国各区域的林业发展各具特色和优势。"一带一路"建设林业合作进展顺利，长江经济带林业发展工作扎实有效推进，京津冀协同发展林业工作持续进行。传统的东、中、西和东北各区域间和区域内的林业发展更趋均衡。草原资源分布和草业发展区域差异特征明显。

国家战略下的区域林业发展　"一带一路"区域内森林覆盖率为22.36%，与第八次全国森林资源清查数据相比，提高了1.00个百分点；2018年造林面积为381.02万公顷，比2017年略有增加，占全国的52.20%；全国66.37%的重点工程造林在该区开展，林业产业总产值为3.68万亿元，与2017年基本持平，占全国的48.23%；累计完成林业投资额2 489.88亿元，占全国的51.69%；2018年，我国与"一带一路"沿线国家的林产品贸易同比增长4.72%，占我国林产品贸易总额的32.03%。长江经济带区域森林覆盖率为44.38%，远高于全国平均水平，与第八次全国森林资源清查数据相比提高了2.85个百分点；2018年造林面积为290.01万公顷，占全国的39.73%；林业产业较为发达，林业产业总产值为3.72万亿元，比2017年增加10.71%，占全国的48.75%；林业旅游与休闲产业收入8 273.97亿元，占全国的63.43%，直接带动的其他产业产值7 941.12亿元，占全国的74.21%；2018年，共安排长江经济带11省（直辖市）营造林任务61.67万公顷；开展《长江经济带森林生态保护和修复规划》的修订工作，编制完成《长江经济带共抓大保护林业支持政策汇编》。京津冀区域内森林覆盖率为27.30%，略高于全国平均水平，与第八次全国森林资源清查数据相比，提高了3.66个百分点；2018年造林总面积为63.96万公顷，比2017年明显增加了19.82%，占全国的8.76%；在岗职工年平均工资较高，为8.66万元，为全国平均水平

摘　要

的 1.48 倍；2018 年，参与《河北雄安新区规划纲要》及产业、综合交通等专项规划编制工作，编制《环首都国家公园体系发展规划 (2016—2020 年)》并通过专家审定，收集编辑《京津冀协同发展林业生态支持政策汇编》相关文件。

传统区划下的林业发展　东部地区森林覆盖率为 39.28%，森林面积 0.36 亿公顷，森林蓄积量 19.64 亿立方米，分别占全国的 16.36% 和 11.18%；2018 年，区内共完成造林面积 137.16 万公顷，占全国造林总面积的 18.79%；2018 年，区内林业产业总产值 33 114.72 亿元，比 2017 年增长 4.61%。该区林业产业实力雄厚，林业产业持续高速发展。中部地区森林覆盖率为 38.29%；产业发展特色较为突出，湖南和江西的油茶产业产值分别达 372.73 亿元和 320.92 亿元，列全国首位和第二位；区内油茶林面积 277.46 万公顷，占全国的 65.03%。西部地区森林覆盖率为 19.40%；区内共完成造林面积 364.17 万公顷，占全国造林总面积的 49.89%；区内内蒙古的造林面积 60 万公顷，名列全国第二；区内贵州省接待旅游人数高达 4.14 亿人次，名列全国首位；区内的广西作为我国重要的木材战略储备生产基地，商品材产量高达 3 174.82 万立方米，名列全国第一。该区是我国林副产品的主产区之一，林下经济发展颇具特色和竞争力，林下经济产业大有可为。2018 年，东北地区森林覆盖率为 42.39%；受国有林区转型升级影响，林业产业产值略有减少，区内林业产业总产值 4 064.33 亿元，比 2017 年减少 3.34%，占全国林业产业总产值的 5.33%；该区的商品材产量持续调减，区内商品材产量 407 万立方米，比 2017 年减少了 13.65%；区内黑龙江省林业系统在岗职工人数 23.81 万人，名列全国首位。综合而言，东部地区森林覆盖率最高，西部人均造林面积和人均林地面积最高，东部地区林业创造的产业产值、林业职工工资水平和单位林地面积投资额均最高，中部地区和西部地区林业区位熵较高。就各省而言，福建森林覆盖率最高，河北的造林面积最大，广东的林业产业产值最高，广西的商品材产量、林业投资和林业区位熵额最高。

区域草原发展 国家战略下的"一带一路"区域拥有天然草原面积 3.28 亿公顷，其中，西北区天然草原面积 1.15 亿公顷、东北区天然草原面积 0.96 亿公顷、西南区天然草原面积 1.00 亿公顷。长江经济带草地面积约有 0.65 亿公顷。长江经济带草原鼠虫害发生区域主要在四川省。京津冀地区天然草原面积约 0.53 亿公顷。传统区域下共有草原面积 3.93 亿公顷，主要分布在西藏（20.89%）、内蒙古（20.06%）、新疆（14.58%）、青海（9.26%）、四川（5.17%）、甘肃（4.56%）、云南（3.90%）、广西（2.21%）等省份。东部 10 个省份共有草原面积 1681.14 万公顷，占全国草原总面积的 4.28%；中部 6 个省份草原面积 2781.62 万公顷，占全国草原总面积的 7.08%；西部是草原主要分布区，12 个省份共有草原面积 3.31 亿公顷，占全国草原总面积的 84.37%；东北三省共有草原面积 1 676.28 万公顷，占全国草原总面积的 4.27%。

11. 对外合作深入开展，成效显著

2018 年，政府间林草国际合作积极服务国家外交大局，林业内容被纳入第七届中非合作论坛北京峰会、第七次中日韩领导人会议、第七次中国－中东欧国家领导人会晤、第五轮中德政府磋商、第 20 次中欧领导人会晤的成果文件以及我国与尼泊尔、巴基斯坦等国领导人共同发表的联合声明。2018 年，全年完成部长级高层会晤 30 余场，签署了 10 份林业领域合作协议，召开了 16 次机制性合作会议。2018 年，林草民间合作与交流成果丰硕，共实施林业援外培训项目 26 个，培训对象重点向"一带一路"沿线国家倾斜。与 7 家境外非政府组织先后召开合作年会，确定合作项目 208 个，落实资金近 6 400 万元人民币。《濒危野生动植物种国际贸易条约》(CITES)、《联合国防治荒漠化公约》(UNCCD) 等履约工作顺利推进。国际贷

摘　要

款项目成果丰富，世界银行、欧洲投资银行联合融资"长江经济带珍稀树种保护与发展项目"准备工作进展顺利。亚洲开发银行贷款"西北三省区林业生态发展项目"进入竣工准备阶段。项目营造经济林 3.89 万公顷、生态林 0.50 万公顷，培训人员 14.5 万人次，累积使用贷款 8 710 万美元、赠款 420 万美元。欧洲投资银行贷款林业打捆项目继续实施。截至 2018 年底，项目累计完成营造林任务 4.6 万公顷，其中，人工造林 3.3 万公顷，改造培育 1.3 万公顷；完成项目总投资 7.5 亿元，其中，欧投资银行贷款（报账金额）1.5 亿元，协调落实配套资金 6 亿元。

B

国土绿化

- 造林绿化
- 种草绿化
- 城乡绿化

国土绿化

2018年，认真贯彻落实党的十九大和中央经济工作会议精神，通过造林、种草等措施推进实施大规模国土绿化行动。

（一）造林绿化

2018年，全国共完成造林面积729.95万公顷，超额完成年度计划任务（图1）。西部12省份（含新疆生产建设兵团）共完成造林364.17万公顷，占全部造林地49.89%。河北、内蒙古、湖南、四川、甘肃、云南、陕西、贵州和山西9省（自治区）造林面积均超过33.33万公顷。

图1 2018年造林计划完成情况

万公顷

673.33　　729.95

计划数　　实际数

■ 计划数　　■ 实际数

1. 造林方式

2018年，我国共完成人工造林367.79万公顷、飞播造林13.54万公顷、新封山（沙）育林178.51万公顷、退化林修复132.92万公顷、人工更新37.19万公顷（图2）。

人工造林 2018年，我国31个省（自治区、直辖市）完成的人工造林面积占总造林面积的50.39%（图3）。河北、内蒙古、山西3省（自治区）位列前三，超30万公顷以上，甘肃、云南、四川和贵州4省人工造林面积均超20万公顷以上，上述7省（自治区）人工造林面积占全国人工造林总面积的54.54%。第九次全国森林资源清查数据结果显示，我国人工林保存面积达到8 003.10万公顷，继续保持世界首位。

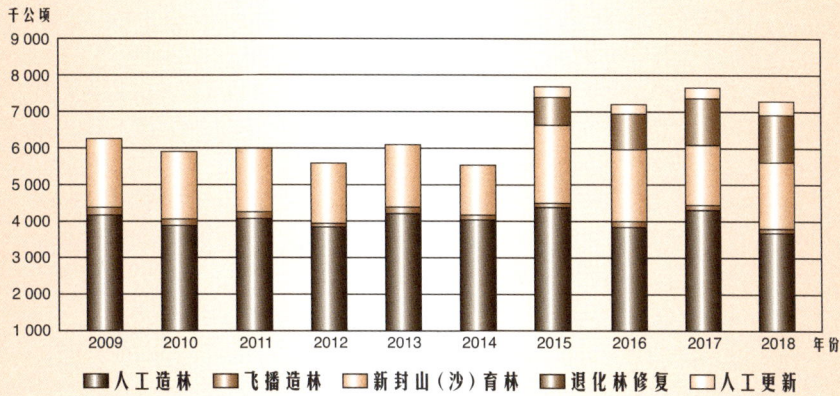

图2　2009－2018年全国造林面积

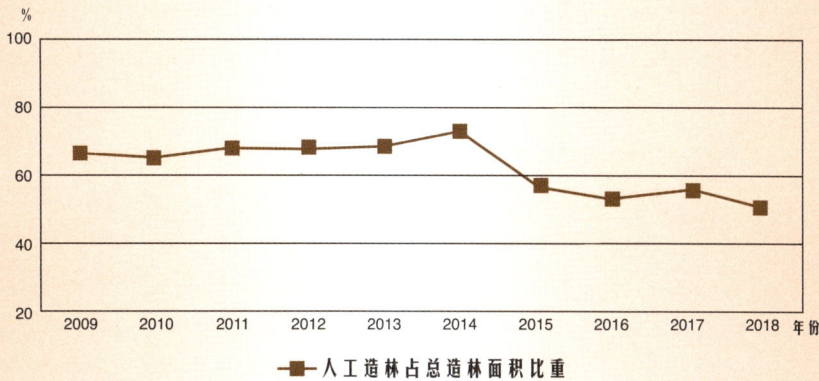

图3　2009－2018年全国人工造林情况

　　人工造林按树种分，防护林、经济林、用材林、特种用途林和薪炭林面积分别为185.93万公顷、120.80万公顷、58.93万公顷、1.67万公顷和0.47万公顷（图4）。

　　飞播造林　2018年，全国共有7个省（自治区）开展了飞播造林，占总造林面积1.85%。其中，荒山飞播12.59万公顷、飞播营林0.95万公顷。飞播面积最大的内蒙古、陕西2省（自治区）占总飞播造林面积的65.09%。

　　封山（沙）育林　2018年，全国有25个省（自治区、直辖市）开展了新封山（沙）育林，占总造林面积的24.46%。其中，无林地和疏林地以及有林地和灌

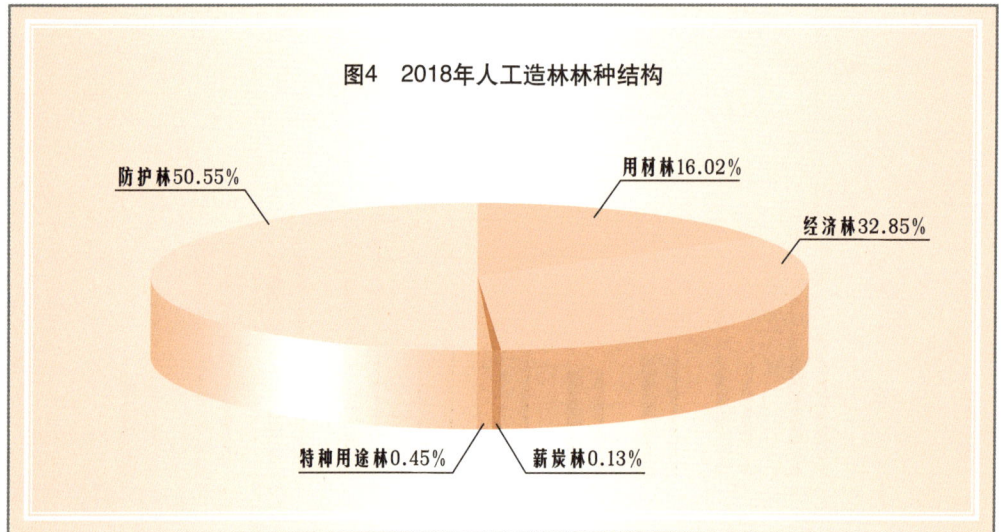

图4　2018年人工造林林种结构

防护林50.55%　　　　用材林16.02%

经济林32.85%

特种用途林0.45%　　薪炭林0.13%

木林地新封山（沙）育林面积分别为103.41万公顷和75.1万公顷。河北、湖南等13个省（自治区、直辖市）新封育面积均超6.67万公顷，占总封山（沙）育林的77.93%。

退化林修复和人工更新　2018年，全国有30个省（自治区、直辖市）开展了退化林修复和人工更新，分别占总造林面积的18.21%和5.09%。其中，纯林改造混交林、新造混交林和人工促进天然更新面积分别为6.93万公顷、3.19万公顷和18.98万公顷。

专栏1　全国人工造林综合核查主要结果

2018年，国家林业和草原局对全国2008－2012年度人工造林成效情况进行了核查。共抽取109个县，核查面积7.82万公顷。核查结果显示：2008－2012年全国共完成人工造林1 960万公顷。其中，成林面积1 100万公顷，占国土面积的1.15%。人工造林面积保存率和成林率分别为84.0%、55.0%。成林面积中，幼林生长状况"好"的占63.3%，"中等"的占31.4%，"差"的占5.3%。2008－2012年人工造林达到保存标准但尚未成林的面积约有566.67万公顷，需要持续加强抚育管护。部分地方造林地和造林树种选择不当的问题较为突出，大大影响了造林成效。另外，灌木林覆盖度标准调整为40%后，对干旱半干旱地区灌木造林成林率产生较大影响。

2. 组织方式

工程造林　2018年，国家林业重点生态工程完成造林面积244.31万公顷，占全部造林面积的33.47%（图5）。其中，人工造林139.05万公顷、飞播造林

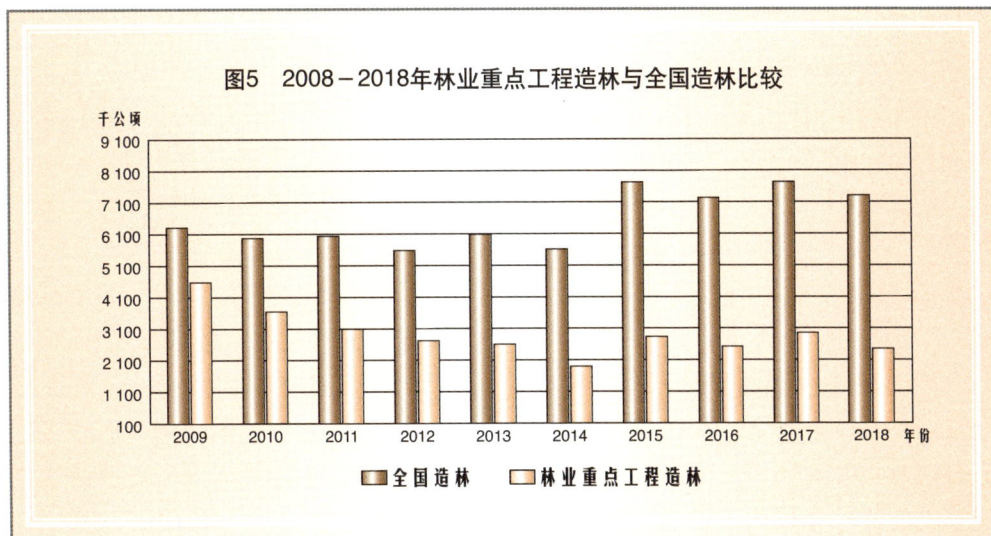

图5　2008－2018年林业重点工程造林与全国造林比较

9.88万公顷，新封山（沙）育林77.81万公顷，退化林修复17.31万公顷，人工更新0.26万公顷。造林任务主要集中在内蒙古、云南、山西、新疆、甘肃和陕西6省（自治区），6省（自治区）完成的林业重点生态工程平均造林面积达21.68万公顷，占全国林业重点生态工程造林面积的53.24%。

2018年，天然林资源保护工程区全年完成造林40.06万公顷。东北、内蒙古重点国有林区和长江上游、黄河上中游地区分别占工程区总造林面积的31.95%和68.05%。在造林面积中，人工造林9.24万公顷，飞播造林6.05万公顷，新封山育林12.93万公顷，退化林修复11.84万公顷。全年补植补造88.67万公顷。工程实施20年来，截至2018年底，工程已累计完成公益林建设任务1 739.12万公顷，其中，人工造林376.97万公顷，飞播造林382.67万公顷，新封山育林933.10万公顷，退化林修复46.38万公顷。

2018年，新一轮退耕还林还草工程进入第五年，全年退耕还林还草任务82.58万公顷，完成造林面积72.35万公顷。从退耕地类和林种看，2018年退耕还林工程近七成任务面积集中于25°以上坡耕地地块的生态修复。经济林和防护林是退耕还林工程的主要林种，分别占退耕造林总面积的53.84%和36.87%。新一轮退耕还林还草任务重点向西部地区倾斜，西部11个省份（含新疆生产建设兵团）共安排年度退耕还林还草任务67.84万公顷，占全国年度任务总量的82.15%。2018年国家级检查验收结果表明，前一轮退耕还林面积保存率为98.39%，成林率为96.3%。自1999年工程启动以来，退耕还林工程已累计完成造林2 855.28万公顷。其中，退耕地造林1 093.32万公顷。

2018年，京津风沙源治理二期工程六省（自治区、直辖市）共完成造林17.78万公顷。其中，人工造林9.56万公顷，飞播造林1.47万公顷，新封山育林6.75万公顷。工程固沙5 167公顷。京津风沙源治理工程自2001年实施以来，已累计完成造林745.76万公顷，其中，人工造林417.49万公顷、飞播造林111.45万公顷、新封山育林214.06万公顷，退化林修复2.76万公顷。

2018年，"三北"及长江流域等防护林体系建设工程有序推进，共完成造林面积89.39万公顷。分方式看，人工造林43.38万公顷，飞播造林2.37万公顷，新封山育林37.92万公顷，退化林修复5.46万公顷，人工更新0.26万公顷。分工程看，"三北"防护林体系建设工程共完成营造林57.30万公顷。其中，人工造林27.34万公顷，飞播造林2.13万公顷，新封山育林24.63万公顷，退化林修复3.17万公顷，人工更新0.03万公顷。长江流域防护林工程完成造林面积20.65万公顷，珠江流域防护林工程完成造林面积2.55万公顷，沿海防护林工程完成造林面积4.45万公顷，太行山绿化工程完成造林面积3.89万公顷，林业血防工程完成造林面积0.55万公顷。自2001年以来，"三北"及长江流域等防护林体系建设工程累计完成人工造林1 149.43万公顷、飞播造林37.73万公顷、新封山育林748.44万公顷、退化林修复13.14万公顷、人工更新1.22万公顷。其中，"三北"工程累计完成人工造林703.36万公顷、飞播造林18.29万公顷、新封山育林422.74万公顷。

2018年，岩溶地区石漠化综合治理工程建设取得新进展。全年完成造林任务24.73万公顷。其中，人工造林4.70万公顷，封山育林20.03万公顷。治理岩溶面积6 523平方千米、石漠化面积2 718平方千米。截至2018年底，累计完成林业建设任务266.21万公顷，其中，人工造林62.1万公顷、封山育林204.11万公顷。

2018年，完成国家储备林建设任务67.38万公顷，其中，利用开发性政策性贷款建设国家储备林23.06万公顷。我国重点地区速丰林建设工程以支撑林业生态建设为主线，2018年完成速丰林工程建设各类造林15.88万公顷，累计完成速丰林基地建设1 233.93万公顷。

专栏2 "三北"工程40年建设成效

2018年，中国科学院对"三北"工程40年建设历程、成效、经验、问题等进行了全方位的评价。评价结果显示，40年工程建设累计完成造林保存面积3 014.3万公顷，工程区林草植被覆盖度从1977年的5.05%提高到13.57%，活立木蓄积量由7.2亿立方米提高到33.3亿立方米，区域生态环境发生了显著变化。一是累计营造防风固沙林788.2万公顷，治理沙化土地33.62万平方千米，保护和恢复严重沙化、盐碱化的草原、牧场1 000多万公顷。工程区沙化土地面积由2000年前的持续扩展转变为目前年均缩减至1 183平方千米，沙化土地连续15年持续净减少，重点治理的毛乌素、科尔沁、呼伦贝尔三大沙地全部实现了沙化土地的逆转。工程区年均沙尘暴日数从6.8天下降到2.4天。二是在平原农区累计营造带片网相结合的区域性农田防护林165.6万公顷，有效庇护农田3 019.4万公顷，农田林网化率达到44.1%，基本根除了危害农业生产的"三刮四种"现象，减轻了干热风、霜冻等灾害性气候对农业生产的危害，农田防护林的防护效应使工程区年增产粮食1 057.5万吨。三是累计营造各类经济林463万公顷，形成我国重要的核桃、红枣、板栗、花椒、苹果等干鲜果品生产基地。年产干鲜果品4800万吨，比1978年前增长了30倍，年产值达到1200亿元，约1500万人依靠特色林果业实现了稳定脱贫。累积营造的用材林折合木材储备量达18.3亿立方米，经济效益达9130亿元。四是工程区林草植被覆盖度从1978年的31.70%增加到2017年的42.41%，林草植被生产力呈恢复性上升趋势，40年营造林总固碳量达23.2亿吨，相当于同期中国工业二氧化碳排放量的5.23%。森林生态系统服务功能价值由1978年的0.48万亿元，增加至2017年的2.34万亿元，产生了显著的综合效益，增强了区域生态系统服务功能。

专栏3　国家储备林监测核查情况

2018年，国家林业和草原局对河北、浙江、福建、江西、山东、河南、广西、海南、云南9省（自治区）开展了2015年、2016年中央基建投资现有林改造培育和新造林等国家储备林实施情况的核查工作。核查结果显示，国家储备林改造培育核查面积核实率98.96%，核实面积和上报面积合格率分别为91.49%、90.53%；国家储备林新造林核查面积核实率99.17%，核实面积和上报面积合格率分别为97.75%、96.93%。

义务植树　2018年，认真组织实施《全民义务植树尽责形式管理办法试行》，指导各地区各部门深入开展义务植树活动，发动全社会力量植树造林17.5亿株（含折算株数）。完善尽责载体和体系布局，持续推进"互联网+全民义务植树"试点工作，批复山西、湖北、四川、贵州、新疆、青海六省份为第二批"互联网+全民义务植树"试点省份，截至2018年底，试点省份达到10个。全国绿化委员会办公室、中国绿化基金会与"蚂蚁森林"签署"互联网+全民义务植树"战略合作协议，构筑全新合作模式助力大规模国土绿化，已在内蒙古、甘肃等荒漠化地区开展了合作项目造林。

部门造林　部门绿化工作亮点纷呈。住房和城乡建设部门开展城市公园、郊野公园、街头绿地等建设，鼓励发展林荫道路、立体绿化和屋顶绿化，对破损山体、城市废弃地等开展生态修复，构建绿道系统，推动城市内外绿地连接贯通，恢复城市自然生态，城市人均公园绿地面积达14.1平方米，人民群众绿色福祉进一步增加。交通运输系统以推进绿色交通建设为契机，新增公路绿化里程7.9万千米，全国公路绿化率达64.5%。铁路系统进一步加强运营铁路沿线防护林带建设，提升站区、单位庭院绿化美化，新栽植防护林乔木125.9万株、灌木2 787.5万穴，运营铁路绿化率达84.3%。水利系统构建层次多样、结构合理的绿色生态通道，全年造林种草472.5公顷。中央直属机关组织干部职工开展庭院绿化改造提升，机关庭院新建、改建绿地22.7万平方米。中央国家机关组织干部职工义务栽植乔灌木和花卉2.6万余株。中国人民解放军组织义务植树活动，全年共植树约2 000公顷。教育系统以"美化环境、陶冶心灵"为导向，搭建"以劳育人"的教育平台，打造"绿色学校"。中国石化系统新增绿地120公顷，矿区绿化覆盖率达30%。中国石油系统矿区新增绿地687.5公顷，绿化覆盖率达27.3%。中国冶金系统开展拆旧扩绿、拆墙透绿、拆违扩绿、工程建绿等活动，新增绿地43.9万公顷，新增复垦造林4.2万公顷。

地方政府、企业及大户等造林　2018年，全国各级地方政府、企业及大户等其他造林485.64万公顷，占全部造林面积的66.53%，成为全国造林的主要力量。其中，湖南、河北造林均超46.67万公顷，分别占全国总造林面积的7.31%和6.67%。

（二）种草绿化

1. 工程种草

2018年，我国继续实施退牧还草、京津风沙源治理、西南石漠化草地治理工程等重点草原保护修复工程。实施范围包括北京、河北、山西、内蒙古、黑龙江、陕西、广西、四川、西藏、甘肃、青海、宁夏、云南、贵州、新疆等省（自治区、直辖市）及新疆生产建设兵团的260多个县（旗、团场）。因部分工程区域施工期较短，给工程实施提出了更高要求。草原生态工程100多个项目县（市、旗、团场）的地面监测调查显示，重点草原保护修复工程区草原植被盖度比非工程区平均高11个百分点，植被平均高度和单位面积鲜草产量分别比非工程区高38.3%和52.7%。

退牧还草工程　该工程是我国目前实施的范围最广、投资金额最大、建设内容最全面的草原生态保护和修复工程。2018年，在内蒙古、陕西等10个省份和新疆生产建设兵团的160个县（旗、团场）安排围栏建设任务207.13万公顷、退化草原改良24.6万公顷、人工饲草地建设5.93万公顷、舍饲棚圈5.9

万户、黑土滩治理2.33万公顷、毒害草治理6.67万公顷、岩溶地区草地治理4.93万公顷。

截至2018年底，退牧还草工程区内的平均植被盖度为64.7%，比非工程区高8.6个百分点；平均高度、鲜草产量分别为25.2厘米、3 337.5千克/公顷，比非工程区分别提高31.1%、54.7%。

退耕还草工程 2018年，国家印发了《关于下达2018年退耕还林还草任务的通知》，在内蒙古、湖北、重庆、四川、西藏、云南、甘肃、四川等8个省（自治区、直辖市）安排还草任务7.32万公顷。

京津风沙源草地治理工程 2018年，京津风沙源草地治理工程在北京、河北、山西、内蒙古、陕西等5个省（自治区、直辖市）实施，安排人工种草1.73万公顷、飞播牧草0.87万公顷、围栏封育23.94万公顷、草种基地0.01万公顷、棚圈建设182.4万平方米、饲草料机械2085台（套）、青贮窖59.68万立方米、贮草棚万45.04平方米。

截至2018年底，京津风沙源草地治理工程区内的平均植被盖度为58%，比非工程区高14个百分点；工程区内平均植被高度和鲜草产量为32.7厘米和4209.1千克/公顷，比非工程区分别提高39.9%和59.9%。

农牧交错带已垦草原治理工程 2018年，农牧交错带已垦草原治理工程在内蒙古、甘肃、宁夏、新疆的32个县组织实施，安排中央预算内资金2.6亿元，安排人工种草面积10.83万公顷。

（三）城乡绿化

1. 城镇绿化

2018年，通过开展城市公园、郊野公园、街头绿地等建设，鼓励发展林荫道路、立体绿化和屋顶绿化，对破损山体、城市废弃地等开展生态修复，恢复城市自然生态。截至2018年底，全国城市建成区绿地率达37.9%。

森林城市建设 2018年，国家林业和草原局授予北京市平谷区等29个城市"国家森林城市"称号（表1），全国国家森林城市数量已达166个。2018年，共有14省（自治区、直辖市）的21个地级城市和34个县级城市提出建设国家森林城市申请。全国还有88个地级城市和114个县级城市正在开展国家森林城市建设。珠江三角洲国家级森林城市群所辖9个地级及以上城市实现了国家森林城市全覆盖，长株潭国家级森林城市群完成规划编制工作，其他4个国家级森林城市群建设正在稳步有序推进。截至2018年，全国已有19个省（自治区、直辖市）开展了省级森林城市建设。

表1 2018年授予的"国家森林城市"名单

城市	省份	城市	省份
平谷区	北京市	邹城市	山东省
秦皇岛市	河北省	曲阜市	山东省
南通市	江苏省	濮阳市	河南省
舟山市	浙江省	驻马店市	河南省
桐庐县	浙江省	南阳市	河南省
安吉县	浙江省	黄石市	湖北省
江山市	浙江省	宜都市	湖北省
芜湖市	安徽省	湘西土家族苗族自治州	湖南省
莆田市	福建省	湘潭市	湖南省
萍乡市	江西省	深圳市	广东省
武宁县	江西省	中山市	广东省
崇义县	江西省	贵港市	广西壮族自治区
济宁市	山东省	荣昌区	重庆市
聊城市	山东省	楚雄市	云南省
滕州市	山东省		

2.乡村绿化

2018年，准确把握实施乡村振兴战略的部署和要求，结合退耕还林、重点防护林体系建设等林业生态工程，积极推进乡村绿化美化，全面加强乡村生态文明建设，乡村绿化面积和质量稳步提高。

部署推进乡村绿化美化 认真贯彻习近平生态文明思想及习近平总书记关于乡村振兴战略和农村人居环境整治系列重要指示精神，配合中央农村工作领导小组、农业农村部等18个部门出台了《农村人居环境整治村庄清洁行动方案》，在广西壮族自治区桂林市召开了全国乡村绿化美化现场会，交流总结各地开展乡村绿化美化的经验做法，对当前和今后一个时期乡村绿化美化工作进行了部署，提出了到2020年全国将建成国家森林乡村2万个、村庄绿化覆盖率达到30%的奋斗目标，明确了乡村绿化美化的方向和重点任务。

乡村绿化面积和质量 结合退耕还林、重点防护林体系建设等林业生态工程，积极推进乡村绿化美化，增加乡村绿量，提升乡村绿化质量，优化乡村森林景观，加强乡村古树名木保护。各地启动实施了一批地方重点工程和乡村绿化专项工程，开展创建表彰活动，推动乡村绿化持续有序发展。浙江省印发了《"一村万树"三年行动计划》，着力打造乡村绿化美化"升级版"，建成示范村353个、推进村3174个。吉林省制定了《关于做好村屯绿化美化工作的实施意见》，绿化美化村屯593个，打造省级绿美示范村屯50个。黑龙江省以打造生态宜居美丽乡村为目标，完成绿化、美化、香化村屯建设4 135个。福建省新建乡村景观林509.6公顷，建成首批省级森林村庄200个。大范围、高质量的乡村绿化美化行动为实施乡村振兴战略和改善农村人居环境提供了有力生态支撑。

C

P29-40

自然保护地建设

- 国家公园
- 自然保护区
- 自然公园

自然保护地建设

2018年，党和国家机构改革方案明确提出由国家林业和草原局统一监督管理自然保护地，建立以国家公园为主体的自然保护地体系，切实保护生态系统的原真性和完整性。

（一）国家公园

1. 国家公园体制试点

截至2018年底，我国共有国家公园体制试点10个。中央全面深化改革委员会审议通过，中共中央办公厅、国务院办公厅印发了三江源、东北虎豹、祁连山、大熊猫4个国家公园体制试点方案；国家发展和改革委员会印发了神农架、武夷山、南山、普达措、钱江源、长城6个国家公园体制试点实施方案。

中央全面深化改革领导小组已审议通过了其中4处的试点方案，分别是《中国三江源国家公园体制试点方案》《东北虎豹国家公园体制试点方案》《祁连山国家公园体制试点方案》《大熊猫国家公园体制试点方案》；经国家发展和改革委员会批复同意的方案1个，即《神农架国家公园体制试点区试点实施方案》。

体制机制 根据机构改革要求部署，组建国家林业和草原局，加挂国家公园管理局牌子，统一管理国家公园等各类自然保护地。祁连山、大熊猫国家公园体制试点区探索中央和地方共同管理模式，充分发挥两个方面的积极性。2018年10月，分别在国家林业和草原局驻西安森林资源监督专员办事处、驻成都森林资源监督专员办事处加挂祁连山国家公园管理局、大熊猫国家公园管理局牌子，承担祁连山、大熊猫国家公园的自然资源资产管理和国土空间用途管制职责；在四川、陕西、甘肃、青海四省林草主管部门加挂相关国家公园省级管理局牌子，明确主体责任。祁连山、三江源、武夷山、南山等体制试点区探索以国家公园作为独立自然资源登记单元，对区域内自然生态空间统一进行确权登记，划清全民所有和集体所有之间的边界，并通过自然资源部评审验收。三江源、武夷山、南山推进构建资源环境综合执法机制。

生态保护 东北虎豹、祁连山、三江源、神农架、钱江源等试点区初步搭建生态系统监测平台，为实现国家公园立体化生态环境监管格局奠定基础。各试点区分别启动了林（参）地清收还林、生态廊道建设、外来物种清除、茶山专项整治、裸露山体生态治理等工作。东北虎豹国家公园试点区开展打击乱捕滥猎野生动物专项行动，武夷山国家公园试点区开展违法违规开垦茶山整治和实施生态修复，祁连山国家公园试点区（甘肃片区）采取注销式、扣除式、补偿式等方式退出或关停矿业权，三江源国家公园试点区开展巡护执法和监督检查专项行动。

基础工作 加快推进落实《建立国家公园体制总体方案》明确的重点任务。制定国家公园设立标准，明确国家公园准入条件。确定国家公园空间布局方案，明确建设数量及规模等。编制了《国家公园资源调查与评价规范》《国家公园项目建设标准》《国家公园生态环境和自然资源监测指标与技术体系》初稿。《国家公园生态保护和自然资源管理办法》《国家公园生态监督管理办法》通过专家论证。加快推进海南热带雨林国家公园体制试点工作，《海南热带雨林国家公园体制试点方案》报中央全面深化改革委员会审议。

资金保障 探索构建财政投入为主、社会投入为辅的资金保障机制。中央有关部门通过现有的中央预算内投资和中央财政专项转移支付，对各试点区基础设施建设、生态公益林补偿、野生动植物保护等予以支持。地方政府加大资金投入力度，例如，青海出台专门办法，对国家公园范围内各大类基建项目和财政资金进行整合；福建武夷山国家公园管理机构列入省级财政预算；浙江省人民政府明确2018－2022年每年安排专项资金保障国家公园试点；三江源国家公园接受三江源基金会、中国绿化基金会等社会捐赠。

管理措施 钱江源、南山2个国家公园条例已启动立法程序。东北虎豹国家公园试点区进一步完善管理制度办法，草拟了《东北虎豹国家公园管理办法》等。三江源国家公园试点区编制发布了《三江源国家公园管理规范和技术标准指南》。武夷山国家公园试点区制定了社会监督、产业引导、资源保护、监测与科研、社会捐赠等11项外部参与和监督管理机制。钱江源国家公园试点区制定发布了《钱江源国家公园山水林田河管理办法》等制度规范。

科技支撑 国家林业和草原局（国家公园管理局）成立了国家公园规划研究中心，建立了东北虎豹国家公园监测研究中心，支持清华大学成立国家公园研究院，支持青海省人民政府与中国科学院共建"中国科学院三江源国家公园研究院"，为国家公园建设管理提供了技术支撑保障。

社区协调 祁连山国家公园试点区通过"四个一"措施引导农牧民易地搬迁、转产增收。神农架、普达措、南山等试点区设置了生态公益管护岗位，优先吸纳生态移民和当地社区居民参与国家公园保护。浙江、湖南等省分别出台政策，扩大国家公园试点区范围内林地林木补偿范围，提高补助标准。

2. 东北虎豹国家公园国家自然资源资产管理体制改革试点

2018年，国家林业和草原局（国家公园管理局）扎实推进东北虎豹国家公园国有自然资源资产管理体制试点建设，试点区生态系统和东北虎豹等野生动物种群呈现恢复向好态势，改革实现预期目标，为中央直接行使事权打下了坚实基础。

体制机制方案 为推进落实中央垂直管理，创新管理体制机制，对体制试点管理机构组织模式和运行机制进行研究设计，形成"三定"方案草案、自然保护地管理机构和生态功能重组整合方案、绩效考核制度，为中央垂直管理体制正式运行积累经验。

职责划转移交 吉林、黑龙江两省初步完成试点区重点国有林区自然资源调查。2018年8月，黑龙江省将黑龙江片区涉及相关部门的所有者权利和职责划转东北虎豹国家公园国有自然资源资产管理局。11月，吉林省将吉林片区涉及相关部门的职责划转移交东北虎豹国家公园国有自然资源资产管理局。

管理制度 制定东北虎豹国家公园国有自然资源资产管理局内部管理制度，以及国有自然资源资产管护、有偿使用、特许经营、调查监测、评估、档案管理等6项制度，推进保护管理规范化、科学化、制度化。

保护监测 开展反盗猎专项行动436次，反盗猎巡护里程2.56万千米，累计出动5万余人次、7 000多车次、巡查80多万公顷、拆除围栏5.6万余米、清理收缴猎具5 800余件、开展执法检查17次、检查车辆300余台次、检查野生动物繁育经营和利用场所29处、取缔非法加工厂54处、查处盗猎案件7起、处理违法分子23人，营造了高压态势。与两省林业厅、黑龙江森工总局联合成立虎豹应急救护领导小组和专家组，建立应急救护机制，设置补饲点300余处，救助野生动物139只。珲春局开展了东北虎豹传染病调查，汪清局放归马鹿、梅花鹿117头，为虎豹安全提供了多方位保障。在吉林珲春500平方千米虎豹密集活动区域，成功建立了东北虎豹国家公园自然资源监测小试基地，安装100余台野生动物、水文、气象、土壤等监测终端，从野外实时传回大量的水、土、气、野生动植物等自然资源监测数据。在500平方千米的区域已经获取和识别超过1 000次东北虎豹和10万多次的梅花鹿等野生动物活动及自然资源监测影像。

专栏4　国家公园体制试点专项督察情况

按照中央领导同志重要批示，2018年6～9月，自然资源部、国家林业和草原局（国家公园管理局）组成5个专项督察组，对10个国家公园体制试点区开展督察。认真对照中共中央办公厅、国务院办公厅印发的《建立国家公园体制总体方案》（以下简称《总体方案》），以及各试点的试点方案和试点实施方案，制定各个试点专项督察工作方案、任务清单，深入现地开展督察。共召开座谈会59次，查阅文件资料4 200余份，开展谈话50余人次，核查现场428处，入户调查80余次，走访企业40余家。针对发现的问题，分别向国家公园管理机构及相关省（市）反馈督察意见。

从督察结果看，各国家公园试点按照《总体方案》和试点方案、试点实施方案推进工作，取得积极进展和初步成效。一是探索构建统一事权、分级管理的体制。整合组建统一的管理机构，探索推进自然资源统一确权登记，探索资源环境综合执法机制。二是结合实际实施差别化保护与管理，自然生态系统保护力度得到加强。保护重要生态系统的完整性和原真性，解决保护地碎片化问题，开展资源本底调查和生态系统监测，实行差别化保护管理，加大对破坏生态行为的打击力度。三是探索生态公益管护和生态保护补偿机制，推进社区协调发展。建立社区共管机制，健全生态保护补偿制度，扩大社会参与度。四是基础工作和保障体系建设逐步推进。研究制定相应法规及管理制度、标准规范，探索建立以财政投入为主、社会投入为辅的资金保障机制，开展舆论宣传工作等。

各试点虽然取得了积极进展，但对照《总体方案》和试点方案、试点实施方案的要求，还存在明显差距。一是认识存在偏差。对国家公园定位认识不足，开发利用意识大于保护意识。二是管理体制问题比较突出。有的国家公园尚未组建管理机构，有的机构虽已成立，但职责并未统一，仍由多个部门并行管理，有的中央事权被层层委托下放。三是总体规划普遍滞后。多数国家公园总体规划尚未出台，部分国家公园存在落界过程调整范围问题，功能分区在数量、名称、限制措施等方面不统一，影响管控作用的发挥。四是产业退出、生态移民难度大，进展较慢。五是资金保障机制仍需完善。中央财政尚未设立国家公园专项资金，多数国家公园的资金保障不够充分，产业退出、原住居民搬迁安置等补偿资金不足，试点建设经费渠道未理顺。六是破坏生态环境案件时有发生。

针对督察中发现的问题和不足，向党中央和国务院提出建立统一的分级管理体制、合理划分功能分区、积极稳妥处理历史遗留问题、完善法律法规体系、建立财政投入为主多元化资金保障制度的建议。

（二）自然保护区

1. 自然保护区基本情况

2018年，国务院办公厅先后4次发文，公布了辽宁五花顶等11处新建国家级自然保护区和湖南东洞庭湖等10处调整的国家级自然保护区名单，截至2018年底，国家级自然保护区数量达到474处，面积约98.6万平方千米。2018年国家投资2.60亿元，用于国家级自然保护区基础设施建设。

2. 自然保护区管理

规范管理 2018年，国家出台了《在国家级自然保护区修筑设施审批管理暂行办法》，印发了行业标准《自然保护区管理计划编制指南》（LY/T 2937-2018）。开展了全国自然保护地大检查工作，摸清各类自然保护地底数和管理薄弱环节。

重点督导 按照中央领导和自然资源部、国家林业和草原局领导批示指示，国家林业和草原局会同自然资源部，分别赴重庆石柱县水磨溪、安徽扬子鳄等9个自然保护区开展重点调查督导。

野生动物疫源疫病防控 在国家级自然保护区加挂国家级野生动物疫源疫病监测站牌子，进一步提高全国野生动物疫源疫病监测防控体系。

3. 自然保护区存在的问题

一是相关法律法规滞后，无法满足保护需求。我国已经颁布并实施了多部涉及自然保护区方面的法律法规，其中，《森林和野生动物类型自然保护区管理办法》和《中华人民共和国自然保护区条例》分别制定于1985年和1994年，对于自然保护区的规定较为笼统，自然保护区管理机构、经费、人员、补偿、执法等制度性措施不健全，实际执行情况也不尽如人意，法律之间衔接不足。二是保护与开发矛盾突出，一些地方保护理念不强。随着经济社会的快速发展，因工程建设、资源开发、城镇化推进等原因，不少地方提出对国家级自然保护区进行调整，一些地方为满足开发建设的需要，多次对自然保护区进行调整，导致生态环境破碎化，对生物多样性保护产生严重影响。三是资金投入不足，自然保护区管护水平提升困难。自然保护区建设和管理事业具有显著的社会公益属性，需要国家和地方财政专项足额投入，但目前中央和地方对自然保护区的资金投入仍处于较低水平，特别是管理运行经费严重缺乏，一些自然保护区仅停留在简单看护阶段，科研监测、职工培训、宣传教育工作水平较低。

专栏5　开展全国自然保护地大检查情况

为贯彻落实党的十九大精神和习近平总书记视察湖南东洞庭湖国家级自然保护区的重要指示精神，摸清各类自然保护地底数和管理薄弱环节，全面系统排查和预防整治自然保护地内破坏自然资源的违法违规情况，国家林业和草原局自2018年6月在全国开展自然保护地大检查工作。检查范围包括全国各级各类自然保护地，其中，国家级自然保护区属于重点检查范围。检查内容包括自然保护地底数、现状数据，包括批复情况、管理机构、"四至"边界、规划图件、建设情况，各类自然保护地交叉重叠情况，违法违规问题及整改进展情况、处理情况等。通过各自然保护地管理机构自查、省级林业主管部门和国家林业和草原局驻各地专员办的排查，以及国家林业和草原局派员实地督导，自然保护地大检查工作已全面完成。从检查结果看，存在的问题包括采矿挖矿采沙挖沙、能源设施、旅游设施、交通设施、房地产开发、养殖及种植设施、开垦林地及湿地、餐饮设施等。国家林业和草原局正在督促上述问题的整改工作，部分已完成整改。

（三）自然公园

1.森林公园

2018年，全国森林公园建设稳步推进，新增国家级森林公园17处。截至2018年底，我国森林公园数量3548处，面积1864.09万公顷。其中，国家级森林公园897处、面积1281.93万公顷，省级森林公园1448处、面积440.28万公顷，市（县）级森林公园1203处、面积141.88万公顷。森林公园基本覆盖东部、中部及东北地区各市（县）（图6）。

图6 全国各级森林公园数量及面积对比

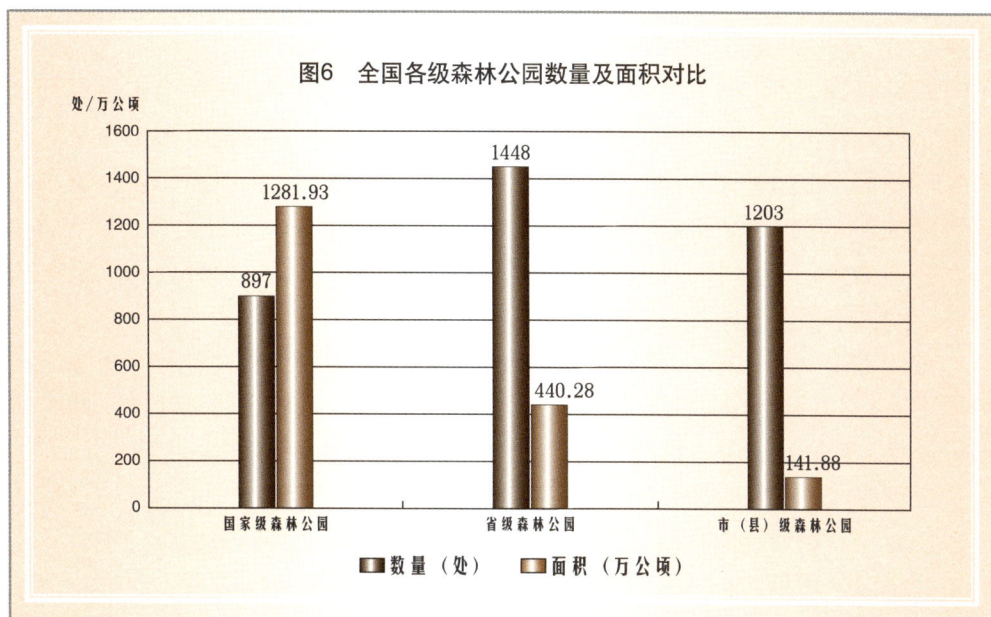

监督管理 启动了国家级森林公园摸底工作，重点清查无机构、无人员、无规划、无建设的森林公园。全年累计批复国家级森林公园总体规划91件，批准国家级森林公园改变经营范围33件、变更面积8件，撤销国家级森林公园1处。对2014年设立的12处国家级森林公园建设发展情况进行"回头看"。组织对青海、海南两省的国家级森林公园建设管理情况进行全面评估。

投入产出 2018年，全国森林公园接待旅游总人数9.86亿人次，旅游收入总额943.2亿元，同比增长分别为3.72%和11.31%（统计数据不包括白山市国家级森林风景旅游区）。"十三五"文化旅游提升工程项目投入中央预算内资金1.6亿元支持17个国家级森林公园建设。

自然教育 北京西山等5处国家级森林公园被命名为教育部"全国中小学生研学实践教育基地"。在湖南天际岭、合肥大蜀山、河北塞罕坝、重庆仙女山、福建福州等5处国家级森林公园建设自然教育示范点。组织培训森林解说员近120人。会同中国林业教育学会自然教育分会等，联合举办全国小学生自然教育征文活动。

宣教工作 2018中国森林旅游节在广州举办，重点对全国森林公园建设成果进行了展示和推介。北京市推进"月月有活动、四季有特色"系列活动，27处森林公园举办了70余项400余次活动；湖南省组织开展张家界森林保护节、乡村旅游节、杜鹃花节等活动；湖北省举办了"房车节""菊花节""采茶节""帐篷节"等活动；山西省组织各级森林公园参加科技周生态文化宣传活动。

2. 湿地公园

2018年，112处试点国家湿地公园通过验收，6个城市获得全球首批"国际湿地城市"称号，截至2018年底，国家湿地公园达898个。

规范管理 2018年，修订印发了《国家湿地公园管理办法》《国家湿地公园评估评分标准》《湿地公园总体规划导则》《申报国家湿地公园影像资料要求》等规范性文件。国家湿地公园的数据全部录入数据库。举办了3期国家湿地公园建设管理培训班，培训350余人次。

专项督查 2018年，启动国家湿地公园专项督查工作，对部分正式授牌和有群众举报的湿地公园进行督查。

试点验收 2018年，对173处试点验收国家地公园的申报文件进行审查，组织专家对124处试点国家湿地公园进行现场考察评估，112处试点国家湿地公园通过验收，10处试点国家湿地公园验收不通过，限期整改，2处终止试点。

3. 沙漠（石漠）公园

2018年，新增国家沙漠（石漠）公园17个（表2），面积3万公顷。国家沙漠公园自2013年启动，经过6年的探索和发展，取得了阶段性成果。截至2018年底，国家林业和草原局批复同意120个国家沙漠（石漠）公园，包括23个石漠公园，范围涵盖山西、内蒙古、湖南、甘肃、青海、新疆、广东等14个省份及新疆生产建设兵团，总面积达43万公顷。

规范管理 至2018年，制定了《国家沙漠公园管理办法》，建立了国家沙漠公园网站、专用标志及形象识别系统，举办了不同层次的国家沙漠（石漠）公园建设与管理培训班，召开了5次国家沙漠公园专家评审会。

技术指导 至2018年，组建了国家沙漠公园专家委员会，成立了国家沙漠公园专业委员会，编制了《国家沙漠公园发展规划（2016－2025年）》。

标准体系 至2018年，颁布了《国家沙漠公园总体规划编制导则》和《国家沙漠公园建设导则》两个行业技术标准，国家沙漠公园建设正在逐步走上科学化、规范化发展的轨道。

表2　2018年新增国家沙漠（石漠）公园名单

名称	名称
湖南桃源老祖岩国家石漠公园	云南彝良国家石漠公园
湖南邵阳鸡公岩国家石漠公园	河北沽源九连城国家沙漠公园
湖南桂阳泗洲山国家石漠公园	广东连南万山朝王国家石漠公园
湖南东安独秀峰国家石漠公园	新疆叶城恰其库木国家沙漠公园
湖南新田大观堡国家石漠公园	内蒙古西乌珠穆沁旗哈布其盖国家沙漠公园
湖南鹤城黄岩国家石漠公园	内蒙古临河乌兰图克国家沙漠公园
云南砚山维摩国家石漠公园	内蒙古乌审旗文贡芒哈国家沙漠公园
云南西畴国家石漠公园	甘肃凉州九墩滩国家沙漠公园
云南建水天柱塔国家石漠公园	

4. 自然遗产与风景名胜区

2018年，新增梵净山世界自然遗产地1处，面积402.75平方千米。截至2018年底，我国世界自然遗产（含文化与自然双遗产）达53处，国家级和省级风景名胜区共1 051处，其中，国家级风景名胜区244处，面积约10.66万平方千米。

保护地整合　落实党和国家机构改革的相关要求，对风景名胜区分类和机构设置进行研究，推进自然保护地的整合工作。

监督管理　加强对自然遗产、风景名胜区的监督管理工作，完善管理机制，依法强化自然遗产和风景名胜区管理机构的主体责任。细化自然遗产和风景名胜区保护管理的措施和要求，推进风景名胜区和世界遗产保护管理的制度化、规范化。

人员培训　组织对风景名胜区管理人员的培训，宣贯自然保护地保护管理新要求，切实履行法定监管职责，全面提升风景名胜区保护管理水平。

规划审查　开展国家级风景名胜区规划审查工作，指导各地开展总体规划和详细规划编制工作，审批了9个国家级风景名胜区详细规划。成立了国家林业和草原局世界遗产专家委员会。

5. 地质公园和矿山公园

2018年，我国新增世界地质公园2处，批准命名国家地质公园5处、国家矿山公园1处。截至2018年底，我国正式命名的国家地质公园212处，国家矿山公园34处，以国家地质公园、国家矿山公园为建设主体的地质遗迹保护与管理体系日益完善。截至2018年底，联合国教科文组织世界地质公园总数达140个，其中，中国拥有37个世界地质公园，数量居世界之首。

国家地质公园　一是资格授予。依据国家地质公园申报审批的有关规定，经专家评审组评审通过，原国土资源部于2018年3月批准湖南宜章莽山等31处国家地质公园资格。二是验收命名。依据国家地质公园和国家矿山公园验收命名的有关规定，国家林业和草原局组织专家组对10处国家地质公园资格单位和1处国家矿山公园资格单位开展了实地验收，并在对验收意见进行审定后，相继印发了同意命名江苏连云港花果山、安徽灵璧磬云山、江西石城、辽宁锦州古生物化石和花岗岩、湖南通道万佛山等5处国家地质公园和河北任丘华北油田国家矿山公园的函。

世界地质公园　2018年4月17日，在法国巴黎召开的联合国教科文组织执行局第204次会议通过决议，正式批准四川光雾山－诺水河、湖北黄冈大别山地质公园成为联合国教科文组织世界地质公园，成为我国第36、37个世界地质公园。一是推荐申报。根据中国推荐世界地质公园评审程序的有关规定，经专家推荐评审会通过，原国土资源部于2018年1月决定推荐湖南湘西地质公园、甘肃张掖地质公园作为2019年度中国向联合国教科文组织报送的世界地质公园申报单位，贵州兴义地质公园、福建龙岩地质公园作为2020年度中国向联合国教科文组织报送的世界地质公园申报单位。根据申报程序，经湖南省、甘肃省政府申请，国家林业和草原局联合中国联合国教科文组织全国委员会于2018年11月正式向联合国教科文组织报送了拟建湘西世界地质公园和拟建张掖世界地质公园的申报材料。二是评估检查。2018年7～8月，我国有2处世界地质公园申报单位和3处拟扩园世界地质公园接受了联合国教科文组织申报评估考察，10处世界地质公园接受了联合国教科文组织再评估考察。期间，国家林业和草原局组织有关专家对参加评估考察的地质公园进行了实地指导，协助中国15处地质公园顺利通过了联合国教科文组织专家组的评估检查。

6. 海洋自然保护地

因机构改革职能移交，2018年无新增海洋自然保护地。截至2018年底，我国共建立各级各类海洋自然保护地271处，涉及辽宁、河北、天津、山东、江苏、上海、浙江、福建、广东、广西、海南等11个沿海省份，面积约12.4万平方千米，约占管辖海域面积的4.1%。其中，国家级海洋保护地102处，包括国家级海洋自然保护区35处、国家级海洋特别保护区67处（含海洋公园48处）。

海洋保护地标准制度体系　积极推动《海洋特别保护区管理有效性评估技术规范》《海洋特别保护区调整论证报告编制指南》等技术标准前期研究并完成立项申请，推进海洋保护地规范化管理与建设。

海洋保护地相关调研　组织赴自然资源部北海分局、南海分局和第一海洋研究所等有关单位及典型海洋保护地进行调研，积极参加长岛海洋生态文明论坛，了解掌握海洋保护地管理现状及面临的问题，完成各调研报告。

海洋保护地管理人员培训　与自然资源部第一海洋研究所合作在青岛组织召开国家级海洋保护地管理培训研讨会，培训海洋保护地管理人员120余人。组织召开关于海洋保护地管理座谈会，就海洋保护地管理体制改革、机构建设、规范化建设与管理等问题进行深入探讨。

海洋保护地基础信息 广泛收集各级各类海洋保护地数据，结合已有海洋保护地信息，分析、梳理、整合后完成海洋保护地名录基本信息数据，形成《海洋自然保护区名录》和《海洋特别保护区名录》。

截至2018年，全国部分自然公园数量情况见表3。

表3 截至2018年全国部分自然公园数量情况

指标	个数（处）
世界自然遗产	53
国家级和省级风景名胜区	1051
其中：国家级风景名胜区	244
世界地质公园	37
国家地质公园	212
国家矿山公园	34
国家级森林公园	897
海洋保护地	271

专栏6 自然保护地转隶情况

根据《深化党和国家机构改革方案》的总体要求，由环境保护行政主管部门负责综合管理，林业、农业、地质矿产、水利、海洋等有关行政主管部门在各自职责范围内主管有关保护地由国家林业和草原局统一管理。

自然保护区 生态环境部已向国家林业和草原局移交"提交新建、调整国家级自然保护区的审核建议"职能，以及已评审的国家级自然保护区有关材料。据统计，本次机构改革中共有88处国家级自然保护区由原环保、农业、地质矿产、水利、海洋等主管部门转隶至林草主管部门。

地质遗迹与地质公园 2018年9月29日，国家林业和草原局印发《国家林业和草原局各司（局、室）职能配置、内设机构和人员编制规定》，明确自然保护地管理司的主要职责包括：起草地质遗迹、矿业遗迹、地质公园等自然保护地法律法规、部门规章草案，拟订相关政策、规划、标准并组织实施；组织审核和监督世界地质公园的申报；提出地质公园等自然保护地建设项目初审意见；负责实施联合国教科文组织国际地球科学与地质公园计划等工作。同时，在自然保护地管理司设置地质遗迹与地质公园管理处，负责地质遗迹、矿业遗迹、地质公园等管理工作。

依照国务院机构改革方案，鉴于地质公园相关管理职能整合到国家林业和草原局，中国联合国教科文组织全国委员会向联合国教科文组织地质公园秘书处正式致函，通报中国负责教科文组织世界地质公园事务的"官方渠道"由原国土资源部变更为国家林业和草原局。

海洋保护地 承担海洋保护地管理职责。成立国家林业和草原局自然保护地管理司内设海洋保护地管理处，负责起草涉及海洋保护地的法律法规、部门规章，拟定相关政策、规划、标准并组织实施，对新建、调整的海洋保护地进行审批；提出保护地内的建设项目初审意见，组织实施有偿使用、生态补偿和赔偿工作；承担涉及国际保护地和国家管辖范围外区域海洋遗传资源的国际公约履约工作等。

自然遗产与风景名胜区 承担世界自然遗产、自然与文化双重遗产与风景名胜区管理职责。成立国家林业和草原局自然保护地管理司内设自然遗产与风景名胜区管理处，负责起草涉及风景名胜区、世界自然遗产、世界自然与文化双重遗产的法律法规、部门规章草案，拟订相关政策、规划、标准并组织实施，组织审核和监督世界自然遗产的申报，会同有关部门审核世界自然与文化双遗产的申报；提出风景名胜区建设项目初审意见；承担《保护世界文化和自然遗产公约》履约事务。

D

P41-58

资源保护

- 森林资源保护
- 草原资源保护
- 湿地资源保护
- 荒漠化防治
- 野生动植物资源保护
- 森林和草原灾害防控

资源保护

2018年，党和国家机构改革将林业和草原融为一体，森林、草原、湿地、荒漠生态系统和生物多样性保护集中到一个部门，各类自然保护地统一监管，形成了生态资源保护、修复与监管的强大合力。

（一）森林资源保护

1. 森林保护与管理

林地管理 2018年，国家林业和草原局印发了《关于从严控制矿产资源开发等项目使用东北、内蒙古重点国有林区林地的通知》，从严控制勘查、开采矿藏和风电项目使用东北、内蒙古重点国有林区林地。组织开展占用征收林地行政许可被许可人监督检查工作，共检查223个项目。2018年，全国审核审批建设项目使用林地4.61万项，面积21.01万公顷，收取森林植被恢复费340.35亿元。与2017年相比，项目数增加36.79%，面积增长17.44%，收取森林植被恢复费增加23.87%。

采伐管理 2018年，全国限额采伐、凭证采伐的管理制度贯彻落实情况良好。各地严格按照《国务院关于全国"十三五"期间年森林采伐限额的批复》和《国家林业局关于切实加强"十三五"期间年森林采伐限额管理的通知》规定，坚持依法执行限额采伐和凭证采伐、凭证运输管理制度，严格执行年森林采伐限额，探索林木采伐管理新办法新举措，不断提高管理实效。采伐管理政策实施过程中，各地按照分类管理、分区施策的要求，实行差别化管理，既严格执行了全面停止天然林商业性采伐政策，加大了对林农和经营者对人工商品林采伐的支持力度，又对因森林火灾、病虫害等自然灾害引起的受害林木的清理、影响公共安全树木的伐除等涉及生态安全、社会民生的事项给予政策上支持。

为落实"放管服"改革工作要求，满足申请者、管理者、监督者和社会对木材运输证和林木采伐许可证的需求，加快推进《全国木材运输管理系统》和《全国林木采伐管理系统》在全国部署。截至2018年末，《全国木材运输管理系统》已经完成全国34个省级单位的部署，《全国林木采伐管理系统》已在28个省级单位推广使用。

资源监督 2018年，国家林业和草原局组织开展了应用遥感手段结合地面核实验证的全覆盖森林督查工作，对全国发现遥感影像变化的2929个县级单位（含国有林业局）、83万多个变化图斑进行了现地核实。在各级林业和草原主管部门的共同努力下，森林督查工作取得了明显成果。一是全覆盖检查彻底解决了检查单位数量少、范围窄的问题；二是联动工作机制调动了各级林业和草原主管部门的积极性，很多单位认真自查并如实上报结果；三是依法查处、加强整改引起了强烈社会反响，得到高度肯定；四是新技术的全面应用，强化了执法检查的震慑效果。森林督查共发现工程建设、采石采矿、违规土地整理项目违法使用林地、毁林开垦和滥砍盗伐林木案件线索16万余起，正在依法查处和落实整改，达到了早发现、早制止、严查处的目的。

专栏 7　第九次全国森林资源清查工作开展情况

　　第九次全国森林资源清查于 2014 年开始，2018 年结束，历时 5 年。清查工作由原国家林业局统一部署和组织实施，各省（自治市、直辖市）林业主管部门和各区域森林资源监测中心共同完成。调查固定样地 41.5 万个，清查面积 957.67 万平方千米。参与清查技术人员 2.13 万人，内外业工作量达 128.72 万个工作日，总经费投入 7.97 亿元。

　　第九次清查继续采用国际上公认的森林资源连续清查方法，严格执行《国家森林资源连续清查技术规定 (2014)》，以省（自治市、直辖市）为总体，调查、测量并记载反映森林资源数量、质量、结构，以及森林生态状况和功能效益的因子，获取全国及各省森林资源现状及其动态变化数据，评价全国和各省森林资源生态状况及其功能效益。第九次清查全面深化了遥感、卫星导航、地理信息系统、数据库和计算机网络等技术集成应用，提高了样地定位、样木复位、林木测量和数据采集精度，提升了外业调查效率和内业统计分析能力。通过实行调查单位自检、省级检查和国家级检查"三级检查"和省级成果初审、复审、终审"三重审核"制度，采取"首件必检""地类变化必检""跨期责任追究"等措施，全国样地、样木复位率分别达到 99.99% 和 99.27%，清查工作质量整体达到"优"级。

　　第九次清查结果显示，我国森林资源总体上呈现数量持续增加、质量稳步提升、生态功能不断增强的良好发展态势，初步形成了国有林以公益林为主、集体林以商品林为主、木材供给以人工林为主的合理格局。全国森林覆盖率 22.96%，森林面积 2.2 亿公顷，森林蓄积量 175.6 亿立方米。天然林持续恢复，人工林稳步发展，人工林面积继续保持世界首位。森林植被总生物量 188.02 亿吨，总碳储量 91.86 亿吨。年涵养水源量 6 289.50 亿立方米，年固土量 87.48 亿吨，年滞尘量 61.58 亿吨，年吸收大气污染物量 0.40 亿吨，年固碳量 4.34 亿吨，年释氧量 10.29 亿吨。

专栏 8 2018 年全国森林督查情况

为深入贯彻党的十九大精神和习近平生态文明思想，按照党的十九大报告提出"要实行最严格的生态环境保护制度""坚决制止和惩处破坏生态环境行为"，以及习近平总书记在生态环境保护大会上提出的"用最严格制度最严密法治保护生态环境"推进新时代生态文明建设的要求，切实加大对违法破坏森林资源行为的发现、查处和整改力度，国家林业和草原局自 2018 年起全面启动森林资源督查工作，首次应用遥感手段结合地面现地核验，依托遥感和定位技术手段，通过建立"天上看、地下查"的"天空地"一体化监管体系，建立全面使用遥感手段结合现地核实开展森林督查工作机制，以及各级林业主管部门建立常态化的监督执法机制，变"被动式发现、运动式查处"为"主动排查、主动处理"，全面遏制违法破坏森林资源行为。特别是加强对水源涵养、生物多样性保护、水土保持、防风固沙等生态功能重要区域和生态脆弱区域的重点检查，在定期督查的基础上，根据遥感数据收集情况，随时开展判读，针对变化影响开展现地核验，第一时间发现问题，第一时间查处问题，及时遏制破坏森林资源违法行为。

2018 年，国家林业和草原局共完成全国近 800 万平方千米、两期 29 000 余景，共计 3 034 个县级单位高分辨率遥感影像数据的处理判读，并分批次向省级林业主管部门移交了判读成果。各地认真落实工作要求，积极开展现地核验，累计投入 128.3 万人次，对 2 929 个存在遥感影像变化的县级单位、83.77 万个疑似林地变化图版进行现地检查，发现了一大批违法破坏森林资源问题，正依法进行查处和落实整改任务。同时，国家林业和草原局不断加大对违法破坏森林资源案件查处和相关责任人的追责问责力度，发挥森林督查的震慑、警醒作用，不断推动各地对森林资源保护发展工作的重视。针对 2017 年对 150 个县级单位和重点国有林区检查发现的问题，下发通报对 10 个县（市）和 7 个国有林业单位挂牌督促整改。据统计，全国共刑事立案 310 起，行政处罚 1 623 起，党纪政纪处分 1 201 人。其中，对挂牌督促整改的 17 个单位共刑事立案 98 起、行政处罚 182 起、党纪政纪处分 264 人。

森林督查是保护发展森林资源的重要手段，但还要在实践中不断探索完善。通过森林督查发现破坏森林资源违法问题，加大案件查处和整改力度，督促地方建立健全破坏森林资源案件的问责追责机制，营造更加严格的保护态势，要严肃查处各类涉林案件，严厉打击非法占用林地、毁林开垦、乱砍滥伐林木等破坏森林资源的行为，限期恢复林业生产条件和森林植被，力争林地资源不流失，最大限度地保护森林资源。

2. 天然林保护与管理

2018年，天然林资源保护工程各项任务稳步推进，为改善生态环境、建设美丽中国、落实精准扶贫等方面做出了积极贡献。17个省（自治区、直辖市）20个省级单位实施天然林有效管护，森林管护面积达1.15亿公顷。天然林资源保护工程区国有林业企业职工管护人员达20多万人，建设了约4万个管护站点，形成了一套有效的森林管护责任制。全年完成森林抚育任务175.33万公顷；完成公益林建设任务27.29万公顷，其中，人工造乔木林6.73万公顷，人工造灌木林1.47万公顷，封山育林13.55万公顷，飞播造林5.54万公顷；全年完成后备森林资源培育任务11.2万公顷，其中，改造培育2.33万公顷，完成补植补造88.67万公顷。2018年，中央投入天然林保护资金453.4亿元。

"十三五"以来，全国全面停止了天然林商业性采伐。中央财政对国有天然林停伐参照停伐木材产量和天然商品林面积等因素给予停伐补助，对集体和个人所有天然林实行停伐管护费补助政策，标准参照集体和个人所有国家级公益林补偿标准，并一同提高标准。各地会同财政部门及时将资金下达到实施县，开展了天然林保护任务的落界和分解到户工作，并逐步落实管护责任。

3. 国家级公益林管理

2018年，国家林业和草原局主要从夯实基础和适时监测两个方面，推进了国家级公益林的规范管理。一是全面完成国家级公益林落界工作，落界面积1.14万公顷。二是开展了国家级公益林监测和保护管理情况检查，在全国范围抽取120个县，共抽取3046个遥感判读图斑，经现地核查，有2 370个图斑现地发生变化，变化面积3 286.67公顷，其中，涉及违法的图斑1514个，面积1 580公顷。对全国的国家级公益林实施年度监测，并纳入全国森林资源管理"一张图"年度更新工作中统筹推进，为实施国家级公益林规范化、动态化、精准化管理奠定基础。

4. 森林经营

重点国有林区以森林经营方案为核心的森林经营制度体系正在建立。一是启动森林经营方案审核认定工作。召开专家会审核论证了东北内蒙古重点国有林区2017年编制完成的12个林业局的森林经营方案。二是组织2018年森林经营方案编制工作。举办了森林经营方案编制培训班，对东北内蒙古重点国有林区2017年完成二类调查的50个林业局森林经营方案编制工作进行了全面部署，组织专家分赴各地进行现地指导和调研。三是启动森林经营方案实施试点。在通过森林经营方案国家级审核认定的12个林业局中选取了7个国有林业局，开展计划控制下的森林经营方案实施试点。

继续推进森林可持续经营试点示范工作。对各个试点单位相关人员进行了新一轮的培训，结合新的林业建设形势，特别是在森林经营方案编制与实施、模式林建设、经营模式总结、经营管理制度完善、人员能力建设等方面进一步提出了要求。

继续推进蒙特利尔进程履约、中芬森林可持续经营示范基地建设等国际合作工作。组织召开了蒙特利尔进程2018年工作部署会，明确了工作任务；稳步推进中芬森林可持续经营示范基地建设工作。

继续推进国家级森林抚育成效监测工作。在前期工作基础上，结合可持续经营试点，增加了部分监测样地，优化了样地布局，并对已设监测样地的林分因子进行了年度数据测定，特别是对部分样地进行了复测，为编写科学的监测报告提供了保障。

5. 古树名木保护

2018年，认真贯彻落实《中共中央 国务院关于实施乡村振兴战略的意见》《全国绿化委员会关于进一步加强古树名木保护管理的意见》等文件精神，不断加强古树名木保护。全国绿化委员会在总结前三批19个省（自治区、直辖市）古树名木资源普查试点经验基础上，在全国范围内组织开展普查工作，完成了普查目标任务。全国绿化委员会办公室与中国林学会组织开展了"中国最美古树"遴选活动，公布了85株"中国最美古树"。全国绿化委员会办公室组织开展古树名木抢救复壮试点工作，选择6个省共60株濒危一级古树开展了抢救复壮试点。

2018年，各地持续加大古树名木保护力度，取得显著成效。31个省（自治区、直辖市）和新疆生产建设兵团完成了古树名木普查外业调查和数据统计。北京古树名木调查首次完成GPS定位全覆盖，推进管理信息系统的优化升级，实现了古树名木资源管理的动态化、信息化。重庆发布《关于开展古树名木认养活动公告》，规范古树名木认养程序，吸引更多社会力量支持。广东惠州建立40余个古树公园，开通古树名木信息网，创新举措提升古树名木保护工作水平。古树名木保护法制化进程逐步推进。贵州公布并实行《古茶树资源保护条例》，进一步强化古茶树资源的保护和利用。山东实施《古树名木保护办法》，对树龄百年以上的古树及珍贵、稀有或具有重要历史、文化、科学研究价值和纪念意义的名木实行三级保护制度，通过法制建设提高保护工作水平。

专栏9　林长制改革试点进展情况

推行林长制是提高政治站位、践行习近平生态文明思想的重大探索，是严格落实地方党委政府保护发展森林资源目标责任制的重要行动，是改革创新森林资源保护与监督管理制度的重大举措。自2016年10月起，江西省率先在武宁县和抚州市试点林长制改革。2017年3月起，安徽省省委省政府率先在全省范围内探索建立并实行了林长制，多次召开全省林长制改革推进会，制定了林长制改革推进、考核、管理等一系列制度，取得实效。2018年7月，江西省在总结武宁和抚州试点经验的基础上，在全省范围内建立了五级林长制管理体系。2018年以来，广东、新疆、贵州、海南四省份也提出在全省推开林长制改革试点，已经出台了相关制度和文件。例如，海南省将林长制改革写入了中发〔2018〕12号文件《中共中央 国务院关于支持海南全面深化改革的指导意见》；广东省拟订了《广东省林长制试点工作方案》，并将这项工作列为《广东乡村振兴林业行动计划》和《乡村振兴任务清单》的重点任务。《新华社内参》几次呈报安徽等地的试点情况。人民日报、中央电视台等主流媒体进行广泛宣传。国家发展和改革委员会、国家林业和草原局等4部门于2018年9月联合印发的《关于加快推进长江两岸造林绿化的指导意见》提出，鼓励在长江两岸率先建立和推行"林长制"。除上述6个省份外，还有12省份的部分市、县正在实施林长制（山长制）试点，分别是天津市蓟州区，河北省涉县，吉林省长白山保护开发区，江苏省盐城市的东台市、盐都区，浙江省湖州市，福建省泉州市安溪县，河南省信阳市新县、新乡市长垣县、洛阳市栾川县，湖北省襄阳市，广西壮族自治区的河池市、崇左市、金秀瑶族自治县、容县，重庆市的南岸区、渝北区，四川省都江堰市，云南省临沧市和玉溪市（按行政区划顺序排列）。各地牢牢把握全面落实地方党委政府领导保护森林资源的责任这个中心，探索构建由地方党政主要领导分别担任总林长的五级林长体系，坚持高位推动、试点先行，多措并举、系统推进林长制工作。各地推进林长制试点，取得了实实在在的成效：切实解决了不少群众反映强烈的民生问题；推动实施了一系列护林增绿的重点工程；显著提升了森林资源管护水平；初步构建了林业事业大保护、大发展的大格局。林长制的特点概括起来有四个方面：一抓顶层设计，将保护发展森林资源落实为党政主要领导的主体责任；二抓制度建设，着力构建保障林长制持续规范运行的制度体系；三抓全域覆盖，确保工作推得动、真落实；四抓目标考核，以强化责任倒逼工作落实。

（二）草原资源保护

1. 草原生态保护补助奖励政策落实

2018年，国家继续在河北、山西、内蒙古、辽宁、吉林、黑龙江、四川、云南、西藏、甘肃、青海、宁夏、新疆等13省份和新疆生产建设兵团、黑龙江农垦总局，实施新一轮草原生态保护补助奖励政策。

中央财政安排年度草原补奖资金187.6亿元。其中，草原禁牧补助90.5亿元，禁牧面积8 040万公顷，主要是对生存环境恶劣、退化严重、不宜放牧以及位于大江大河水源涵养区的草原实行禁牧封育；草畜平衡奖励65.1亿元，面积1.74亿公顷，主要是对禁牧区以外的草原在核定合理载畜量的基础上实行草畜平衡管理；绩效考核奖励资金32亿元，对工作突出、成效显著的地区给予资金奖励，由地方政府统筹用于草原生态保护建设和现代草原畜牧业发展。

2. 草原征占用管理

2018年，全国共审核审批草原征占用申请1 362批次、面积27 253.72公顷，征收草原植被恢复费2.69亿元。与2017年相比，全国审核审批征占用草原申请数量增加295批次，同比增加27.65%；征收使用草原面积增加17 091.17公顷，同比增加168.18%；草原植被恢复费增加0.32亿元，增幅13.5%。

3. 草管员管理

2018年，全国共有草管员28.74万人。其中，专职草管员12.86万人，兼职草管员15.88万人。各地通过各种形式共培训草管员2 106次，共培训30.96万人次。组织开展了草原法律法规和政策的宣传，监督了禁牧和草畜平衡制度的落实，制止和举报了草原违法行为，加大了草原围栏等基础设施保护等工作。

4. 草原监测

2018年，全国草原综合植被盖度达到了55.7%，比2017年提高了0.4个百分点；全国天然草原鲜草总产量连续8年超过10亿吨，草原涵养水源、保持土壤、防风固沙等生态功能得到恢复和增强，局部地区生态环境明显改善，全国草原生态环境持续恶化势头得到有效遏制。

（三）湿地资源保护

1. 湿地保护修复制度建设

一是坚持督办制度，督促指导最后5个省份出台省级实施方案，截至2018年底，全国31个省（自治区、直辖市）和新疆生产建设兵团全部出台方案。二是开展国家层面制度标准建设，制定或修订了《湿地生态系统服务价值评估规范》《国家湿地公园评估评分标准》《湿地公园总体规划导则》《申报国家湿地公园影像资料要求》，建立了年度湿地工作情况报送制度。三是推进重要湿地名录发布。督促指导各地制定省级重要湿地认定标准及相关管理办法，截至2018年底，云南等13个省份已发布省级重要湿地541处。

2. 湿地保护管理体系建设

一是组织开展试点国家湿地公园现地验收122处，总体规划调整现地考察32处。二是统一湿地保护率计算方法，认真核实并上报各省（区、市）湿地保护率数据，为中央对地方开展绿色发展评价提供依据。三是抓好行业培训，举办国际重要湿地管理、国家湿地公园管理、湿地保护项目、2018长江湿地保护网络和黄河湿地保护网络等培训班15期,培训人员900多人次。

3. 湿地保护工程与中央财政湿地补助项目建设

2018年,下达湿地保护工程中央预算内投资3亿元,9省实施湿地保护与恢复项目12个,强化了基层湿地保护设施设备建设,集中连片开展了湿地植被恢复、鸟类栖息地修复,改善了湿地生态状况。完成了《全国湿地保护"十三五"实施规划》中期评估,评估表明,"十三五"以来,通过项目建设,修复退化湿地4.4万公顷,实施退耕还湿3.3万公顷。国家高原湿地研究中心研究平台建设项目正式通过竣工验收。

2018年安排中央财政资金16亿元。其中,安排资金9.07亿元,实施了一批湿地保护与恢复项目;安排资金3亿元,在山西、内蒙古、吉林、黑龙江、安徽、江西、山东、河南、湖北、湖南、贵州、云南、青海、宁夏、新疆、内蒙古森工实施退耕还湿2万公顷;安排资金3.93亿元,在河北、内蒙古等22个省(自治区)开展了一批湿地生态效益补偿项目。推进京津冀、长江经济带、乡村振兴等国家相关战略规划中湿地保护修复任务的落实,参与修订《长江经济带生态保护修复规划》,编制《长江经济带退耕还湿工作方案》,开展了长江经济带国土空间规划湿地保护专题研究。开展了湿地生态效益补偿、退耕还湿和小微湿地保护管理专题调研。

4. 湿地资源调查监测

一是配合做好第三次全国国土调查中的湿地调查,多次与自然资源部对接,提出了第三次全国国土调查涉及湿地的技术方案。二是在《第三次全国国土调查工作分类》中,已明确设立湿地一级地类,湿地编码为"00",包括红树林地、森林沼泽、灌丛沼泽、沼泽草地、盐田、沿海滩涂、内陆滩涂、沼泽地等8个二级地类。三是创新泥炭地调查工作机制,组织完成了内蒙古地方和森工泥炭调查和检查验收,部署开展了青海省调查工作。与中国地质调查局建立了泥炭地调查合作机制,国家林业和草原局负责泥炭沼泽斑块判读、核实和地上生物量碳库调查,中国地质调查局负责地下部分泥炭厚度和碳储量的调查,形成权威调查成果,为国家应对气候变化工作提供科学依据。四是首次在一年内对所有国际重要湿地开展了生态状况监测,组织完成了《中国国际重要湿地生态状况白皮书》。

5. 湿地保护宣传教育

举办了以"湿地–城镇可持续发展的未来"为主题的世界湿地日宣传活动;制作了题为"强化湿地保护,建设美丽中国"的湿地保护宣传展板,分别在北京和广州进行了展览;组织举办生态文明贵阳国际论坛2018年年会——"湿地修复与全球生态安全"主题论坛,召开湿地保护工作座谈会,对落实《湿地保护修复制度方案》的经验和做法进行了总结;与《绿色时报》《森林与人类》合作开展了湿地保护系列宣传活动;分别在西藏林芝和河南洛阳举办了长江湿地保护网络年会和黄河湿地保护网络年会，近400人参加，加强了流域之间的合作与交流，建立了全流域共同保护与治理的机制。

（四）荒漠化防治

2018年，全国共完成防沙治沙任务面积249万公顷，全面完成防沙治沙重点工程项目建设任务。

1. 京津风沙源治理二期工程

2018年，京津风沙源治理二期工程6省（自治区、直辖市）共完成营造林任务17.78万公顷，工程固沙0.63万公顷。共下达投资21亿元，其中，林业建设项目投资8.93亿元，占总投资的42.5%。在京津风沙源治理中加大了科技支撑力度，重点推广了"两行一带""草方格固沙""封造结合"等治理模式，强化了治沙适用技术推广和培训工作。举办了工程管理与技术培训班，对基层林业管理和技术人员进行了专门培训。

专栏 10　山西省京津风沙源治理工程开展情况

2018 年，山西省相关部门齐心协力，统筹抓好绿色发展，加快京津风沙源治理工程建设步伐，不断筑牢生态安全屏障，圆满完成了全年营造林任务 2.21 万公顷。

统筹规划布局，稳步推动工程进程　根据《山西省京津风沙源治理二期工程规划（2013－2022 年）》布局思路，在生态区位重要、风沙危害严重的地段，按山系流域整体规划、科学布局，做到宜林则林、宜草则草、宜封则封；以植被恢复与保护等生物措施为主，配合建设水利水保、农业（畜牧）等工程措施，实现生物措施与工程措施有机结合，构建了措施布局一体化、生态治理系统化的工程建设新格局。建成长城沿线防风阻沙防护带、洪涛山植被恢复带、桑干河湿地保护带、恒山旅游风景带、滹沱河沿岸生态经济带、黄河沿岸阻沙东进防护带等六大功能带，稳步形成工程区生态绿化长廊大循环圈。工程治理区已建成万亩[①]以上集中连片工程 150 多处，其中 10 万亩以上工程 15 处。建成了国家级森林公园 5 处、省级森林公园 11 处、县级森林公园 15 处、国家批复试点建设的国家沙漠公园 12 处。天镇县 2018 年整体规划实施，规模化连片造林，在红土梁集中打造 2 100 公顷生态林；浑源县在恒山公路周边集中布局，以油松山桃混交为主，实施工程 1 万多亩。

---

① 1 亩 =1 ／ 15 公顷，下同。

强化督导服务，全力确保工程质量　省级工程主管部门实施网格化技术督导服务，与大同、朔州、忻州3市林业主管部门分别成立了由分管局领导包片、业务科室包工程、专业技术人员包县的省市联合造林督导服务组，分赴工程区各个县（区、市），按照工程实施相关规定，坚持技术指导优先、强化质量监督管控、规范工程建设标准的原则，重点围绕工程规划布局、作业设计编制、提前预整地、造林栽植、检查验收、档案管理等工作开展技术指导，实现了工程的布局科学、设计合理、施工合规、管理有序。全年5轮督导，提供技术服务100余人次，切实保障了高质高效完成工程建设任务。

创新技术与机制，扎实推进国土绿化　一是造林技术创新。省直杨树林局在造林中推广人造小背阴、大坑深埋等抗旱保墒技术，提高苗木的成活率。二是造林机制创新。省直杨树林局与右玉县开创合作造林模式，右玉县负责规划防沙治沙造林区域，协调造林用地；林局负责整合所辖林场的人力和物力，集中工程投资，规模化高标准造林1万多亩，切实推进右玉县国土绿化，为全省国土绿化打硬仗添油加能。工程区部分县（区、市）积极探索家庭式林场，以农户为单位，完成造林任务和后期管护与抚育任务，农户在获得造林收益的同时，注重并加强了对治理成果的管护，有效保障了工程效益的发挥。三是模式创新。大同县实施"基地＋农户＋公司"的模式，农户把耕地租给公司或用地入股，公司建立基地种植经济林，并雇佣农民参与管理和劳动，农民赚取"租金、股金、薪金"。天镇县实行合作社整体租用村庄耕地及荒地，并出资购买现有农户的牲畜，科学合理规划种植、养殖区域，开展经济林、饲料种植与荒山荒地治理，雇佣农户参与合作社经营与管理，带领农民脱贫致富，有效地保护了治理成果。

创新机制，有效助推攻坚脱贫　山西省京津风沙源治理工程区内70%的县（区、市）是贫困县（区、市），生态环境差，生活贫穷。一是成立造林扶贫合作社。工程实施同时，积极响应国家攻坚脱贫号召，各县（区、市）都成立了由60%以上的建档立卡贫困人口参与的扶贫攻坚造林专业合作，承担治理工程，争取劳务费、股金等增加收入。据统计，工程区2018年参与治理建设的贫困社员人均收入3 600多元，可带动1万余人次脱贫。其中，大同市9个工程县（区、市）中有6个贫困县（区、市），占比66.7%，共136家合作社承揽省重点人工造林任务，带动贫困社会员2 690人，平均收入4 500元。二是创新机制，带动脱贫致富。按照"合作社＋基地＋农户"的机制，贫困户拿土地进行租赁、入股，并参与合作社的管理工作、参与劳务等，从"租金、股金、薪金"增加收入。三是雇佣生态护林员。雇佣贫困人口作为生态护林员，工程区共雇佣1 700余人进行治沙成果管护，人均赚取管护费1万元左右，共约1 800万元。

2. 石漠化综合治理工程

石漠化综合治理工程完成营造林任务24.73万公顷。2018年，岩溶地区石漠化综合治理工程建设取得新进展，全年完成营造林任务占年度下达计划的100%。治理岩溶土地面积8 069平方千米，治理石漠化土地3 308平方千米。举办了工程管理与技术培训班，对石漠化地区的林业管理和技术人员进行了培训。突出了石漠化治理与农民增收致富相结合，努力实现"治石"与"治贫"双赢。各地在石漠化治理中，注重将石漠化治理与当地特色产业发展、当地产业结构优化与脱贫致富相结合，积极探索林药、林果、林油、林下种养等生态经济型模式，初步实现了生态与经济双赢。广西凤山县大力发展石漠化治理的"生态树"——核桃，已有3 333公顷达到盛果期，产量1 200吨，产值2 000多万元，核桃收入达到1万元以上的有120户，核桃收入达到5 000元以上的有400户。

专栏 11　第三次岩溶地区石漠化监测

为定期掌握岩溶地区石漠化的发生发展态势及最新变化情况，科学评价石漠化防治成效，在2005年、2011年开展的两次石漠化监测工作的基础上，2016—2017年，原国家林业局组织完成了岩溶地区第三次岩溶地区石漠化监测工作，主要监测结果如下：

石漠化土地状况　一是面积及分布。截至2016年，岩溶地区石漠化土地总面积为1007.0万公顷，占岩溶土地面积的22.3%，占区域国土面积的9.4%，主要分布在湖北、湖南、广东、广西、重庆、四川、贵州和云南8个省份457个县（市、区）。贵州石漠化土地面积最大，为247.0万公顷，占石漠化土地总面积的24.5%，其他依次为云南、广西、湖南、湖北、重庆、四川和广东，面积分别为235.2万公顷、153.3万公顷、125.1万公顷、96.2万公顷、77.3万公顷、67.0万公顷和5.9万公顷，分别占23.4%、15.2%、12.4%、9.5%、7.7%、6.7%和0.6%。二是石漠化程度状况。在石漠化土地中，轻度石漠化土地面积391.3万公顷，占38.8%；中度石漠化土地面积432.6万公顷，占43.0%；重度石漠化土地面积166.2万公顷，占16.5%；极重度石漠化土地面积16.9万公顷，占1.7%。三是石漠化动态变化。与2011年相比，岩溶地区石漠化土地面积减少193.2万公顷，减少了16.1%，年均减少38.6万公顷，年均缩减率为3.45%。四是省份动态变化。岩溶地区8个省份的石漠化面积均减少，其中：贵州省面积减少最多，为55.4万公顷；其他依次为云南、广西、湖南、湖北、重庆、四川和广东，减少面积分别为48.8万公顷、39.3万公顷、17.9万公顷、12.9万公顷、12.3万公顷、6.2万公顷和0.4万公顷。年均缩减率依次为广西4.5%、贵州4.0%、云南3.7%、重庆2.9%、湖南2.6%、湖北2.5%、四川1.8%

和广东 1.4%。

潜在石漠化土地状况　一是面积及分布。截至 2016 年底，潜在石漠化土地面积为 1466.9 万公顷，占岩溶地区土地面积的 32.4%，分布在湖北、湖南、广东、广西、重庆、四川、贵州和云南 8 个省份 463 个县（市、区）。其中：贵州省潜在石漠化土地面积最大，为 363.8 万公顷，占潜在石漠化土地总面积的 24.8%；其他依次为广西 267.0 万公顷、湖北 249.2 万公顷、云南 204.2 万公顷、湖南 163.4 万公顷、重庆 94.9 万公顷、四川 82.1 万公顷和广东 42.3 万公顷。二是动态变化。与 2011 年相比，潜在石漠化土地面积增加了 135.1 万公顷，增加了 10.1%，年均增加 27.0 万公顷（主要是石漠化土地经过治理后恢复的）。与 2011 年相比，各省潜在石漠化土地面积均有所增加，其中：贵州省增加面积最大，为 38.3 万公顷，占潜在石漠化土地面积增加量的 28.3%；其他依次为广西、云南、湖北、重庆、湖南、四川和广东，增加面积分别为 37.6 万公顷、27.1 万公顷、11.4 万公顷、7.8 万公顷、6.9 万公顷、5.3 万公顷和 0.7 万公顷。

石漠化总体变化趋势　连续三次监测结果显示，石漠化扩展趋势整体得到有效遏制，石漠化状况呈现"面积持续减少、危害不断减轻、生态状况稳步好转"的良好态势。一是石漠化土地面积持续减少，缩减速度加快。上个监测期，石漠化土地面积在 5 年间减少 96 万公顷。本监测期，5 年间减少了 193.2 万公顷，缩减面积是上个监测期的 2 倍，年均缩减率是上个监测期的 2.7 倍。二是石漠化程度减轻，重度和极重度减少明显。与 2011 年相比，不同程度的石漠化面积均出现减少。轻度石漠化减少 40.3 万公顷、中度减少 86.2 万公顷、重度减少 51.6 万公顷、极重度减少 15.1 万公顷。重度和极重度的总体比重较上个监测期下降了 2.7 个百分点。三是石漠化发生率下降，敏感性降低。5 年间，岩溶地区石漠化发生率由 26.5% 下降到 22.3%，下降了 4.2 个百分点。石漠化敏感性在逐步降低，易发生石漠化的高敏感性区域为 1527.1 万公顷，较上期减少 111.1 万公顷，高敏感区所占比例降低了 2.5 个百分点。四是水土流失面积减少，侵蚀强度减弱。与 2011 年相比，石漠化耕地减少 13.4 万公顷，岩溶地区水土流失面积减少 8.2%，土壤侵蚀模数下降 4.2%，土壤流失量减少 12%。五是林草植被结构改善，岩溶生态系统稳步好转。经过多年的治理和保护，岩溶地区林草植被综合盖度 61.4%，较 2011 年增长了 3.9 个百分点。同时，乔木型植被增加了 145 万公顷，增长 3.5 个百分点。岩溶生态系统稳定好转，出现退化的面积仅占 2.6%。六是区域经济发展加快，贫困程度减轻。与 2011 年相比，2015 年岩溶地区国内生产总值增长 65.3%，高于全国同期的 43.5%，农村居民人均纯收入增长 79.9%，高于全国同期的 54.4%。5 年间，区域贫困人口减少 3803 万人，贫困发生率由 21.1% 下降到 7.7%，下降了 13.4 个百分点。

专栏 12　贵州省石漠化综合治理工程开展情况

　　2018 年，贵州省积极组织实施石漠化综合治理工程，完成石漠化综合治理营造林面积共计 10.33 万公顷，占总任务的 100%，为进一步推进绿色贵州建设，实现贵州省 2020 年森林覆盖率达 60% 目标助力。主要做法及成效如下。

　　加强管理督促，确保工程建设成效　按照工程管理办法，各相关部门密切配合，通力合作，形成了良好的工作机制。贵州省林业局始终将石漠化综合治理林业建设作为全省营造林主要工作来抓，将石漠化营造林工程作为到 2020 年实现全省森林覆盖率 60% 目标的重要措施。大力开展石漠化营造林督查工作，发现问题及时要求整改，确保工程建设成效。

　　突出石漠化综合治理工程示范作用，打造精品工程　在实施石漠化综合治理工程过程中，始终强调生态治理的主体地位，鼓励各市（州）结合实际积极打造以林为主的石漠化治理精品工程，发挥示范作用辐射带动石漠化治理。例如，黔西南布依族苗族自治州兴仁县种植枇杷治理石漠化、贞丰县种植花椒，安顺市普定县种植冰脆李、关岭县种植火龙果、西秀区种植金刺梨，等等，这些精品工程产生了很强的示范带动作用，推动了全省石漠化综合治理和生态建设步伐。

　　创新治理机制，吸引社会资本参与石漠化治理　积极鼓励、培育"公司＋农户"、专业合作社、大户等承包经营等新型主体参与治理石漠化，同时，积极吸引社会资本参与石漠化治理。据统计，全省共吸引 5 879 万元社会资本参与工程建设，在一定程度上解决了石漠化治理工程资金不足、投入有限的问题，初步形成了政府主导、合作社助推、群众自发参与治理石漠化的格局。毕节市大方县、赫章县通过"公司＋村集体＋农户"建立利益联结机制，吸引社会资本 2 328.55 万元，实施优质茶园、玫瑰园等示范基地建设，走上了既有效防治石漠化，又带来经济效益、社会效益、生态效益的可持续发展道路。

　　突出石漠化治理与发展现代山地高效农林业相结合，实现"治石"与"治贫"相统一　贵州省"八山一水一分田"的自然条件，为发展山地高效农业和治理石漠化提供了物质基础。当前，结合石漠化综合治理，全省山地高效农业发展迅速，尤其是特色林果优势产业更是得到较快发展，茶叶、辣椒、火龙果等生产规模居全国第一。在山地高效农林业的强力拉动下，2018 年全省农业增加值和农民人均可支配收入增速双双位居全国前列。同时，工程的实施还为工程县带来劳动力需求，让当地建档立卡贫困户通过劳务收入实现脱贫，实现了"治石"与"治贫"的有效统一。

3. 沙化土地封禁保护

2018年，继续推进沙化土地封禁保护区试点建设工作，积极协调落实年度补助资金2亿元，新增沙化土地封禁保护区6个，封禁保护总面积166万公顷。开展沙化土地封禁保护区建设情况抽查，针对存在的突出问题，约谈地方林业部门，下发整改通知，督促各地进行整改。系统总结沙化土地封禁保护区5年试点的情况及经验。研究制定《在国家沙化土地封禁保护区范围内进行修建铁路、公路等建设活动监督管理办法》。组织举办了全国沙化土地封禁保护修复制度政策培训班，对各有关省份林业部门和试点县的管理人员进行了专题培训并交流了经验。督促各试点县加快工程建设和资金支付进度，按时保质完成建设任务。

4. 防沙治沙制度建设与落实

继续深化防沙治沙改革，完善防沙治沙制度。认真落实《沙化土地封禁保护修复制度方案》。组织开展了沙区天然植被状况摸底调查，为建立健全沙区天然植被保护制度做好基础工作。协调国家政策性银行加大对防沙治沙信贷支持力度，与国家开发银行签订《共同推进荒漠化防治战略合作框架协议》。

部署开展省级政府防沙治沙目标责任中期督查，督促各地开展自查工作。完成林业"十三五"规划中期评估中京津工程、石漠化工程、国家沙漠公园、全国防沙治沙等4项专项规划评估工作的报告。

（五）野生动植物资源保护

1. 濒危物种保护

继续推进第二次野生动物、野生植物资源调查；协调建立野生动物保护投资渠道，推动相关省份开展野生动物救护繁育基地、基因库和野生动植物存储库建设；指导监督各地开展濒危物种野外种群巡护、看守、值守、救护及其栖息地维护；完成《极小种群野生植物拯救保护规划（2011－2015年）》实施评估，正组织编制《极度濒危野生动物和极小种群野生植物保护规划》（2018－2025年）；开展雪豹调查、监测工作，指导监督各地开展朱鹮、扬子鳄、红腹锦鸡、白颈长尾雉等放归自然活动；强化野生动物园安全管理和规范展演工作，开展检查督导，组织制定象、虎等极度濒危野生动物的人工繁育和展演设备设施标准；下发实施"十三五"纲要所涉及的珍稀濒危物种抢救性保护分工方案、任务清单、实施方案和年度目标的通知；指导四川、陕西、甘肃三省开展大熊猫栖息地野外巡护、救护、监测和反盗猎工作，落实大熊猫放归都江堰龙溪虹口保护区，建立大熊猫行政许可和监督检查行政许可专家库。开展2018年爱鸟周活动，启动全国野生动物保护志愿者"护飞行动"，举办世界野生动植物日纪念主题活动。

2. 野生动植物保护建设

制定发布《国家林业和草原局野生动植物保护类行政许可随机抽查检查工作细则》、新一批委托省级林业主管部门实施的行政许可事项公告，修订发布《国家濒管办关于以参展为目的进口及再出口濒危野生植物的管理规定》；下发《国家林业和草原局野生动植物保护与自然保护区管理司关于印发<黑熊繁育利用技术规范>等标准的通知》。根据《濒危野生动植种国际贸易公约》（CITES）规定向社会发布有关木材和穿山甲禁贸公告；发布《野生动植物进出口证书管理系统填报指南》，推进野生动植物进出口证书样式改革；会同海关总署、国家口岸管理办公室推进"野生动植物进出口证书审批系统""野生动植物进出口数据联网核销系统"以及"野生动植物国际贸易'单一窗口'标准版试点"的建设完善工作，与海关总署联合发布公告在全国范围内实行野生动植物进出口证书通关作业联网无纸化改革，举办全国野生动植物进出口电子审批系统培训。

3. 野生动物疫源疫病防控

健全完善监测防控体系，在国家级自然保护区加挂国家级野生动物疫源疫病监测站牌子。开展野猪非洲猪瘟主动预警与监测防控工作，根据不同时段任务要求多次印发通知加强监测防控，开展专家会商和疫情研判；完成全国野猪人工繁育场所摸底排查，部署全国野猪野外种群资源调查；牵头国务院第六督导组二轮赴辽宁、河北、青海、宁夏开展非洲猪瘟防控工作督导工作，参加国务院第四督导组赴山东、江苏、新疆和新疆生产建设兵团、重庆等地督导工作；举办边境地区野猪非洲猪瘟监测技术培训班。开展其他野生动物疫源疫病监测防控工作，做好日常监测，妥善处置突发野生动物疫情，推进重要野生动物疫病主动预警，下发《2018年重要野生动物疫病主动预警工作实施方案》，举办10余期技能培训和应急演练。

（六）森林和草原灾害防控

1. 森林火灾与林业有害生物防治

2018年，全国共发生森林火灾2478起（其中，一般火灾1 579起、较大火灾894起、重大火灾3起、特别重大火灾2起），受害面积1.6万公顷，因灾伤亡39人（其中死亡23人），与2017年相比，森林火灾次数、受害面积和因灾伤亡人数分别下降23%、35%和15%；全国共发生草原火灾39起，均为一般火灾，累计受害面积0.26万公顷，经济损失103万元，连续第三年未发生人员伤亡事故，各项火灾指标显著下降。

2018年，全国主要林业有害生物发生1 219.52万公顷，比2017年下降2.68%。其中，虫害发生840.41万公顷，比2017年下降7.24%；病害发生176.87万公顷，比2017年上升32.90%；鼠（兔）害发生184.40万公顷，比2017年下降

5.05%。2018年，全国林业有害生物防治面积948.93万公顷（累计防治作业面积1 691.74万公顷次），主要林业有害生物成灾率控制在4.5‰以下，无公害防治率达到80%以上。国家林业和草原局认真贯彻落实中央领导关于加强松材线虫病防治工作批示要求，在全国部署开展了疫情集中普查和新发疫情核查督办，修订印发了《松材线虫病疫区和疫木管理办法》《松材线虫病防治技术方案》，下发了《江西省违法调运带疫松木包装材料的警示通报》，加强监测预报。制定了《林业有害生物国家级中心测报点管理办法》，调整了全国1000个国家级中心测报点。强化植物检疫管理，印发了《林业有害生物防治检疫审批随机抽查工作细则》，组织开展了检疫审批事中事后监管检查。

2. 草原火灾和草原有害生物防治

2018年，全国共发生草原火灾39起，全部为一般草原火灾，累计受害草原面积2600公顷，连续3年未发生人员伤亡。与2017年相比，火灾发生次数减少19起，受害草原面积减少452公顷。

2018年，继续在河北、山西、内蒙古、辽宁、吉林、黑龙江、四川、西藏、陕西、甘肃、青海、宁夏、新疆等主要草原省份开展鼠虫害防治工作。2018年，全国鼠害发生面积为2 578.7万公顷、虫害发生面积为1 234.5万公顷。其中，草原鼠害危害面积最大的省份为青海，面积多达576万公顷，危害面积超过400万公顷的省份有3个，超过300万公顷的省份有5个，超过200万公顷的省份有6个。草原虫害危害区域主要分布于我国北方和西北草原区，主要是内蒙古、甘肃、新疆三省份，危害面积多达907.3万公顷，占全国草原虫害危害总面积的比重为73.5%。根据草原鼠虫害危害发生情况，国家积极开展鼠虫害防治工作，其中，鼠害防治面积634.2万公顷，虫害防治面积487.5万公顷，通过控鼠灭虫、围栏封育、人工种草等综合措施，有效减少了草原因灾损失，保护和恢复了草原植被，维持了草原生态平衡。

E

P59-66

产业发展

- 林业产业总产值
- 林业产业结构
- 产品产量和服务
- 草原利用及草产业

产业发展

2018年，全国林业总产值继续稳定增长，一、二、三产业都有不同幅度增长，第三产业增长迅速，中、西部地区林业产业增长势头强劲。全国木材产量继续增加。林产工业产品中，锯材产量有所减少，人造板产量有所增加。全国各类经济林产品产量有所减少。森林旅游继续保持健康发展态势。

2018年，全国天然草原鲜草总产量有所增加。全国草原承包管理不断完善，承包面积接近九成。全国重点天然草原平均牲畜超载率下降，主要草原牧区都已实行了禁牧休牧措施。草原野生植物采集甘草、麻黄草增加，冬虫夏草减少。

（一）林业产业总产值

林业总产值继续增长，增速放缓。2018年，林业产业总产值达到7.63万亿元（按现价计算），比2017年增长7.01%，同比增速减少2.85个百分点。自2009年以来，林业产业总产值的平均增速达到17.78%（图7）。

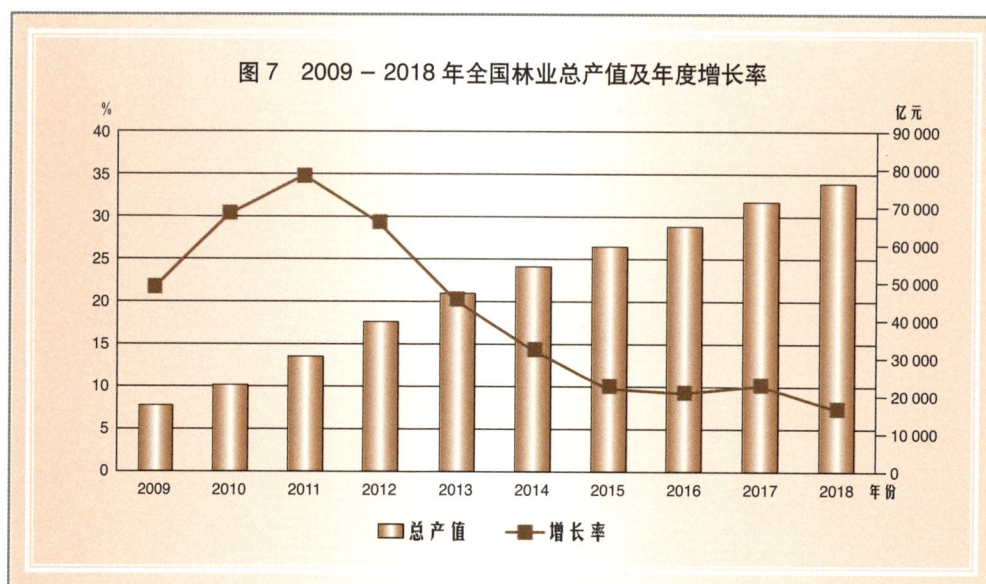

图7　2009－2018年全国林业总产值及年度增长率

分地区看，东部地区林业产业总产值为3 3114.72亿元，中部地区林业产业总产值为19 605.78亿元，西部地区林业产业总产值19 487.93亿元，东北地区林业产业总产值为4 064.33亿元。受我国整体经济形势影响，各地区增速均有所放缓，但中、西部地区林业产业增长势头依然强劲，增速分别达到8.84%和12.05%。东部地区林业产业总产值所占比重最大，占全部林业产业总产值的

43.42%。受国有林区天然林商业采伐全面停止和森工企业转型影响，东北地区林业产业总产值连续4年出现负增长（图8）。

林业产业总产值超过4 000亿元的省份共有9个，分别是广东、山东、福建、广西、浙江、江苏、湖南、江西和安徽，与2017年相比，增加了安徽省，其中，广东省独占鳌头，是唯一一个林业产业总产值超过8 000亿元的省份（图9）。

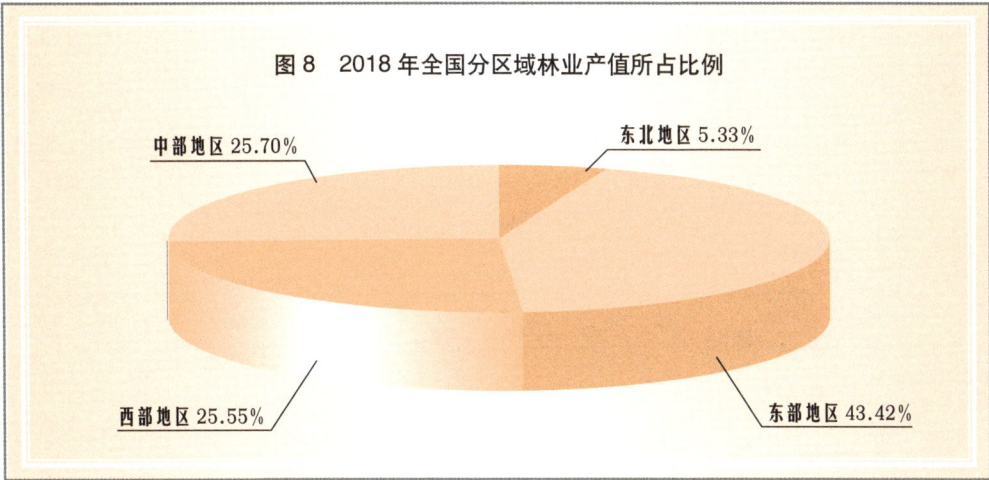

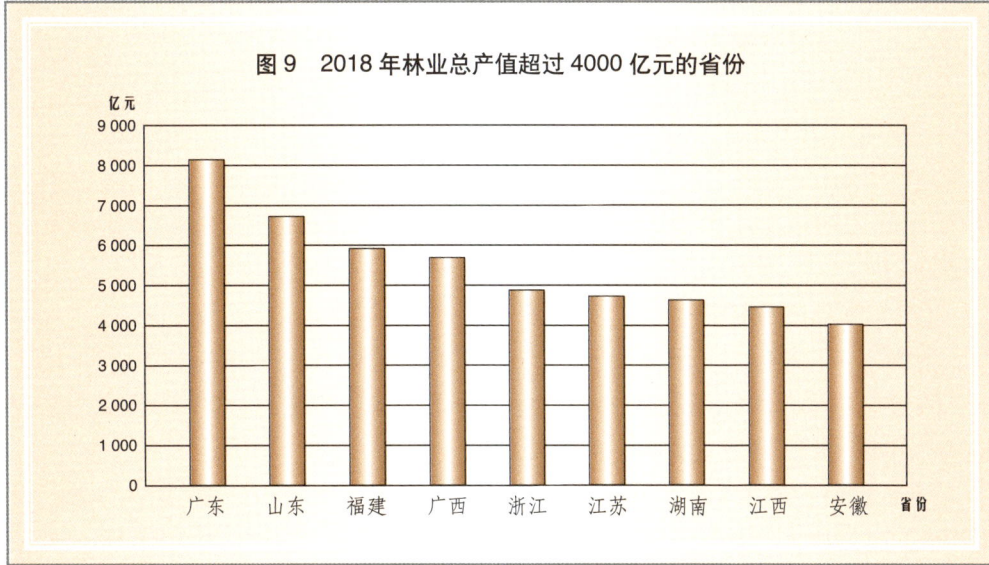

图8　2018年全国分区域林业产值所占比例

中部地区 25.70%　　　东北地区 5.33%

西部地区 25.55%　　　东部地区 43.42%

图9　2018年林业总产值超过4000亿元的省份

亿元

广东　山东　福建　广西　浙江　江苏　湖南　江西　安徽　省份

（二）林业产业结构

2018年，林业一、二、三产业产值，与2017年相比，都有不同幅度增长，第三产业增长迅速。林业产业结构进一步得到优化，由2017年的33∶48∶19调整为32∶46∶22，第三产业比重增加3个百分点。林业第一产业产值24 580.84亿元，占全部林业产业总产值的32.23%，同比增长5.20%；林业第二产业产值

34 995.88亿元，占全部林业产业总产值的45.88%，同比增长3.07%；林业第三产业产值16 696.04亿元，占全部林业产业总产值的21.89%，同比增长19.69%（图10）。

分产业看，超过万亿元的林业支柱产业分别是经济林产品种植与采集业，占第一产业产值的58.96%，产值为14 492.01亿元；木材加工及木竹制品制造业，占第二产业产值的36.62%，产值为12 815.87亿元；以森林旅游为主的林业旅游与休闲服务业，占第三产业产值的78.12%，产值为13 043.71亿元。林业旅游与休闲服务业产值增速达21.50%。

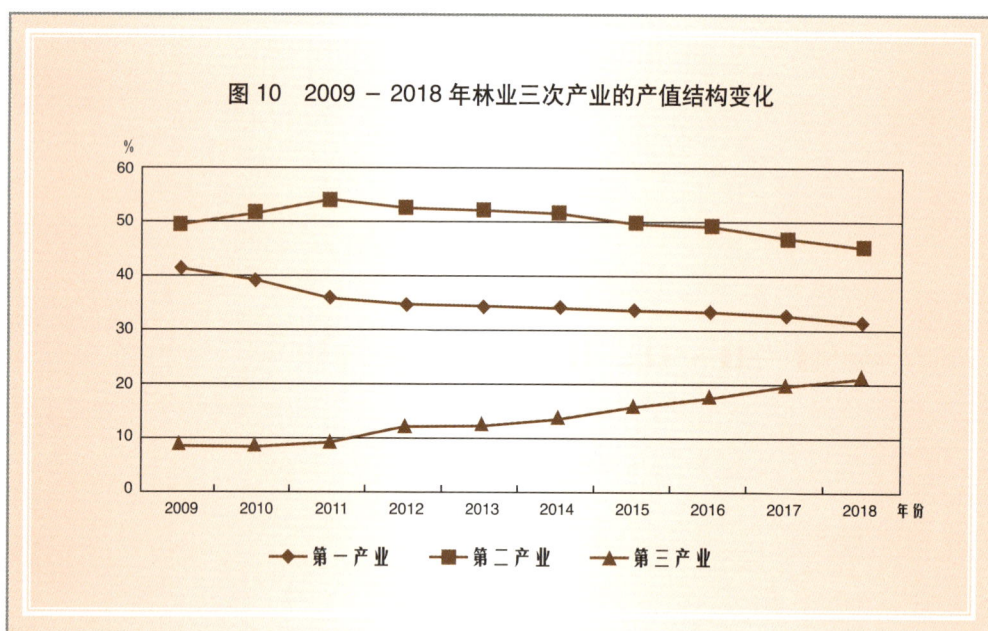

图10　2009－2018年林业三次产业的产值结构变化

（三）产品产量和服务

木材　2018年，全国商品材总产量为8 810.86万立方米，比2017年增加412.69万立方米，同比增长4.91%；全国非商品材总产量为2 087.64万立方米，比2017年减少243.57万立方米，同比降低10.45%。

商品材中，原木8 088.70万立方米，占91.80%；薪材722.17万立方米，占8.20%。商品材中，来源于人工林的产量为8 654.17万立方米，占98.22%；来源于天然林的产量为156.70万立方米，占1.78%。非商品材中，全国农民自用材为446.04万立方米，占21.37%；农民烧材采伐量为1 641.59万立方米，占78.63%。

锯材、木片、木粒　2018年，全国锯材产量为8 361.83万立方米，比2017年减少2.80%。木片、木粒加工产品4 088.95万实积立方米，比2017年降低7.87%。

竹材　2018年，竹产业产值2 455.75亿元。全国大径竹产量为31.55亿根，比2017年增长15.99%，其中，毛竹16.95亿根，其他直径在5厘米以上的大径竹

14.60亿根；小杂竹为2 185.65万吨，比2017年增长10.35%。

人造板　2018年，全国人造板总产量为29 909.29万立方米，比2017年增加1.44%。其中，胶合板17 898.33万立方米，增加4.09%；纤维板6 168.05万立方米，减少2.05%；刨花板产量2 731.53万立方米，减少1.67%；其他人造板产量3 111.37万立方米，减少3.25%（图11、图12）。

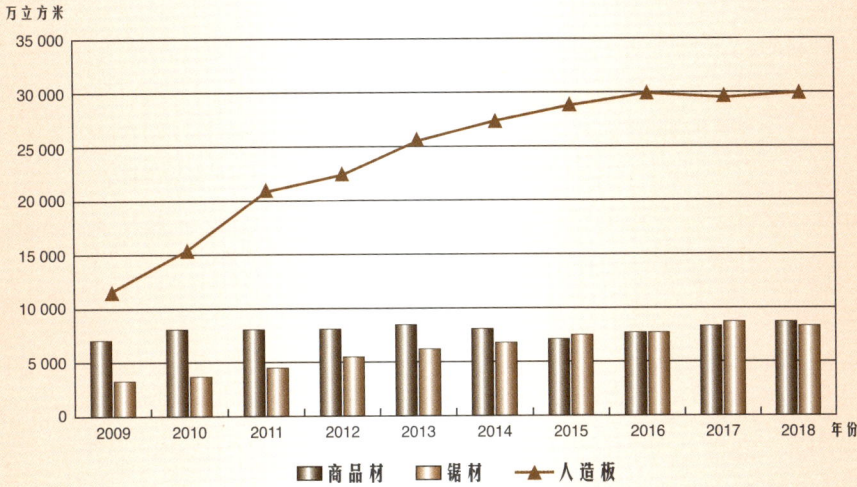

图11　2009－2018年全国商品材、锯材、人造板产品产量

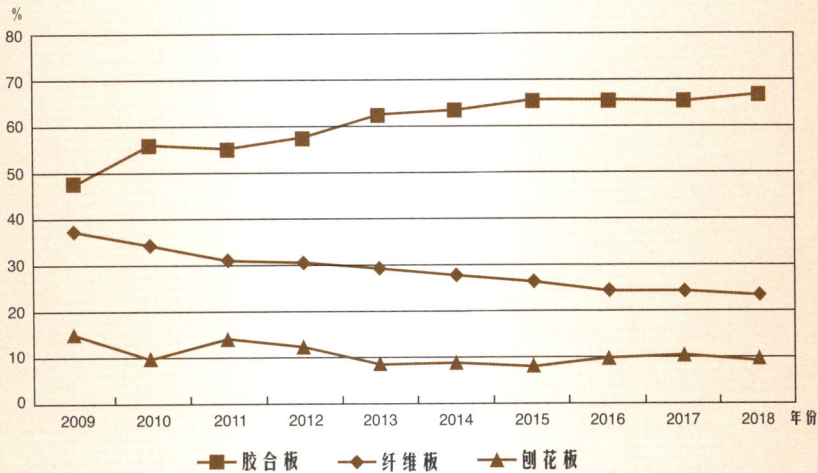

图12　2009－2018年人造板（三板）比重趋势

家具　2018年，全国木制家具总产量24 182.05万件，比2017年减少10.68%。

木浆　2018年，全国纸和纸板总产量10 435万吨，比2017年减少6.24%；纸浆产量7 201万吨，比2017年减少9.41%，其中，木浆产量1 147万吨，比2017年增长9.24%。

木竹地板　2018年，全国木竹地板产量为7.89亿平方米，比2017年减少4.48%。其中，实木地板1.17亿平方米，占全部木竹地板产量的14.83%；实木复合地板2.03亿平方米，占全部木竹地板产量的25.73%；强化木地板（浸渍纸层压木质地板）3.94亿平方米，占全部木竹地板产量的49.94%；竹地板0.69亿平方米，占全部木竹地板产量的8.75%；其他木地板（含软木地板、集成材地板等）0.06亿平方米，占全部木竹地板产量的0.76%。

林产化工产品　2018年，全国松香类产品产量142.14万吨，松节类产品产量24.24万吨，栲胶类产品产量0.32万吨，紫胶类产品产量0.66万吨，木竹热解产品产量145.70万吨，分别比2017年减少14.63%、12.87%、31.92%、7.04%、17.57%；樟脑产量1.94万吨，冰片产量0.12万吨，木质生物质成型燃料产量94.44万吨，分别比2017年增长29.33%、9.09%、8.19%。

经济林产品　2018年，全国经济林产品产量达到1.81亿吨，比2017年减少3.72%。从产品类别看，水果产量为1.49亿吨，干果产量为1 162.91万吨，林产饮料产品（干重）246.85万吨，林产调料产品的产量为83.07万吨，森林食品382.69万吨，森林药材363.92万吨，木本油料产量为676.62万吨，松脂、油桐等林产工业原料产量247.83万吨。

油茶　2018年，油茶产业产值1024.09亿元。全国年末实有油茶林面积426.67万公顷，其中，2018年新造面积14.46万公顷，2018年低改面积13.60万公顷；繁殖苗圃个数389个；苗木产量7.91亿株；油茶籽产量263万吨；油茶企业2528个。

核桃　2018年，全国年末实有核桃种植面积816.57万公顷；定点苗圃个数8202个，定点苗圃面积2.48万公顷；苗木产量5.31亿株；核桃产量（干重）382万吨。

花卉　2018年，全国年末实有花卉种植面积163.28万公顷。切花切叶176.64亿支，盆栽植物56.50亿盆，观赏苗木116.67亿株，草坪6.17亿平方米，花卉市场4 162个，花卉企业5.39万家，花农143.24万户，花卉产业从业人员523.45万人，控温温室面积0.77亿平方米，日光温室面积1.71亿平方米。

林业旅游与休闲　2018年，全年林业旅游和休闲的人数达到36.6亿人次，比2017年增加5.58亿人次。森林旅游继续保持健康发展态势，全国森林旅游人数达16亿人次，同比增长15.1%，占国内旅游人数的28.9%。森林旅游管理和服务人员数量超过31.2万人，其中，导游和解说人员数量约5.3万人。森林旅游接待床位总数250万张，接待餐位总数530万个。

会展经济　2018年，国家林业和草原局与有关省人民政府联合举办了7个重点林业展会，分别是：第五届中国中部家具产业博览会、第五届中国（东北亚）森林产品博览会、第15届中国林产品交易会、第11届中国义乌国际森林产品博览会、第14届海峡两岸林业博览会暨投资贸易洽谈会、首届中国新疆特色林果博览会、2018中国－东盟博览会林产品及木制品展。参展企业达到数千家，参会人员数十万，签约合同金额超过200亿元。

（四）草原利用及草产业

草原生产力　2018年，全国天然草原鲜草总产量109 942.02万吨，较2017年增长3.24%；折合干草约33 930.75万吨，载畜能力约为26 717.12万羊单位，较2017年分别增长3.32%和3.50%。全国23个省份鲜草总产量达102 479.65万吨，占全国总产量的93.21%，折合干草约32 083.62万吨，载畜能力约为25 262.7万羊单位。

草原承包　截至2018年底，在全国16个省份开展草原确权承包登记整体试点，探索建立健全信息化、规范化的草原确权承包管理模式和运行机制。全国已承包的草原面积约为2.87亿公顷。其中，承包到户2.13亿公顷，占比约74.22%；承包到联户0.69亿公顷，占比约24.04%。

草畜平衡和禁牧休牧　2018年，全国共落实草原禁牧面积0.8亿公顷、草畜平衡面积1.73亿公顷。全国重点天然草原平均牲畜超载率为10.2%，较2017年下降1.1个百分点。全国268个牧区半牧区县（旗、市）天然草原平均牲畜超载率为12.6%，较2017年下降1.5个百分点，其中，牧区县平均牲畜超载率为13.9%，半牧区县平均牲畜超载率为8.5%。

草原野生植物采集　2018年，全国共采集甘草69 422.8吨、麻黄草13 440.5吨、冬虫夏草146.04吨。与2017年相比，甘草采集量增加24 413.3吨，麻黄草采集量增加7 294.6吨，冬虫夏草采集量减少95.44吨。

F

P67-98

林草产品市场

- 木材产品市场供给与消费
- 主要林产品价格
- 主要林产品进出口
- 主要草产品进出口

林草产品市场

林产品出口和进口较快增长，出口和进口分别增长6.93%和9.19%。其中，木质林产品出口小幅扩大、进口大幅增长，在林产品出口中占比略有提高、进口中占比有所下降；非木质林产品进出口快速增长，出口增速快于进口增速。林产品贸易逆差扩大。木材产品市场总供给（总消费）为55 675.16万立方米，比2017年下降2.07%。其中，国内供给略有增长、进口低速下降，进口在木材产品总供给中的份额微幅下降；国内实际消费小幅下降、出口微幅增长、库存大幅增加。原木与锯材产品总体价格水平环比稳中微降，同比先涨后跌、总体小幅提高，进口价格环比波动微降、同比小幅上涨。草产品出口30.69万元，主要为草种子；草产品进口6.60亿元，主要是草饲料。

（一）木材产品市场供给与消费
1. 木材产品供给

木材产品市场供给由国内供给和进口两部分构成（图13）。国内供给包括商品材、农民自用材和农民烧柴、木质纤维板和刨花板（图14）；进口包括进口原木、锯材、单板、人造板、家具、木浆、纸和纸制品、废纸、木片及其他木质林产品。2018年，木材产品市场总供给为55 675.16万立方米，比2017年下降2.07%。

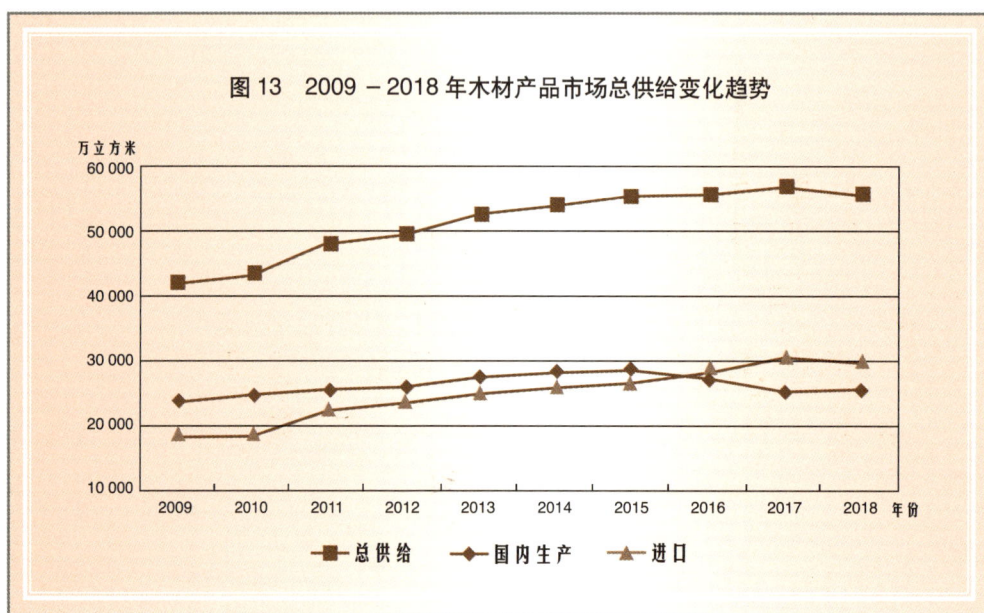

图13　2009－2018年木材产品市场总供给变化趋势

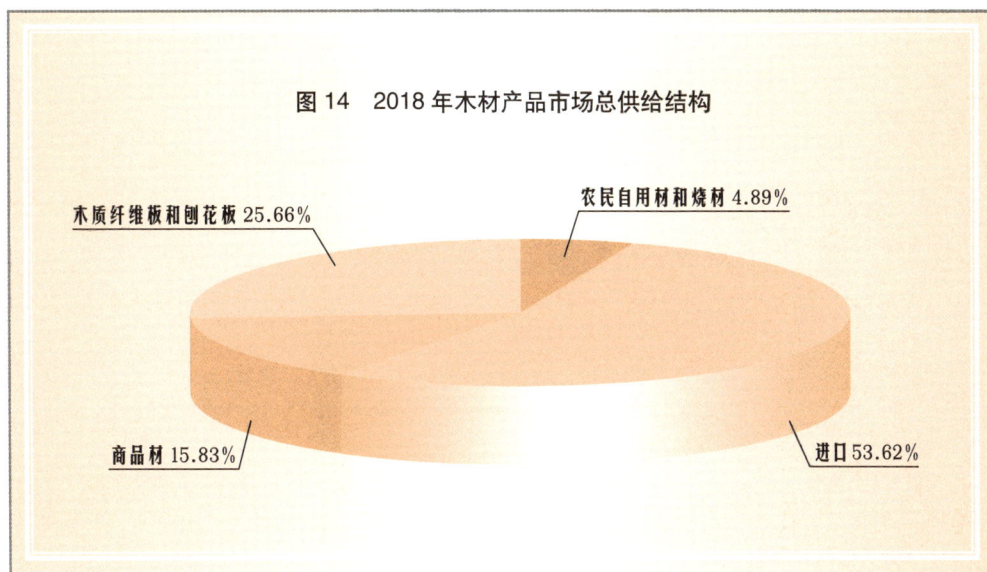

图14　2018年木材产品市场总供给结构

商品材　2018年，全国商品材产量8 810.86万立方米，比2017年增长4.91%；其中，原木8 088.70万立方米，比2017年增长5.45%；薪材（不符合原木标准的木材）722.16万立方米，比2017年下降0.77%。

农民自用材和烧柴　根据测算②，农民自用材和烧柴折合木材供给2 724.69万立方米，比2017年下降10.37%；其中，农民自用材551.20万立方米，农民烧柴2 173.49万立方米，分别比2017年下降15.40%和9.00%。

木质纤维板和刨花板　2018年，木质纤维板产量5 870.36万立方米、木质刨花板产量为2 719.64万立方米，分别比2017年下降2.20%和1.13%。木质纤维板和刨花板折合木材供给14 646.11万立方米，扣除与薪材产量的重复计算部分，相当于净增加木材供给14 285.03万立方米。

进口　2018年，我国木质林产品进口折合木材29 854.58万立方米，其中，原木5 968.55 万立方米，锯材（含特形材）4 769.94万立方米，单板和人造板495.60万立方米，纸浆及纸类（木浆、纸和纸板、废纸和废纸浆、印刷品）15 973.02万立方米，木片2 310.50万立方米，家具、木制品及木炭336.97万立方米。

2. 木材产品消费

木材产品市场消费由国内消费和出口两部分构成（图15）。国内消费包括工业与建筑用材消费、农民自用材和烧柴消费（图16）；出口包括出口原木、锯材、单板、人造板、家具、木浆、木片、纸和纸制品、废纸及其他木质林产品。2018年，木材产品市场总消费为55 675.16万立方米，比2017年下降2.07%。

---

② 根据第八次全国森林资源清查林木蓄积量年均采伐消耗结果推算。

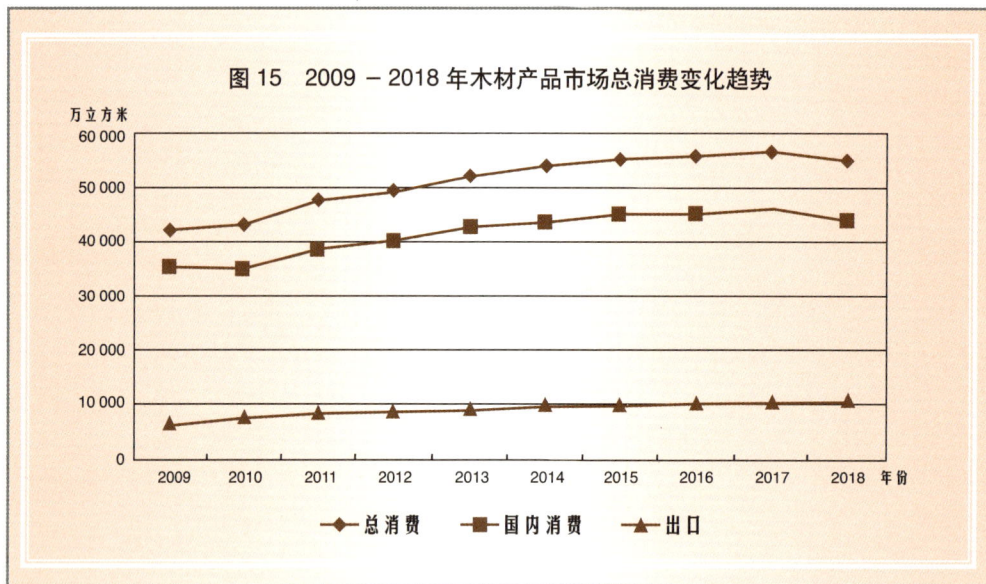

图 15　2009－2018 年木材产品市场总消费变化趋势

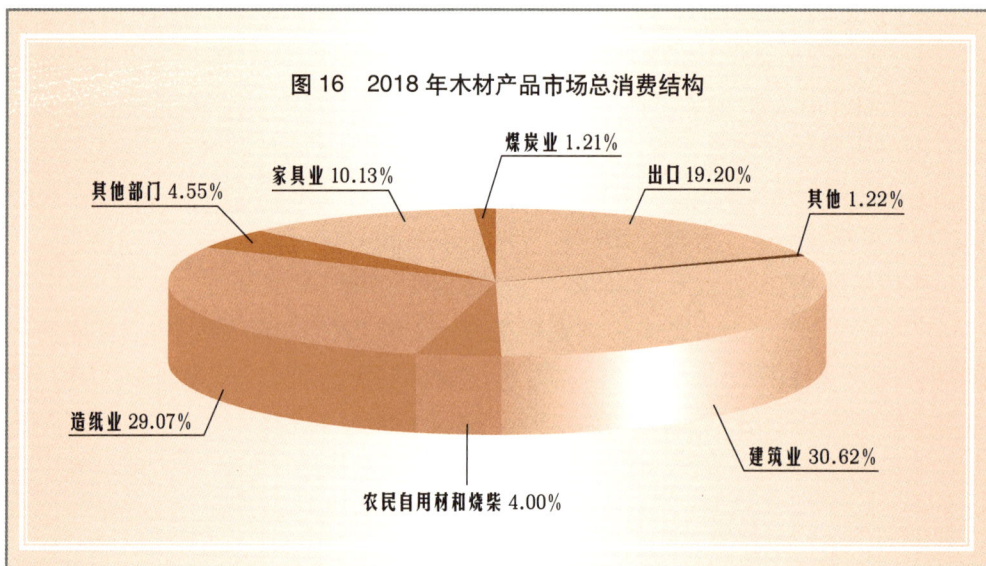

图 16　2018 年木材产品市场总消费结构

工业与建筑用材　据国家统计局和有关部门统计，按相关产品木材消耗系数推算，2018年我国建筑业与工业用材折合木材消耗量为42 081.77万立方米，比2017年下降3.11%。其中，建筑业用材（包括装修与装饰）17 047.55万立方米、家具用材（指国内家具消费部分，出口家具耗材包括在出口项目中）5 638.69万立方米、造纸业用材16 186.37万立方米、煤炭业用材673.95万立方米，分别比2017年下降1.31%、14.58%、1.61%和2.73%；包装、车船制造、化工、化纤等其他部门用材2 535.21万立方米，比2017年增长4.98%。

农民自用材和烧柴　根据产量测算，农民自用材消耗551.20万立方米，农民烧柴消耗2 173.49万立方米，扣除农民自用材中约496.08万立方米用于建筑用材的重复计算后，农民自用材和烧柴消耗2 228.61万立方米。

出口 2018年，我国木质林产品出口折合木材10 686.17万立方米。其中，原木7.23万立方米，锯材（含特形材）62.46万立方米，单板和人造板3 370.19万立方米，纸浆及纸类（木浆、纸和纸板、废纸和废纸浆、印刷品）2 666.64万立方米，家具4 256.29万立方米，木片、木制品和木炭323.36万立方米。

其他 2018年，增加库存等形式形成的木材消耗为678.61万立方米。

3. 木材产品市场供需的特点

2018年，我国木材产品市场供需的主要特点表现为：木材产品总供求低速下降，其中，国内供给略有增长，进口小幅下降，进口量超过国内供给量；国内需求小幅下降、出口微幅增长、库存大幅增加；原木与锯材产品总体价格水平环比平稳中微降，同比先涨后跌、总体小幅提高；进口价格环比波动微降、同比小幅上涨。

木材产品总供给小幅下降，国内供给略有增长、进口低速下降，进口在木材产品总供给中的份额微幅下降 从国内供给看，2018年原木较快增长，薪材产量微幅减少，刨花板和木质纤维板产量小幅下降，农民自用材和烧柴产量大幅减少，国内木材产品实际供给比2017年增长1.88%；从进口看，尽管原木、单板、纤维板、特形材、木浆、木片、纸类和纸板等主要产品进口量较快增长，但废纸、胶合板、木制品等进口量大幅下降，锯材、刨花板等小幅减少，木材产品进口总量比2017年下降2.41%，占木材产品总供给的53.62%，比2017年下降0.19个百分点。

木材产品总消费略有缩小，国内实际消费小幅下降、出口微幅增长、库存大幅增加 从国内消费看，2018年，家具用材消耗大幅下降，建筑业用材消耗、造纸用材消耗略有下降，木材产品国内消费比2017年下降3.44%；同时，木质家具和胶合板的出口量小幅增长，木材产品出口总规模比2017年扩大0.35%。由于受国内需求下降的影响，木材产品库存比2017年增加115.02%。

原木与锯材产品总体价格水平环比稳中微降，同比先涨后跌、总体小幅提高，进口价格环比波动微降、同比小幅上涨 2018年，木材产品（原木与锯材）总体价格水平同比1～8月较大幅度上涨、涨幅为3.15%～9.00%，9～12月较大幅度下跌、跌幅为3.12%～8.17%；从环比看，除2月持平，3～4月、7月和11月微幅上涨外，其余月份小幅下跌，跌幅为0.08%～3.26%。各月进口木材产品价格水平同比11月微幅下跌，其余月份上涨，涨幅为0.18%～12.00%；从环比看，3月、5月、6月、10月和12月在1.21%～3.82%间小幅上涨，其余月份价格低速下跌，跌幅为0.09%～5.44%。从木材总体价格与进口价格的关系看，上半年二者的环比变化呈正相关，下半年呈负相关。

（二）主要林产品价格

原木和锯材 根据商务部和中国木材与木制品流通协会发布的木材市场价格综合指数的月度数据，2018年木材（原木和锯材）价格呈现"先涨后跌"的阶段变化特征，价格指数由1月和2月的130.1%持续上涨至5月的134.5%，6月开始持续降至10月的123.7%，11～12月稳定在124.1%～124.2%（图17）。从各月环比变化看，除3月和5月的涨幅分别为1.61%和1.43%，以及6月、8月和9月的跌幅分别为1.93%、3.26%和2.66%外，其余月份的涨跌幅度均未超过1.00%（图18）。

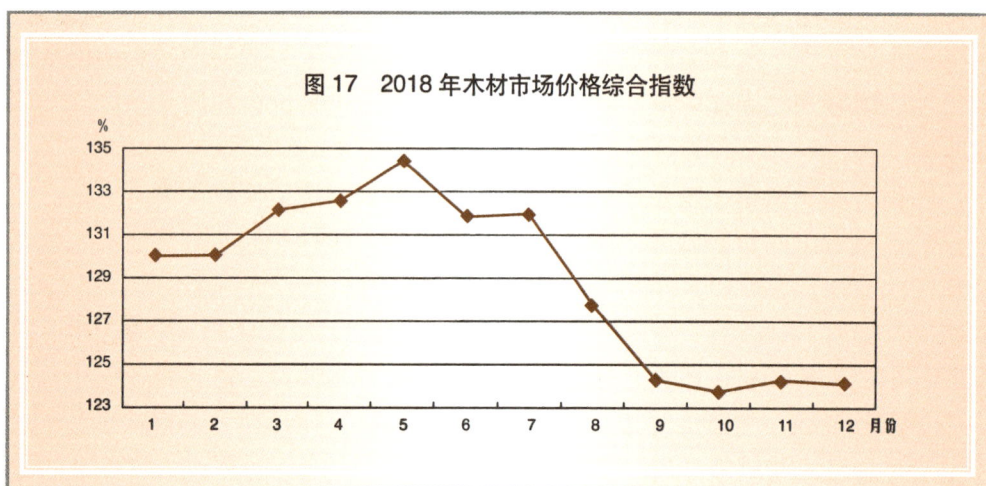

图17　2018年木材市场价格综合指数

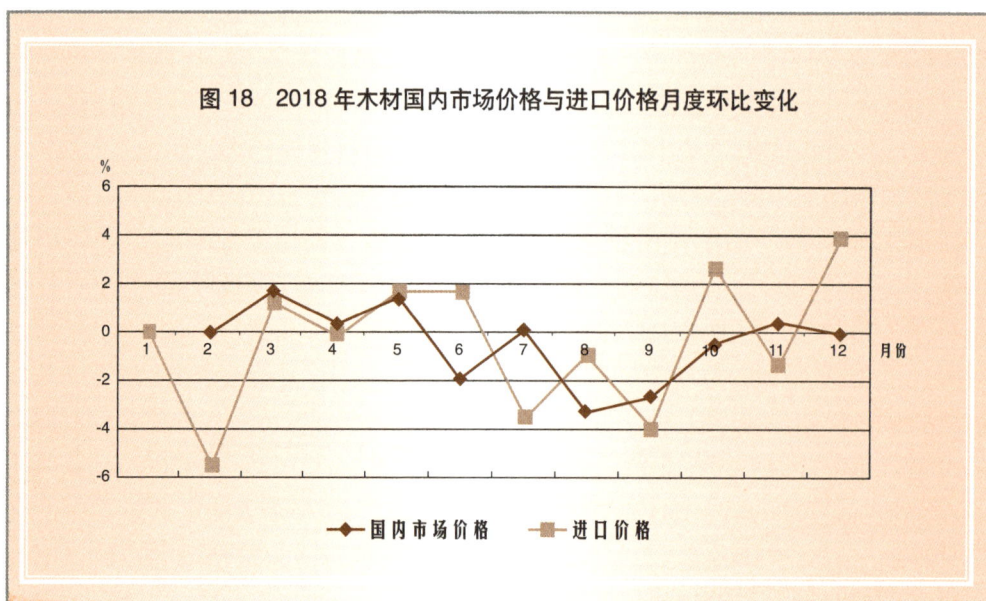

图18　2018年木材国内市场价格与进口价格月度环比变化

2018年，进口木材（原木和锯材）价格呈"循环波动"特征，其变化大体可以分为2个循环阶段。第一阶段是1～6月的跌－涨循环期，进口木材综合价格指数由1月的113.9%降至2月的107.7%，随后波动上涨至6月的112.5%；第二阶段是7～12月的跌－涨循环期，进口木材综合价格指数从6月的高位持续降至9月的最低点103.3%，随后波动回升至12月的108.6%。从各月环比变化看，除2月、7月和9月的降幅分别为5.44%、3.47%和4.00%，以及12月的涨幅为3.82%外，其余月份的环比涨跌幅度均在3.00%以内（图19）。

水果　根据农业部信息中心发布的月度批发价格数据，2018年水果价格从环比变化看，柑橘类、葡萄和桃的价格具有明显的季节特征，苹果和梨的价格相对平稳（图20）；从同比变化看，桃和柑橘类的价格较大幅度下跌，苹果、葡萄和梨的价格季节性涨跌波动、总体上涨。

苹果价格变化表现为"前跌后涨"的特征，大体分为2个阶段。第一阶段是1～7月的小幅波动下降期，价格从1月的4.63元/千克波动下降至7月的4.12元/千克；第二阶段是8～12月的上涨期，价格由8月的4.48元/千克持续涨至12月的6.19元/千克。与2017年比，月度价格同比呈季节性涨跌波动，1月和4～8月价格同比下降，降幅为3.55%～7.62%；2～3月和9～12月价格同比上涨，其中，9～12月的涨幅超过18%。

梨价格变化大体可分为3个阶段。第一阶段是1～6月的波动下降期，由1月的3.17元/千克波动下降至6月的2.94元/千克；第二阶段是7～9月的平稳期，价格维持在3.13～3.26元/千克；第三阶段是10～12月的持续上涨期，价格由10月的3.56元/千克持续上涨至12月的4.18元/千克。与2017年相比，月度价格同比季节性涨落、总体下跌，1月和4～9月的价格同比下降，其中，4～8月降幅超过

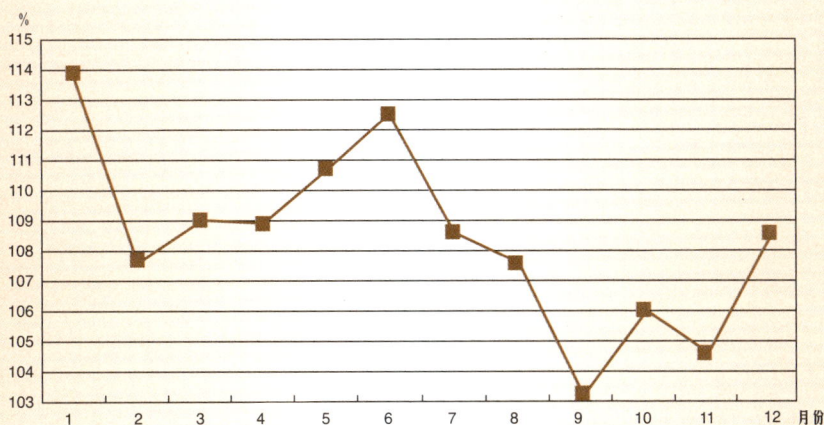

图19　2018年进口木材综合价格指数

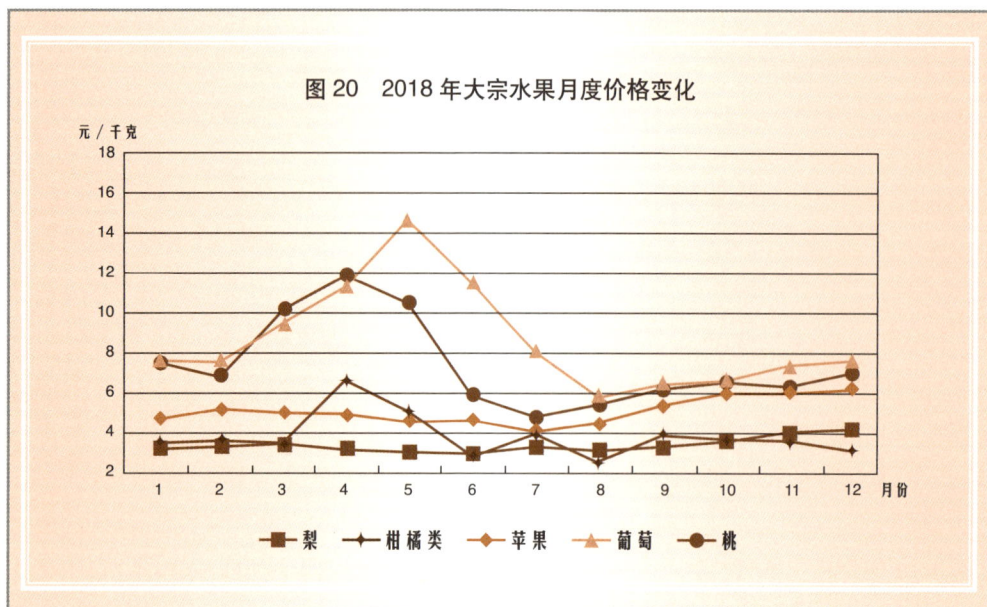

图20 2018年大宗水果月度价格变化

12%；2～3月和10～12月价格同比上涨，其中，10～12月涨幅超过30%。

柑橘类价格变化大体可分为3个阶段。第一阶段是1～3月的平稳期，价格维持在3.49～3.62元/千克；第二阶段是4～5月的高位下降期，由4月的6.63元/千克降至5月的5.12元/千克；第三阶段是低位波动期，价格在2.5～3.97元/千克波动。与2017年比，月度价格同比阶段性大幅下跌，除11月同比上涨9.09%、10月和12月同比分别下降5.25%和9.65%外，其他月份价格同比跌幅超过14%。

葡萄价格变化大体分为3个阶段。第一阶段是1～5月的波动上涨期，由1月的7.61元/千克波动涨至5月的14.74元/千克；第二阶段是6～8月的持续下降期，由6月的11.48元/千克持续降至8月的5.82元/千克；第三阶段是9～12月的持续回涨期，由9月的6.41元/千克持续回涨至12月的7.62元/千克。与2017年比，月度价格同比阶段性涨跌波动、总体上涨，其中，1月、3～5月和9～12月同比涨幅为3.12%～25.60%，2月和6～8月同比跌幅为5.51%～7.99%。

桃价格变化大体分为3个阶段。第一阶段是1～4月的高位波动上涨期，由1月的7.52元/千克涨至4月的11.9元/千克；第二阶段是5～7月的持续下降期，由5月的10.52元/千克连续降至7月的4.79元/千克；第三阶段是8～12月的低位波动上涨期，由8月的5.42元/千克波动涨至12月的6.99元/千克。与2017年比，月度价格同比阶段性涨跌波动、总体下降。 2月、1～6月和11～12月价格同比下跌，其中，2～4月跌幅超过19%；7～10月价格同比上扬，其中，8～9月的涨幅超过21%。

食用菌和竹笋 根据农业部信息中心发布的月度批发价格数据，2018年，竹笋和木耳价格具有明显的季节波动，蘑菇价格相对平稳（图21、图22）。

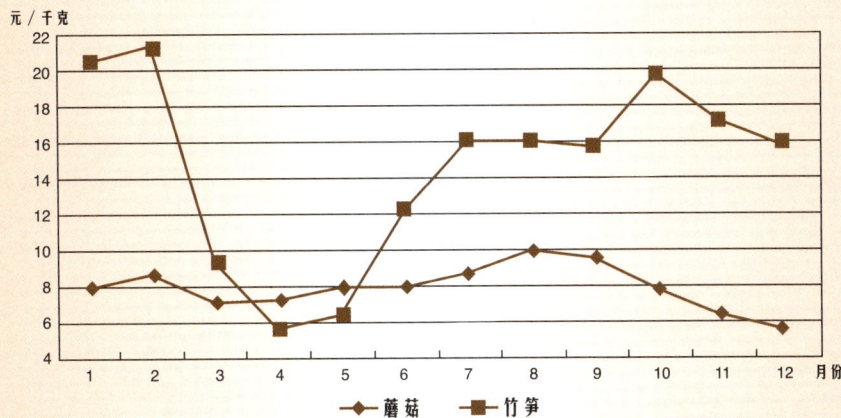

图21　2018年蘑菇和竹笋月度价格变化

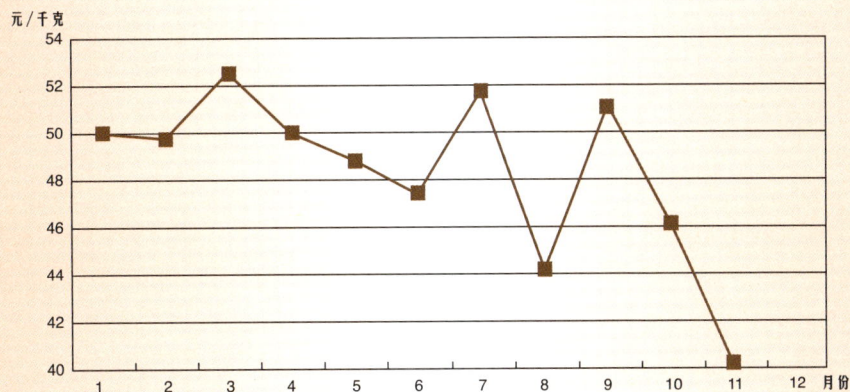

图22　2018年木耳月度价格变化

　　蘑菇价格变化大体分为2个阶段。第一阶段是1～8月的波动上涨期，由1月的7.91元/千克波动上涨至8月的9.9元/千克；第二阶段是9～12月的持续下降期，由9月的9.56元/千克持续降至12月5.67元/千克。与2017年比，月度价格同比涨跌交替波动、总体水平上涨，3～4月和10～12月价格同比下降，其中，10～12月同比降幅超过11%；其余月份价格同比均有不同幅度上涨，其中，10～12月同比涨幅超过13%。

　　竹笋价格变动呈现明显的季节性特点，大体可以分为2个阶段。第一阶段是1～4月的高位快速下跌期，由1月的20.46元/千克快速波动降至4月的5.65元/千克；第二阶段为5～12月的快速波动上涨期，由5月的6.41元/千克快速波动上涨至12月的15.77元/千克。与2017年相比，月度价格涨跌交替波动、总体上涨，3～4月、9月和12月的竹笋价格同比下降，其中3月和12月降幅超过15%；其余月份的竹笋价格同比持平或不同幅度上涨，其中1～2月、6～7月涨幅超过15%。

木耳价格变动的季节性特点明显，大体可以分为 2个阶段。第一阶段是1～7月的高位波动期，价格在47.38～52.49元/千克间波动；第二阶段是8～12月的低位波动期，价格在39.13～50.99元/千克间波动。与2017年比，月度价格全面大幅下降，其中，1～8月月度同比减幅超过34%，9月、11～12月的月度同比降幅超过15%。

（三）主要林产品进出口

1. 基本态势

林产品出口和进口较快增长，但出口增速低于进口增速，贸易逆差有所扩大；在全国商品出口和进口贸易中所占比重进一步下降　2018年，林产品进出口贸易总额为1 603.64亿美元，比2017年增长8.07%，增速回落1.76个百分点；其中，林产品出口784.91亿美元，比2017年增长6.93%，低于全国商品出口9.89%的平均增速，占全国商品出口额的3.16 %，比2017年下降0.08个百分点。林产品进口818.73亿美元，比 2017年增长9.19%，低于全国商品进口12.60%的平均增速，占全国商品进口额的3.83%，比2017年下降0.24个百分点（图23）。林产品贸易逆差为33.82亿美元，比2017年扩大18.04亿美元。

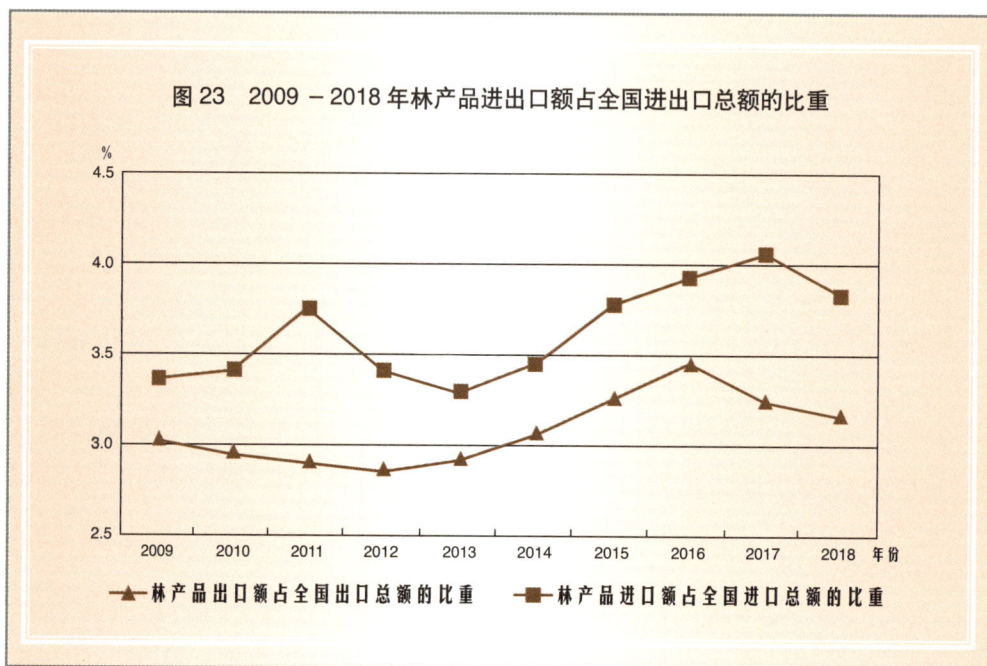

图23　2009－2018年林产品进出口额占全国进出口总额的比重

林产品进出口贸易中木质林产品仍占绝对比重，但进口份额明显下降、进口份额小幅提高　2018年，林产品进出口贸易总额中，木质林产品占70.20%，比2017年下降0.86个百分点；其中，出口额中木质林产品占71.60%，比2017年下降2.87个百分点；进口额中木质林产品占68.85%，比2017年提高1.13个百分点（图24）。

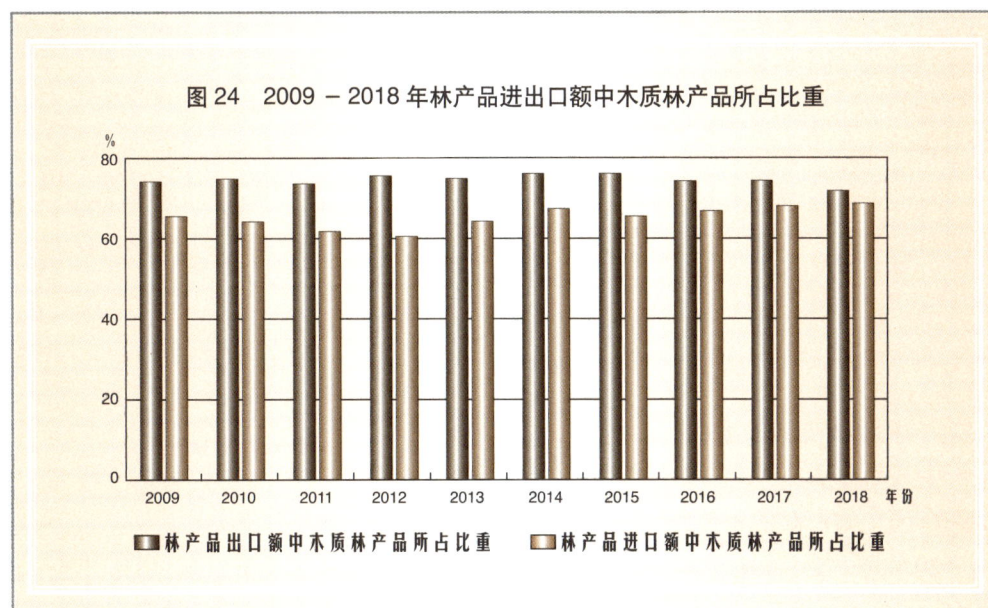

图24　2009－2018年林产品进出口额中木质林产品所占比重

林产品贸易以亚洲、北美洲和欧洲市场为主；出口市场中，亚洲集中了近45%的份额；进口市场中，亚洲的份额约占1/3。从主要贸易伙伴看，美国是林产品出口和进口的最大贸易伙伴，其中，出口市场中美国集中了约1/4的份额；进口市场相对分散，其中约50%的份额集中于美国、印度尼西亚、泰国、俄罗斯、巴西和加拿大等6国。2018年，林产品出口总额中各洲所占份额依次为：亚洲44.92%、北美洲27.62%、欧洲16.51%、非洲4.04%、大洋洲3.87%、拉丁美洲3.04%。林产品进口总额中各洲所占份额分别为：亚洲32.17%、欧洲 21.90%、北美洲17.24%、拉丁美洲14.91%、大洋洲9.67%、非洲4.11%。从主要贸易伙伴看（图25），前5位出口贸易伙伴依次是美国、日本、中国香港、越南和英国，占48.51%的市场份额；前5位进口贸易伙伴分别为美国、印度尼西亚、泰国、俄罗斯和巴西，集中了43.18%的市场份额。

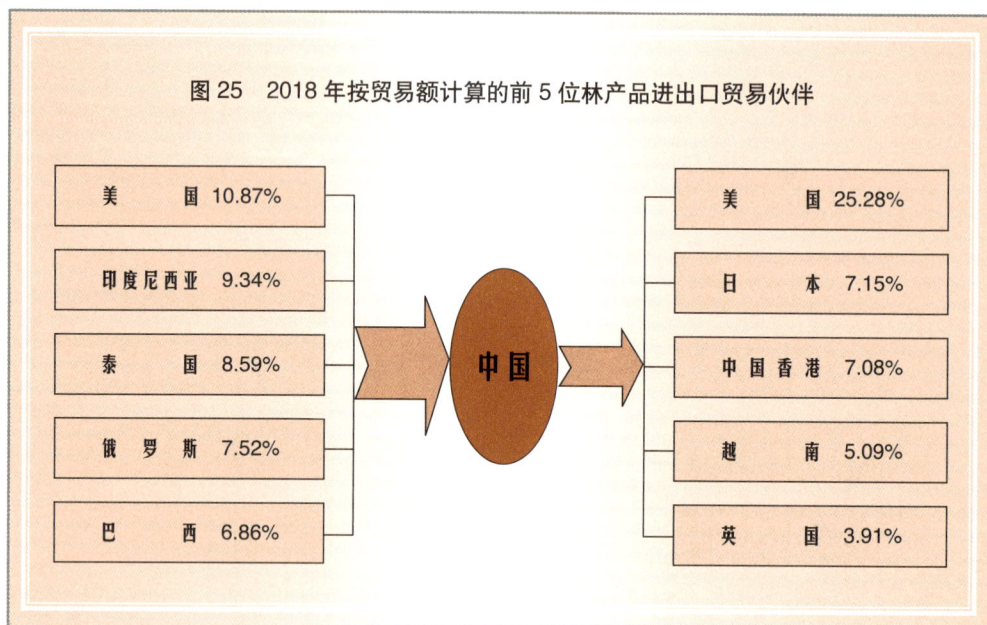

图 25　2018 年按贸易额计算的前 5 位林产品进出口贸易伙伴

美　　国 10.87%
印度尼西亚 9.34%
泰　　国 8.59%
俄　罗　斯 7.52%
巴　　西 6.86%

中国

美　　国 25.28%
日　　本 7.15%
中国香港 7.08%
越　　南 5.09%
英　　国 3.91%

2. 木质林产品进出口

木质林产品出口小幅扩大、进口大幅增长；进出口产品结构中基本稳定，但纸及纸浆类产品的份额变化明显；贸易差额由顺转逆。

2018 年，木质林产品进出口贸易总额为 1 125.71 亿美元，比 2017 年增长 6.76%，增速回落 3.29 个百分点。其中，出口 562.00 亿美元、进口 563.71 亿美元，分别比 2017 年增长 2.80% 和 11.01%。贸易逆差为 1.71 亿美元。

从产品结构看，2018 年木质林产品出口额中，木家具、纸及纸浆类产品的份额超过 75%（图 26），与 2017 年比，纸及纸浆类产品的份额提高了 1.10 个百分点，木家具和木制品的份额分别下降了 0.70 和 0.68 个百分点；进口额的 90% 以上为纸及纸浆类产品、原木和锯材类产品（图 27），与 2017 年比，纸及纸浆类产品、锯材类产品的份额分别降低了 1.55 和 0.46 个百分点，原木和木片的份额分别提高 1.44 和 0.58 个百分点。

从市场结构看，木质林产品进出口市场结构基本稳定，出口市场集中度小幅提高、进口市场集中度略有下降。出口额中，前 5 位贸易伙伴的市场份额超过 50%，其中，美国和日本的份额合计超过 37%；进口额中，前 5 位贸易伙伴的市场份额接近 50%，其中，美国和俄罗斯的份额合计接近 1/4。按贸易额排序，前 5 位出口贸易伙伴依次为：美国 31.05%、日本 6.20%、中国香港 5.04%、英国 4.84%、澳大利亚 4.10%；与 2017 年相比，前 5 位出口贸易伙伴的总份额提高了 1.67 个百分点，其中，美国的份额提高 2.20 个百分点，中国香港的份额下降了 0.58 个百分点。前 5 位进口贸易伙伴分别为：美国 13.32%、俄罗斯 10.75%、巴西 9.51%、加拿大 9.05%、印度尼西亚 6.63%；与 2017 年比，前 5 位贸易伙伴的总份

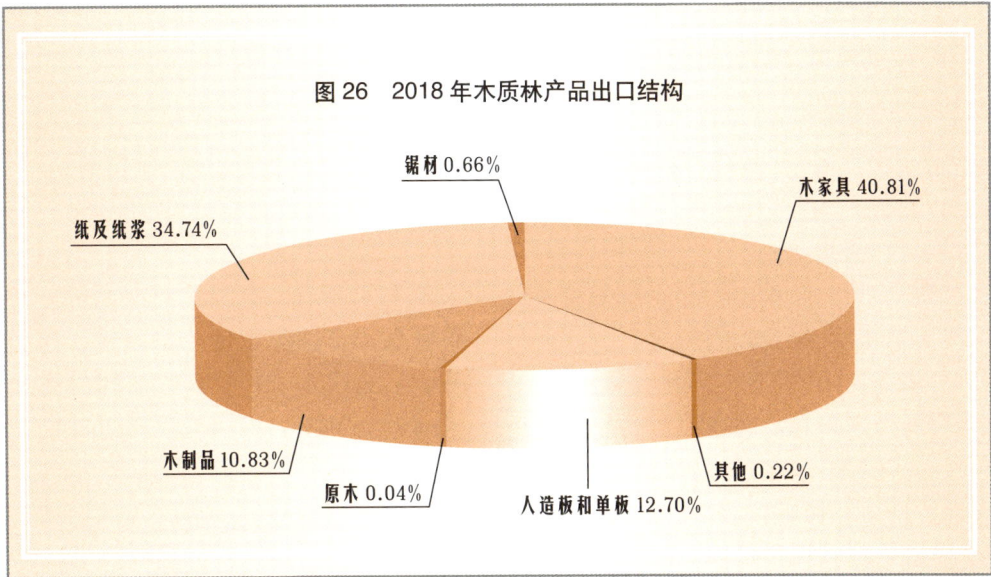

图 26　2018 年木质林产品出口结构

锯材 0.66%
木家具 40.81%
纸及纸浆 34.74%
木制品 10.83%
原木 0.04%
人造板和单板 12.70%
其他 0.22%

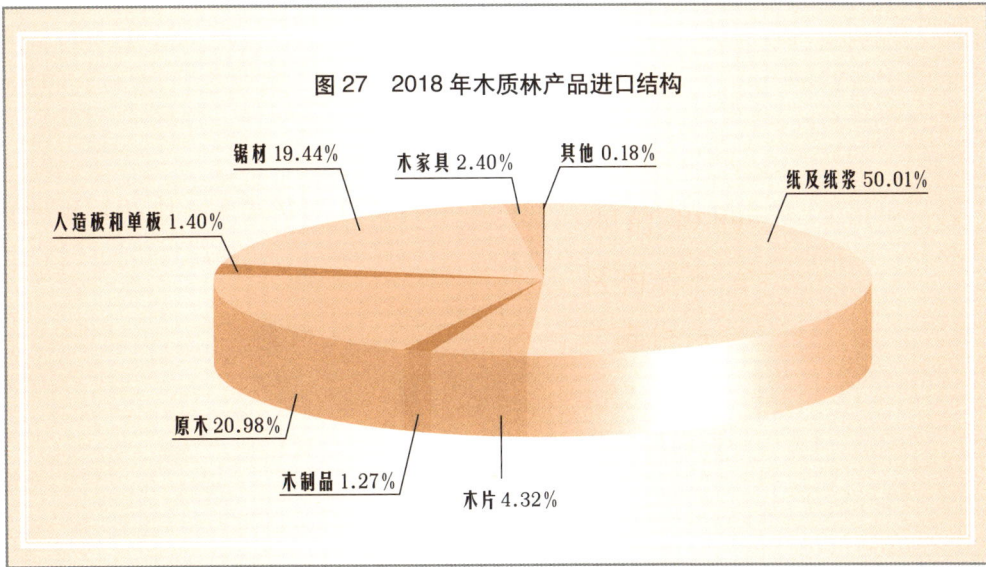

图 27　2018 年木质林产品进口结构

锯材 19.44%
木家具 2.40%
其他 0.18%
纸及纸浆 50.01%
人造板和单板 1.40%
原木 20.98%
木制品 1.27%
木片 4.32%

额下降了1.12个百分点，其中，美国的份额下降了6.18个百分点，巴西、俄罗斯和印度尼西亚的份额分别提高了3.05、1.11和0.69个百分点。

　　原木　2018年，原木出口量值大幅减少，进口量值快速增长；进口量中针叶材的份额微幅提高；原木进出口的总体价格水平小幅上涨。

　　2018年，原木出口7.23万立方米、合0.24亿美元，分别比2017年减少21.84%和20.00%，全部为阔叶材。原木进口5 968.55万立方米、合109.85亿美元，分别比2017年增长7.74%和10.72%，增幅分别下降5.96和11.99个百分点。其中，针叶材进口4 161.29万立方米、合57.86亿美元，分别比2017年增长8.83%和12.59%，针叶材进口量占原木进口总量的69.72%，比2017年提高0.7个百分点；阔叶材进口1 807.26万立方米、合51.99亿美元，分别比2017年增长5.31%和8.72%（图28）。

从价格看，原木平均出口价格为326.48美元/立方米、平均进口价格为184.05美元/立方米，分别比2017年上涨0.15%和2.78%；其中，针叶材和阔叶材的平均进口价格分别为139.04美元/立方米和287.67美元/立方米，分别比2017年上涨3.45%和3.24%。

从市场分布看，2018年进口原木主要来源于大洋洲、俄罗斯和北美洲，但俄罗斯和北美洲的份额下降、大洋洲的份额提高，市场集中度小幅下降。按进口量算，前5位贸易伙伴的份额依次是：新西兰29.12%、俄罗斯17.57%、美国10.47%、澳大利亚7.85%、巴布亚新几内亚5.87%；与2017年相比，前5位贸易伙伴的总份额下降1.41个百分点，其中，俄罗斯、澳大利亚和美国的份额分别下降2.77、1.09和0.53个百分点，新西兰和巴布亚新几内亚的份额分别提高3.19和0.67个百分点。针叶材进口量中，前5位贸易伙伴的份额为：新西兰41.63%、俄罗斯19.11%、美国12.09%、澳大利亚9.92%、加拿大5.60%；与2017年比，前5位贸易伙伴的总份额下降4.38个百分点，其中，俄罗斯、加拿大、澳大利亚和美国的份额分别下降4.03、2.84、1.66和0.77个百分点，新西兰的份额提高4.92个百分点。阔叶材进口量中，前5位贸易伙伴的份额依次为：巴布亚新几内亚19.39%、所罗门群岛15.42%、俄罗斯14.01%、赤道几内亚6.85%、美国6.75%；与2017年相比，前5位贸易伙伴的总份额提高2.30个百分点，其中，巴布亚新几内亚和赤道几内亚的份额分别提高2.60和0.70个百分点，所罗门群岛的份额下降0.79个百分点。

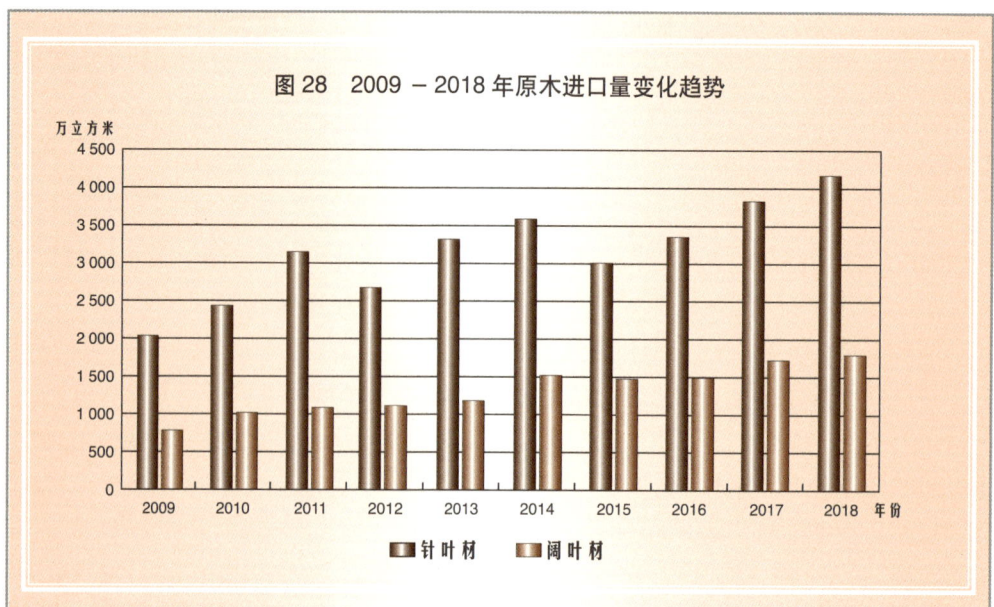

图 28　2009－2018 年原木进口量变化趋势

按贸易额算，原木进口的前5位贸易伙伴的份额依次是：新西兰22.32%、美国12.68%、俄罗斯11.80%、巴布亚新几内亚7.32%、澳大利亚5.64%；与2017年相比，前5位贸易伙伴的总份额提高0.96个百分点，其中，新西兰和巴布亚新几内亚的份额分别提高2.98和1.32个百分点，俄罗斯和美国的份额分别下降2.30和0.69个百分点。针叶材进口的前5位贸易伙伴的份额分别为：新西兰42.26%、俄罗斯16.12%、美国14.41%、澳大利亚9.00%、加拿大7.45%；与2017年相比，前5位贸易伙伴的总份额下降3.98个百分点，其中，俄罗斯、加拿大、美国和澳大利亚的份额分别下降4.19、2.91、1.47和1.34个百分点，新西兰的份额提高5.93个百分点。阔叶材进口的前5位贸易伙伴的份额依次为：巴布亚新几内亚15.46%、美国10.75%、所罗门群岛10.58%、俄罗斯7.00%、赤道几内亚6.60%；与2017年相比，前5位贸易伙伴的总份额提高2.40个百分点，其中，巴布亚新几内亚、赤道几内亚和所罗门群岛的份额分别提高2.99、0.97和0.52个百分点。

2018年，原木进口数量、结构变化的主要原因：一是国内经济增长带动木材需求总量的扩大，同时由于国内木材产量增长缓慢，推动原木进口量的增长；另外，第四季度木材进口价格的大幅下跌也在一定程度上刺激了原木进口量的扩大。二是受国内商品房销售增幅下降的影响，国内装修用材需求增速放缓，加上家具产量下降，一定程度上抑制了阔叶材进口量的增长，导致阔叶材在原木进口总量中的占比下降。三是我国固定资产投资增长，基建用材需求的扩大拉动以新西兰辐射松为主的针叶原木进口数量扩大。

锯材　2018年，锯材出口快速下降，进口量减值增；进口量中以针叶材为主，且针叶材所占比重进一步提高；出口价格小幅下跌，进口价格小幅上涨。

2018年，锯材（不包括特形材）出口25.57万立方米，合1.80亿美元，分别比2017年下降10.47%和11.76%；其中，针叶锯材出口10.42万立方米，阔叶锯材出口15.15万立方米，分别比2017年下降12.29%和9.17%。锯材进口3 664.29万立方米，比2017年下降2.03%，进口额为101.32亿美元，比2017年增长0.65%；其中，针叶锯材进口2 488.97万立方米、阔叶锯材进口1 175.32万立方米，分别比2017年下降0.66%和4.82%（图29）。从产品构成看，锯材进口总量中，针叶锯材占67.93%，比2017年提高0.94个百分点。从价格看，锯材的平均出口价格为703.95美元/立方米，比2017年下降1.45%，其中，针叶锯材和阔叶材的平均出口价格分别为595.01美元/立方米和778.88美元/立方米，分别比2017年下降3.17%和0.83%；锯材的平均进口价格为276.51美元/立方米，比2017年提高2.73%，其中，针叶锯材和阔叶锯材的平均进口价格分别为200.61美元/立方米和437.24美元/立方米，分别比2017年提高3.04%和4.05%。

从市场结构看，锯材出口市场主要集中于日本、美国和韩国，市场集中度小幅下降；进口市场以俄罗斯、泰国和加拿大为主，集中度有所提高。

图 29　2009－2018 年锯材进出口量变化趋势

万立方米

出口　进口

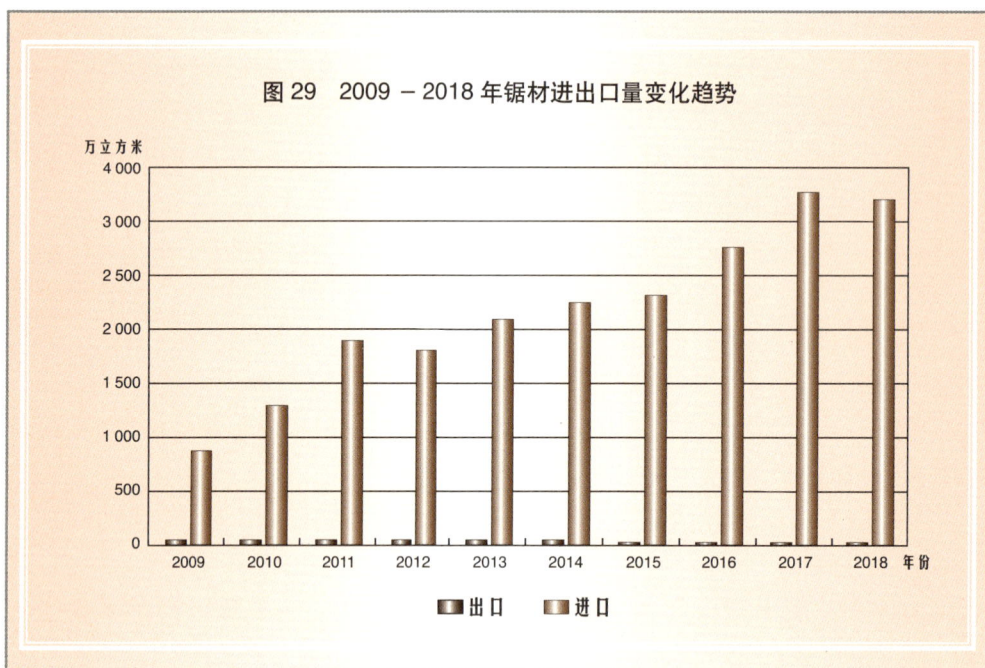

按进出口量计，前5位出口贸易伙伴依次为：日本45.47%、美国15.50%、韩国11.43%、德国3.52%、中国台湾3.22%；与2017年相比，前5位出口贸易伙伴的总份额下降2.38个百分点，其中，韩国和日本的份额分别下降1.58和0.88个百分点。前5位进口贸易伙伴分别为：俄罗斯46.64%、泰国12.11%、加拿大11.70%、美国7.76%、芬兰3.17%，前5位进口贸易伙伴的总份额与2017年基本持平，但俄罗斯的份额提高4.96个百分点，加拿大、芬兰、美国和泰国的份额分别下降1.94、1.41、0.81和0.78个百分点。针叶锯材进口量中，前5位贸易伙伴依次为：俄罗斯62.90%、加拿大16.77%、芬兰4.66%、智利2.90%、瑞典2.85%；与2017年比，前5位贸易伙伴的总份额下降0.11个百分点，其中，加拿大、芬兰和瑞典的份额分别下降3.18、2.15和0.78个百分点，俄罗斯的份额提高5.87个百分点。阔叶锯材进口量中，前5位贸易伙伴依次为泰国37.76%、美国20.13%、俄罗斯12.22%、加蓬4.88%、越南2.87%；与2017年比，前5位贸易伙伴的总份额下降0.37个百分点，其中，泰国和美国的份额分别下降1.27和0.78个百分点，俄罗斯和加蓬的份额分别提高1.72和1.50个百分点。

2018年，特形材进出口大幅下降。出口13.28万吨、合1.90亿美元，分别比2017年下降10.81%和10.80%；进口2.90万吨、合0.46亿美元，分别比2017年增长53.44%和24.32%。特形材进出口中，木地板条出口12.39万吨、合1.74亿美元，分别比2017年下降8.70%和9.38%；进口0.44万吨、合0.12亿美元，分别比2017年下降31.25%和36.84%。按出口额计，前5位贸易伙伴的市场份额依次为：美国53.58%、日本19.38%、韩国7.13%、加拿大5.57%、英国5.50%；与2017年比，前5位出口贸易伙伴的总份额提高0.12个百分点,其中,美国和韩国的份额分别提高6.33和1.92个百分点,日本、加拿大和英国的份额分别下降3.69、2.57和1.87个百分点。

锯材进口数量与结构变化的主要原因:一是国内商品房销售增幅下降,建筑和装修用木材以及家具需求下降,加上国际家具市场上东南亚国家家具的低价竞争,以及中美贸易摩擦的等因素影响,我国家具出口增速明显放缓,国内家具产量下降,造成家装、家具用锯材特别是阔叶锯材需求下降。二是由于受资源供给产品规格的制约影响,进口加拿大锯材大幅减少;同时受中美贸易摩擦的影响,进口自美国的锯材数量也大幅减少;另外由于进口自泰国的橡胶木的库存过高,而家具用材需求下降,导致以橡胶木为主的泰国阔叶锯材进口量大幅下降。三是由于原木与锯材间的替代效应,进口原木数量的大幅增加,一定程度推动了锯材进口量的下降。

单板 2018年,单板出口和进口快速增长,出口和进口价格下降。

2018年,单板出口42.83万立方米、合4.82亿美元,分别比2017年增长27.77%和25.85%,其中,针叶单板出口1.31万立方米,阔叶单板出口41.52万立方米;单板进口 95.87万立方米、合1.92亿美元,分别比 2017年增长 29.76%和22.29%,其中,针叶单板进口10.19万立方米,阔叶单板进口85.68万立方米。单板平均出口价格和平均进口价格分别为1125.41美元/立方米和200.49美元/立方米,比2017年分别下降1.52%和5.59%。

从市场分布看,单板进出口市场相对集中、市场格局变化明显,出口市场集中度明显提高,进口市场集中度基本稳定。按贸易额计,前5位出口贸易伙伴依次为:越南21.07%、印度14.51%、中国台湾8.90%、马来西亚7.29%、菲律宾6.15%;与 2017年比,前5位出口贸易伙伴的总份额提高2.90个百分点,其中,越南、中国台湾、马来西亚和菲律宾的份额分别提高5.06、3.65、2.11和1.14个百分点,印度的份额下降5.62个百分点;越南取代印度位居第一,韩国和日本的份额跌出前5位。前5位进口贸易伙伴分别为:俄罗斯23.42%、越南23.39%、乌克兰6.44%、马来西亚 6.10%、喀麦隆5.57%,与2017年相比,前5位进口贸易伙伴的总份额基本持平,其中,俄罗斯和乌克兰的份额分别提高1.55和1.17个百分点,喀麦隆和越南的份额分别下降1.33和0.73个百分点;俄罗斯超过越南位居第一,乌克兰的份额提高较快,美国的份额跌出前5位。

人造板 2018年,人造板进出口量值小幅增长;从品种构成看,人造板出口额中,胶合板占绝对比重,且份额小幅持续提高,纤维板的份额进一步下降,刨花板的份额基本持平;进口额中以刨花板为主,但刨花板所占比重略有下降、胶合板和纤维板的比重微幅提高;从价格看,胶合板的进出口价格全面上涨,纤维板的出口价格快速上涨、进口价格大幅下跌,刨花板的出口价格较快下降、进口价格小幅上涨(表4)。

表4 2018年"三板"进出口变化情况

产品		出口量		出口平均价格		进口量		进口平均价格	
		2018年（万立方米）	比2017年增减（%）	2018年（美元/立方米）	比2017年增减（%）	2018年（万立方米）	比2017年增减（%）	2018年（美元/立方米）	比2017年增减（%）
胶合板		1120.34	3.40	484.32	2.96	16.30	−12.13	957.06	17.57
	纤维板	227.36	−15.40	491.73	15.22	30.76	34.03	458.39	−22.07
	硬质板	19.85	−7.42	584.38	3.55	11.15	133.26	304.93	−52.98
其中	中密度板	205.19	−16.62	482.97	16.64	19.52	8.63	548.16	−4.37
	绝缘板	2.32	88.62	474.14	−2.80	0.10	−50.00	1000.00	100.00
	刨花板	35.34	15.53	302.77	−4.52	106.53	−2.62	228.10	3.55
	其中：OSB	14.81	23.21	270.09	41.15	20.69	−25.39	304.49	15.67

2018年，人造板出口66.55亿美元、进口5.42亿美元，分别比2017年增长4.97%和2.46%；其中，胶合板、纤维板和刨花板出口额分别为54.26亿美元、11.18亿美元和1.07亿美元，与2017年比，胶合板和刨花板分别增长6.45%和10.31%、纤维板下降2.19%；胶合板、纤维板和刨花板进口额分别为1.56亿美元、1.41亿美元和2.43亿美元，分别比2017年增长3.31%、4.44%和0.83%。"三板"出口额中，胶合板、纤维板和刨花板的比重分别为81.58%、16.81%和1.61%，与2017年比，胶合板的比重提高1.20个百分点，纤维板的比重降低1.28个百分点；"三板"进口额中，胶合板、纤维板和刨花板的份额分别为28.89%、26.11%和45.00%，与2017年比，胶合板和纤维板的份额分别提高0.24和0.49个百分点，刨花板的份额下降0.73个百分点。

2018年，人造板进出口总量与结构变化的主要原因：就胶合板而言，一是胶合板出口受传统市场萎缩和新兴市场开拓产生的市场格局转换影响。对美国、阿拉伯联合酋长国、日本、韩国等国出口胶合板数量大幅下降，对菲律宾、英国、阿尔及利亚和越南等国胶合板出口量快速增长，胶合板出口数量总体上除北美洲市场大幅下降外，其他洲均有不同幅度的增长，使胶合板出口总量小幅扩大。二是国内胶合板产能结构转换升级，提高胶合板产品的环保标准和产品质量，一方面促进了胶合板产品的出口，同时扩大了对进口胶合板的替代，加上实木复合地板出口的大幅减少导致的对进口胶合板需求减少，从而使胶合板进口数量大幅减少。就纤维板而言，一方面对美国、沙特阿拉伯、加拿大、俄罗斯、越南、阿拉伯联合酋长国（简称阿联酋）等传统市场的出口量大幅下降，另一方面，对尼日利亚、阿尔及利亚、肯尼亚、乌兹别克斯坦等国的出口量快速增长，纤维板出口数量总体上亚洲和北美洲市场大幅减少，其他洲均有不同程度的增加，使纤维板出口总量大幅下降。就刨花板而言，国内刨花板生产规模的扩大和产品质量的提高，促进了刨花板出口的快速增长；同时，受国内房地产市场降温，以及家具出口增速明显放缓的影响，国内家具产量下降，使木质家具和厨具对优质刨花板的需求量减少，导致刨花板进口数量的下降。

从市场分布看，胶合板出口的最大市场是美国，但市场相对分散且集中度进一步下降；进口市场集中于中国台湾、俄罗斯、马来西亚和印度尼西亚，且市场集中度明显降低。纤维板的最大出口市场是美国，但大洋洲和非洲市场快速扩大，市场集中度有所提高；进口市场主要集中在欧洲和大洋洲，市场集中度进一步提高。刨花板出口市场格局分化明显，印度等传统市场的份额大幅缩减，智利的市场份额快速扩大，市场集中度大幅提高；进口则高度集中于东南亚和欧洲，但市场集中度持续下降。

从贸易额看，胶合板出口前5位贸易伙伴的总份额为41.38%，比2017年下降2.81个百分点，其中，美国的份额下降3.92个百分点，英国的份额提高0.85个百分点；胶合板进口前5位贸易伙伴的总份额为69.84%，比2017年提高3.71个百分点，其中，中国台湾和俄罗斯的份额分别提高7.39和4.07个百分点，马来西亚和印度尼西亚的份额分别下降4.21和3.45个百分点。纤维板出口前5位贸易伙伴的总份额为46.67%，比2017年提高1.63个百分点，其中，尼日利亚的份额提高4.49个百分点，沙特阿拉伯和美国的份额分别下降2.23和0.53个百分点；纤维板进口前5位贸易伙伴的总份额为67.23%，比2017年下降4.99个百分点，其中，比利时、德国和瑞士的份额分别下降3.97、0.64和0.46个百分点，智利和新西兰的份额分别提高4.74和1.01个百分点。刨花板出口前5位贸易伙伴的总份额为45.84%，比2017年提高10.26个百分点，其中，智利、阿联酋、韩国和马来西亚的份额分别提高12.10、3.12、0.80和0.63个百分点，美国的份额下降2.64个百分点；刨花板进口前5位贸易伙伴的总份额为72.07%，比2017年下降2.52个百分点，其中，罗马尼亚和加拿大的份额分别下降4.57和1.52个百分点，泰国、德国和马来西亚的份额分别提高2.05、0.91和0.61个百分点（图30）。

木家具　2018年，木家具进出口量值增长，但出口增幅低于进口增幅；平均出口价格明显下降、平均进口价格小幅提高，但不同类别木家具的进出口价格涨跌差异明显；贸易顺差微幅扩大；出口市场以北美洲、亚洲和欧洲为主，北美洲的份额进一步提高，亚洲的份额持续较大幅度下降。

2018年，木家具出口3.86亿件、合229.32亿美元，分别比2017年增长5.18%和1.06%；进口1224.69万件、合12.58亿美元，分别比2017年增长3.01%和6.34%（图31）；进出口贸易顺差为216.74亿美元，比2017年扩大0.77%。

图30　2018年按贸易额计算的"三板"进出口贸易伙伴

泰　　国 22.03%	罗马尼亚 17.67%
马来西亚 15.51%	德　　国 8.72%
加拿大 8.14%	

德　　国 28.18%	新西兰 14.43%
比利时 10.66%	瑞　　士 8.78%
智　　利 5.18%	

刨花板　　纤维板

| 中国台湾 22.51% |
| 俄罗斯 19.78% |
| 马来西亚 12.60% |
| 印度尼西亚 9.10% |
| 日　　本 5.85% |

胶合板　**中国**　胶合板

| 美　　国 18.40% |
| 菲律宾 6.98% |
| 英　　国 6.24% |
| 日　　本 5.41% |
| 加拿大 4.35% |

刨花板　　纤维板

智　　利 18.61%	阿联酋 7.95%
韩　　国 6.90%	美　　国 6.30%
马来西亚 6.08%	

美　　国 20.96%	尼日利亚 9.55%
加拿大 6.09%	俄罗斯 5.74%
沙特阿拉伯 4.33%	

图31　2009－2018年家具进出口额变化趋势

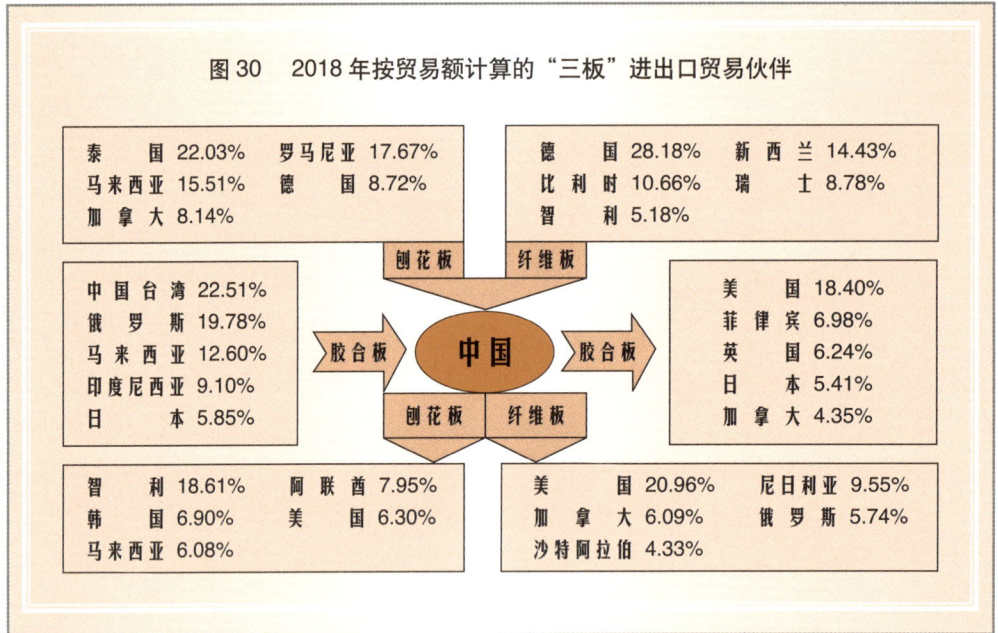

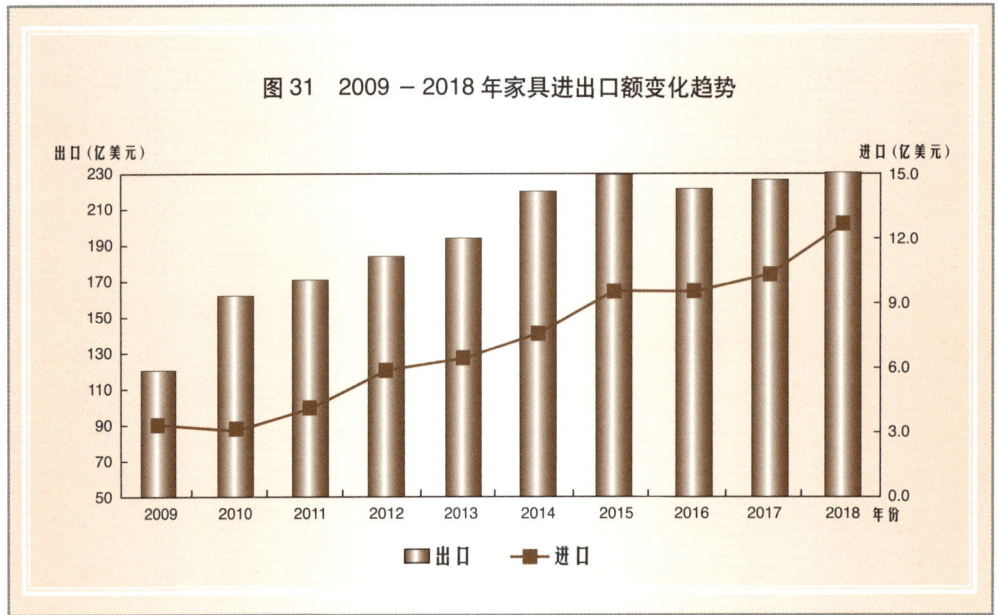

从产品结构看，出口以木框架坐具和卧室用木家具为主，进口主要有木框架坐具、卧室用木家具和厨房用木家具。按贸易额，出口中各类家具的份额为：木框架坐具41.19%、卧室用木家具13.60%、厨房用木家具8.30%、办公用木家具5.23%、其他木家具31.68%；与2017年比，木框架坐具、厨房用木家具和其他木家具的份额分别提高1.71、1.27和1.24个百分点，卧室用木家具的份额下降4.30个百分点。进口中各类家具的份额为：木框架坐具26.55%、卧室用木家具17.73%、厨房用木家具14.55%、办公用木家具2.78%、其他木家具38.39%；与

2017年比，厨房用木家具的份额下降3.54个百分点，木框架坐具和其他木家具的份额分别提高1.78和1.70个百分点。

从价格看，2018年家具平均出口价格为59.41美元/件，比2017年下降3.91%；平均进口价格为102.72美元/件，比2017年提高3.23%。各类家具的平均出口价格分别为：木框架坐具80.73美元/件、办公用木家具57.14美元/件、厨房用木家具54.40美元/件、卧室用木家具94.52美元/件、其他家具40.36美元/件，与2017年比，卧室用木家具、办公用木家具和其他家具的平均出口价格分别下降16.21%、2.16%和1.27%；厨房用木家具的平均出口价提高5.73%。各类家具的平均进口价格分别为：木框架坐具98.67美元/件、办公用木家具101.42美元/件、厨房用木家具174.29美元/件、卧室用木家具186.70美元/件、其他家具77.00美元/件；与2017年比，卧室用木家具、办公用木家具和其他木家具的进口价格分别提高16.50%、9.66%和10.71%，厨房用木家具和木框架坐具的平均进口价格分别下降10.45%和2.90%。

从市场分布看，出口主要集中于北美洲、亚洲市场，北美市场的份额进一步提高、亚洲市场的份额持续下降；进口市场以欧洲和亚洲为主，欧洲市场占绝对优势，但份额微幅下降，亚洲市场份额略有提高。2018年，木家具出口额中，各洲的市场份额依次为：北美洲47.03%、亚洲25.33%、欧洲16.45%、大洋洲5.27%、非洲3.50%、拉丁美洲2.42%；与2017年相比，北美洲和非洲的份额分别提高2.88和0.68个百分点，亚洲的份额下降4.41个百分点。木家具进口额中，各主要洲的市场份额依次为：欧洲66.70%、亚洲28.84%、北美洲2.71%；与2017年相比，亚洲的份额提高0.63个百分点，北美洲的份额下降0.72个百分点。从主要贸易伙伴看，依贸易额，前5位出口贸易伙伴为：美国43.80%、日本5.52%、英国5.43%、澳大利亚4.63%、中国香港3.84%；与2017年比，前5位出口贸易伙伴的总份额提高1.80个百分点，其中，美国的份额提高2.89个百分点，中国香港的份额下降1.32个百分点。前5位进口贸易伙伴为：意大利33.20%、越南14.40%、德国13.05%、波兰6.43%、马来西亚4.17%；与2017年相比，前5位进口贸易伙伴的总份额下降1.48个百分点，其中，德国和越南的份额分别下降3.49和0.83个百分点，意大利和马来西亚的份额分别提高2.36和1.15个百分点。

2018年，家具进出口规模与价格变化的主要原因：一是越南等东南亚国家在木家具国际市场上的低价竞争优势对我国木家具出口产生了一定的冲击，在挤占市场份额、减缓我国木质家具出口增速的同时，也压低了我国对北美洲、欧洲、大洋洲和亚洲等市场的木家具出口价格，使我国木家具出口在北美洲、欧洲、大洋洲和亚洲呈现以价换量的态势；另一方面随着新兴市场的开拓，我国木家具出口量值在非洲和拉丁美洲市场快速增长，在一定程度上拉动了木家具出口的总体增长。各洲按出口额增长量排序依次为北美洲、非洲、欧洲、拉丁美洲和大洋洲，增幅分别达7.67%、25.64%、3.23%、13.67%和5.65%；其中，北美洲、欧洲、大洋洲量增价降，非洲和拉丁美洲量价同增。二是由于对亚洲市场的木家具出口量价齐降，特别是对中国香港、东盟和中东主要国家的木家具出口量值大幅下降，在很大程度上收窄了木家具出口的总体增幅，拉低了木家具出口的总体价格水平。对亚洲市场的木家具出口数量和金额分别下降8.14%和13.93%，其中，按出口额下降量排序，前5位依次为阿拉伯联合酋长国、沙特阿拉伯、马来西亚、中国香港和新加坡，降幅分别达24.25%、23.85%、42.67%、24.81%、42.66%。三是尽管国内商品房销售增幅放缓导致家具需求减少，但随着居民消费水平的提高，对意大利、德国等国的欧式家具需求偏好提高；加上价格优势影响，从越南和马来西亚等东南亚国家木质家具的进口量值快速增长，因而总体上我国木质家具进口量仍保持小幅增长。意大利和马来西亚的进口额增长量分列全国的前2位，增幅分别为14.24%和46.78%，在全国木家具进口额增加总量中的占比分别为71.96%和23.13%。

木制品 2018年，木制品进出口下降，进口降幅大于出口降幅；进出口产品结构变化明显；贸易顺差缩小。

2018年，木制品出口60.87亿美元、进口6.67亿美元，分别比2017年下降3.23%和9.99%；进出口贸易顺差54.20亿美元，比2017年缩小2.32%。从各类木制品看，建筑用木制品、木制餐具及厨房用具出口额和其他木制品进口额下降外，其他各类木制品的进口额和出口额不同幅度增长。产品构成中，木制餐具及厨房用具的出口份额和其他木制品的进口份额较大幅度下降，木工艺品的出口份额和建筑用木工制品的进口份额明显提高（表5）。

表5　木制品进出口金额与构成变化

产品类型	增长率（%）		贸易额构成（%）		构成变化百分点（个）	
	出口额	进口额	出口额	进口额	出口额	进口额
建筑用木工制品	−3.09	8.51	18.53	15.29	0.03	2.61
木制餐具及厨房用具	−59.17	16.67	5.16	5.25	−7.07	1.2
木工艺品	15.44	28.57	28.5	2.7	4.6	0.81
其他木制品	1.96	−15.09	47.81	76.76	2.44	−4.62

依贸易额，前5位出口贸易伙伴的份额依次为：美国35.98%、日本9.85%、英国5.56%、德国4.05%、澳大利亚3.84%；与2017年比，前5位出口贸易伙伴的总份额提高1.86个百分点，其中，美国的份额提高3.71个百分点，日本的份额降低1.84个百分点。前5位进口贸易伙伴的份额分别为：印度尼西亚52.89%、厄瓜多尔8.39%、俄罗斯5.78%、德国3.18%、越南3.09%，与2017年比，前5位出口贸易伙伴的总份额降低5.43个百分点，其中，印度尼西亚的份额下降10.94个百分点，厄瓜多尔和俄罗斯的份额分别提高3.87和2.41个百分点。

纸类 2018年，纸类产品出口和进口量减值增，贸易逆差快速扩大。从产品类别看，纸和纸制品出口量减值增、进口大幅增加，出口价格上涨、进口价格下跌；木浆进口量值和价格提高；废纸进口量值快速下降、价格大幅上涨。

2018年，纸类产品出口195.26亿美元、进口301.93亿美元，分别比2017年增长6.17%和15.33%；贸易逆差106.67亿美元，比2017年扩大36.97%。出口产品主要是纸和纸制品，占纸类产品出口总额的90.14%，与2017年基本持平；进口产品以木浆、纸和纸制品、废纸为主，分别占纸类产品进口总额的65.02%、20.67%和14.31%，与2017年比，废纸的份额下降8.13个百分点，木浆和纸及纸制品的份额分别提高6.71和1.64个百分点。

纸和纸制品（按木纤维浆比例折合值）出口856.34万吨，比2017年下降8.06%，出口额为176.00亿美元，比2017年增长5.18%；进口640.40万吨（图32）、合62.03亿美元，分别比2017年增长31.39%和24.51%；贸易顺差113.97亿美元，比2017年缩小3.01%；平均出口价格为2 055.26美元/吨，比2017年提高14.40%，平均进口价格为968.61美元/吨，比2017年下降5.24%。

木浆（不包括从回收纸和纸板中提取的纤维浆）出口2.44万吨，与2017年持平，出口额0.20亿美元，比2017年增长17.65%；进口2 441.91万吨（图33）、合195.13亿美元，分别比2017年增长3.24%和27.82%；贸易逆差为194.93亿美元，比2017年扩大27.83%；平均出口价格和平均进口价格分别为819.67美元/吨和799.09美元/吨，分别比2017年提高17.65%和23.81%。

废纸进口1 702.53万吨、合42.95亿美元，分别比2017年下降33.80%和26.89%；平均进口价格为252.27美元/吨，比2017年上涨10.43%；贸易逆差42.95亿美元，比2017年缩小26.89%。

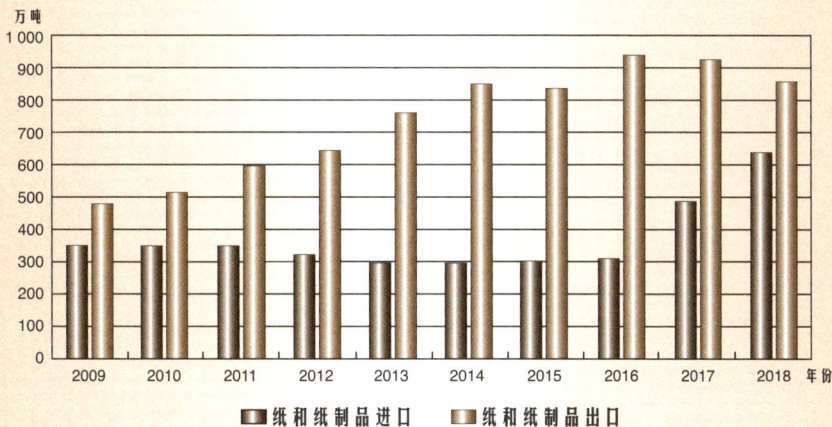

图32　2009－2018年纸和纸制品进出口量变化趋势

图 33　2009－2018 年木浆和废纸进口量变化趋势

万吨

木浆进口　　废纸进口

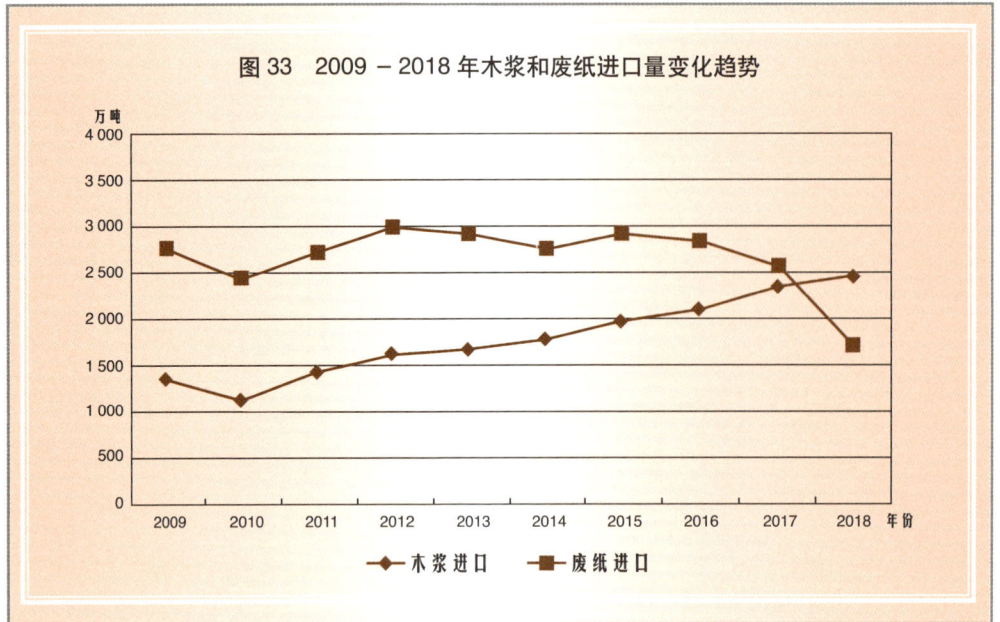

2018年，木浆和纸类产品进出口市场格局总体变化不大，但木浆和废纸进口中，北美市场份额有所下降，其中木浆市场份额向巴西转移、废纸市场份额向日本和中国香港转移；木浆进口、纸和纸制品出口的市场集中度小幅提高，废纸、纸和纸制品进口的市场集中度有所下降。按贸易额排序，木浆进口的前5位贸易伙伴依次为：巴西25.97%、加拿大17.32%、印度尼西亚11.80%、智利10.41%、美国9.13%；与2017年比，前5位进口贸易伙伴的总份额提高1.59个百分点，其中，巴西和智利的份额分别提高4.16和1.16个百分点，印度尼西亚和美国的份额分别下降1.67和1.66个百分点。纸和纸制品出口的前5位贸易伙伴的市场份额依次是：美国17.54%、中国香港7.10%、日本6.18%、澳大利亚4.12%、越南3.99%；与2017年比，前5位出口贸易伙伴的总份额提高0.75个百分点，其中，美国的份额提高1.57个百分点。纸和纸制品进口的前5位贸易伙伴的份额分别为：美国16.42%、日本11.45%、印度尼西亚10.65%、瑞典9.30%、中国台湾7.41%；与2017年相比，前5位进口贸易伙伴的总份额基本持平，其中，美国、日本和瑞典的份额分别下降0.99、0.77和0.69个百分点，印度尼西亚的份额提高2.25个百分点。废纸进口中，前5位贸易伙伴的市场份额依次为：美国37.05%、日本16.62%、英国11.43%、中国香港4.63%、荷兰4.34%，与2017年相比，前5位贸易伙伴的总份额下降3.38个百分点，其中，美国、加拿大和荷兰的份额分别下降9.20、2.29和0.57个百分点，日本和中国香港的份额分别提高6.42和1.58个百分点。

木片　2018年，木片进口量值高速增长、价格较大幅度上涨；进口额中非针叶木片占绝对比重、但份额微降。

2018年，木片进口1283.61万吨（图34）、合22.64亿美元，分别比2017年增长12.58%和19.35%；平均进口价格为176.34美元/吨，比2017年提高5.96%，其中，非针叶木片和针叶木片的平均进口价格分别为176.10美元/吨和186.52美元/吨，分别比2017年上涨5.84%和10.58%；进口额中，非针叶木片占97.57%，比2017年下降0.32个百分点。

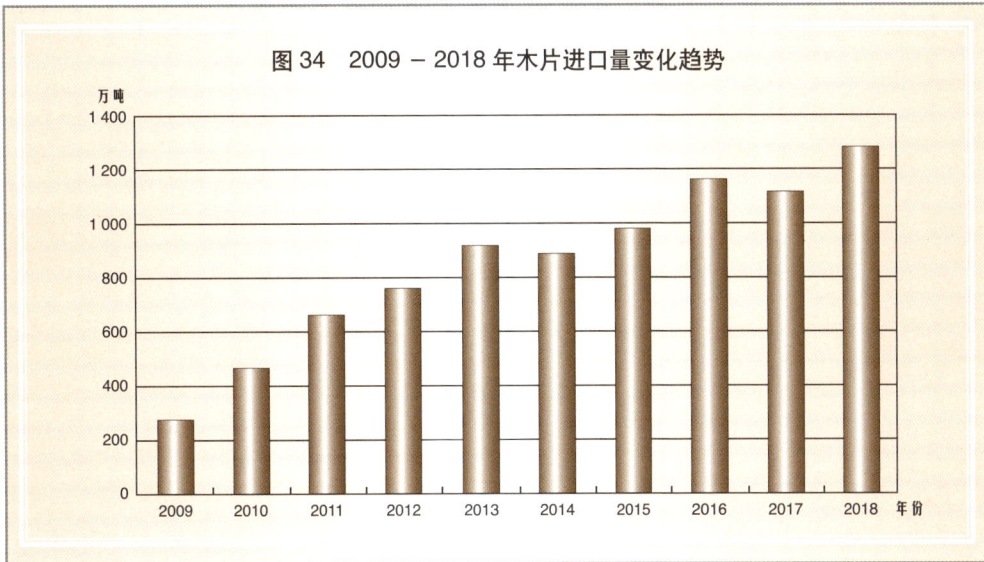

图34　2009－2018年木片进口量变化趋势

越南和澳大利亚的份额分别提高4.06和

木片进口市场主要集中于澳大利亚、东盟和拉丁美洲国家，市场集中度有所提高。依进口额，前5位贸易伙伴的份额依次为：越南40.57%、澳大利亚38.10%、智利10.75%、泰国5.32%、巴西2.98%，与2017年比，前5位进口贸易伙伴的总份提高1.68个百分点，其中，越南和澳大利亚的份额分别提高4.06和0.72个百分点，泰国、巴西和智利的份额分别降低1.74、0.76和0.60个百分点。

3. 非木质林产品进出口

非木质林产品进出口快速增长，出口增速远高于进口增速；贸易逆差缩小；进出口结构变化明显。

2018年，非木质林产品出口222.91亿美元、进口255.02亿美元，分别比2017年增长18.96%和5.35%；贸易逆差32.11亿美元，比2017年缩小22.56亿美元。

从产品结构看（图35、图36），与2017年相比，出口额中，林化产品，竹、藤、软木类和菌、竹笋、山野菜类的份额分别提高5.98、4.05和2.24个百分点，果类，茶、咖啡类和调料、药材、补品类的份额分别下降6.79、4.05和1.43个百分点，苗木类的分类持平；进口额中，果类，调料、药材、补品类和茶、咖啡类的份额分别提高6.75、1.06和0.50个百分点，林化产品，菌、竹笋、山野菜类的份额分别下降6.91和1.56个百分点，其他产品的份额基本持平。

图35　2018 年非木质林产品出口结构

茶、咖啡类 11.88%　　竹、藤、软木类 10.54%

苗木类 1.78%　　果类 36.48%

调料、药材、补品类
7.34%

菌、竹笋、山野菜类 20.84%　　林化产品 11.14%

图36　2018 年非木质林产品进口结构

苗木类 1.30%　　菌、竹笋、山野菜类 4.45%

茶、咖啡类 5.77%　　林化产品 35.29%

果类 49.36%

竹、藤、软木类 0.33%

调料、药材、补品类 3.50%

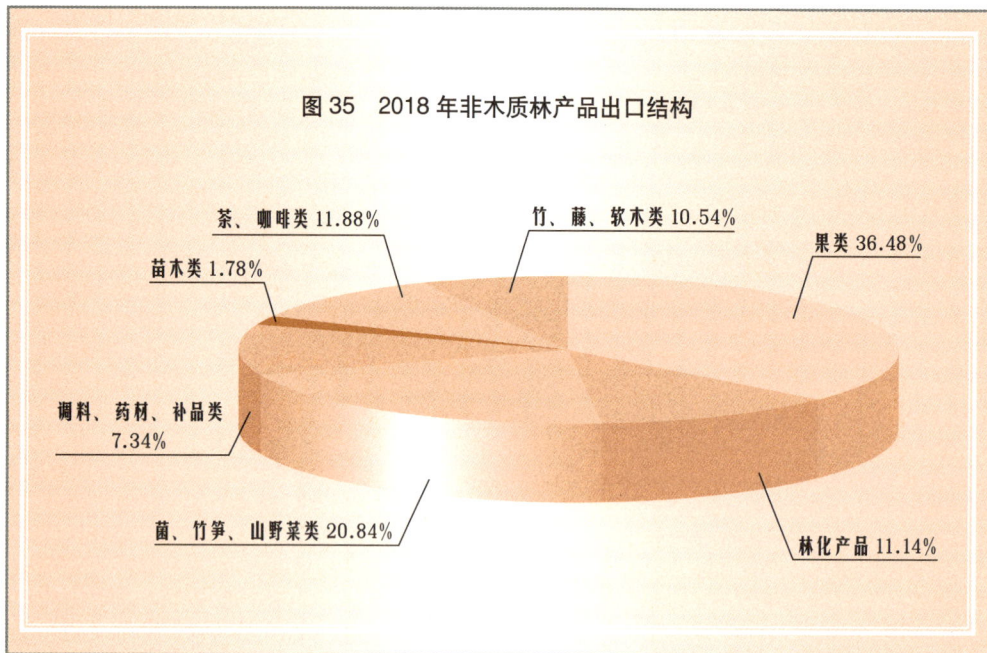

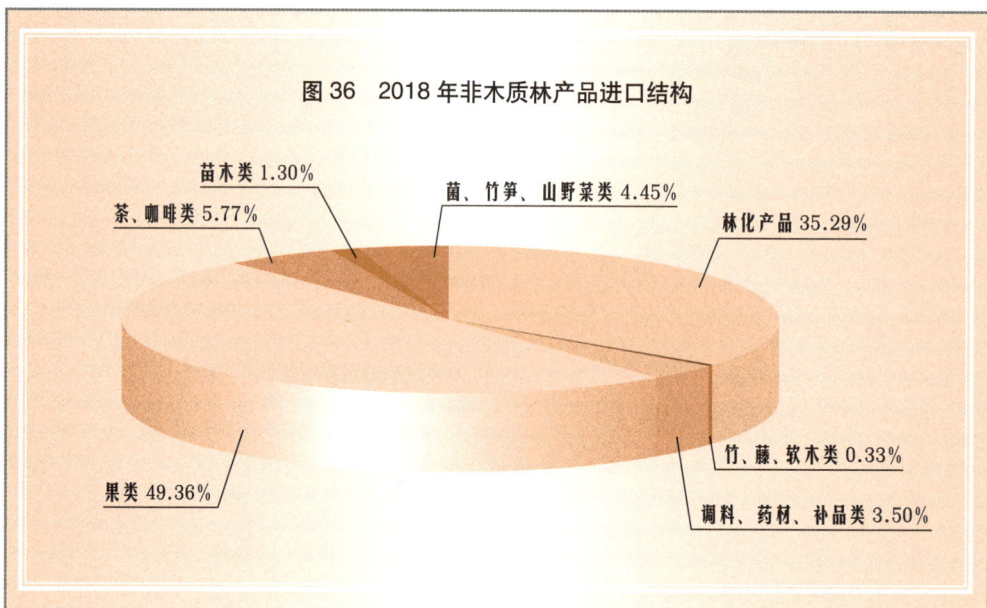

　　从市场分布看，前5位贸易伙伴集中了50%以上的市场份额。按贸易额，前5位出口贸易伙伴的份额依次为越南12.47%、中国香港12.24%、美国10.75%、日本9.54%、泰国6.47%；前5位进口贸易伙伴的份额分别为泰国20.03%、印度尼西亚15.32%、法国8.72%、马来西亚8.45%、智利8.31%。

　　果类　2018年，果类出口小幅下降、进口大幅增长，贸易逆差进一步扩大；进出口产品结构变化明显，干鲜果和坚果贸易仍居首位，且所占份额明显提高。

2018年，果类出口81.31亿美元、比2017年下降1.24%，进口125.88亿美元、比2017年增长22.06%；贸易逆差44.57亿美元，比2017年扩大23.77亿美元。从产品构成及变化看（表6），果类出口额和进口额中干鲜果和坚果约占60%，且份额比2017年有所提高；果类加工品出口额中50%左右为果类罐头和果汁、进口额中80%以上为果酒和饮料。

表6 果类产品贸易额构成及变化

产品类别		贸易额构成（%）		构成变化百分点（个）	
		出口额	进口额	出口额	进口额
干鲜果和坚果		61.86	59.84	1.63	5.52
果类加工品		36.97	39.32	−2.18	−5.66
其中	果类罐头	25.95	0.87	5.48	0.12
	果汁	23.92	7.50	3.29	1.68
	果酒和饮料	13.77	80.01	−17.87	−5.84
其他果类加工品		36.36	11.62	9.10	4.05
其他果类产品		1.17	0.84	0.55	0.14

从市场分布看，出口以美国、东盟国家和中国香港为主，前5位贸易伙伴的份额超过50%；进口以欧洲、东盟、拉丁美洲国家为主，前5位贸易伙伴的份额接近70%。按贸易额，前5位出口贸易伙伴依次为美国12.47%、越南12.23%、泰国9.23%、中国香港8.99%、日本7.98%；前5位进口贸易伙伴分别为法国17.07%、智利16.75%、泰国16.00%、澳大利亚10.03%、美国8.86%。

林化产品 2018年，林化产品出口快速增长，进口大幅下降；大宗产品的出口份额显著下降，天然橡胶和天然树胶类产品的进口份额大幅下降，棕榈油及其分离品的进口份额小幅提高；大宗产品出口价格水平涨跌不一、进口价格水平大幅下降；贸易逆差缩小。

2018年，林化产品出口24.83亿美元，比2017年增长202.80%；进口89.99亿美元，比2017年下降11.91%；贸易逆差65.16亿美元，比2017年缩小28.80亿美元。

从产品结构看，出口额居前3位的产品总份额为38.02%，分别为活性炭16.92%、松香及松香和树脂酸的深加工品 10.67%、桉叶油10.43%，与2017年比，前3位产品的总份额下降26.86个百分点，其中，松香及松香和树脂酸的深加工品、桉叶油的份额分别下降23.72和8.11个百分点，活性炭的份额提高4.97个百分点。从主要产品看，活性炭出口28.47万吨、合4.20亿元，分别比2017年扩大389.18%和328.57%；松香及松香和树脂酸的深加工品出口12.71万吨、合2.65亿美元，分别比2017年下降6.75%和6.03%；桉叶油出口1.07万吨、合比2.59亿元，分别比2017年增长9.18%和70.39%。林化产品进口以天然橡胶及天然树胶、棕榈油及其分离品为主，二者的总份额接近80%，比2017年下降4.54个百分点，其中，天然橡胶及天然树胶进口259.59万吨、合36.07亿美元，占林化产品进口额的40.08%，平均进口价格为1389.50美元/吨，与2017年比，进口量、进口额和平均进口价格分别下降7.07%、26.64%和21.06%，占林化产品进口额的比重下降8.05个百分点；棕榈油及其分离品进口532.68万吨、合33.95亿美元，平均进口价格为637.34美元/吨，占林化产品进口额的比重为37.73%，与2017年比，进口数量增长4.89%、进口额下降2.89%，平均进口价格下跌7.41%，占林化产品进口额的比重提高3.51个百分点。

林化产品出口市场相对分散，进口市场高度集中于东盟国家。按贸易额，前5位出口贸易伙伴为美国15.11%、日本13.85%、韩国7.32%、印度尼西亚6.15%、中国香港5.45%；前5位进口贸易伙伴依次为：印度尼西亚38.73%、泰国22.91%、马来西亚19.35%、越南3.25%、缅甸2.20%。

菌、竹笋、山野菜类 2018年，菌、竹笋、山野菜类出口增长、进口下降；贸易顺差进一步扩大。

2018年，菌、竹笋、山野菜类出口46.46亿美元，比2017年增长16.18%。其中，菌类出口额为43.49亿美元，比2017年增长18.34%；竹笋出口额为2.86亿美元，比2017年下降8.63%。菌、竹笋、山野菜类进口11.35亿美元，比2017年下降21.99%，其中，木薯产品进口11.31亿美元，比2017年下降22.00%。贸易顺差35.11亿美元，比2017年扩大9.67亿美元。从市场结构看，进出口以亚洲市场为主，市场集中度高。依贸易额，前5位出口贸易伙伴依次为越南30.86%、中国香港23.15%、泰国10.02%、日本8.36%、马来西亚5.61%；主要进口贸易伙伴的市场份额分别为泰国87.51%、越南11.00%。

茶、咖啡类 2018年，茶、咖啡类产品进出口增长，出口增幅低于进口增幅幅。从产品结构看，出口以茶叶和可可及制品为主，进口以可可及制品和咖啡类产品为主，咖啡类产品（包括咖啡壳、咖啡皮和含咖啡的咖啡代用品）的出口和进口份额微降，茶叶、可可及制品的出口和进口份额小幅提高；从价格看，除咖啡类产品出口价格、可可及制品的进口价格大幅下降外，其他产品的进出口价格不同幅度上涨（表7）。贸易顺差略有缩小。

表7 2018年茶、咖啡类产品和可可及制品进出口变化情况

产品	出口量		出口平均价格		进口量		进口平均价格	
	2018年（万吨）	比2017年增减（%）	2018年（美元/吨）	比2017年增减（%）	2018年（万吨）	比2017年增减（%）	2018年（美元/吨）	比2017年增减（%）
咖啡类产品	9.39	31.70	2454.69	−26.15	6.64	1.53	4555.78	13.72
茶叶	36.47	2.65	4874.30	7.57	3.54	19.19	5033.28	0.33
可可及制品	8.30	3.62	4904.37	4.48	20.92	31.74	3765.41	−9.40

2018年茶、咖啡类产品出口26.47亿美元、进口14.72亿美元，分别比2017年增长4.34%和15.36%；贸易顺差11.75亿元，比2017年缩小0.86亿美元。其中，茶叶、咖啡类产品、可可及制品的出口额分别为17.78亿美元、2.30亿美元和4.07亿美元，与2017年比，茶和可可及制品的出口额分别增长10.43%和8.24%，咖啡类产品出口额下降2.95%；茶叶、咖啡类产品、可可及制品的进口额分别为1.78亿美元、3.02亿美元和7.88亿美元，分别比2017年增长19.46%、15.27%和19.39%。从产品构成看，出口额中，茶叶、咖啡类产品、可可及制品的份额分别为67.17%、8.69%和15.38%，与2017年比，茶叶和可可及制品的份额分别提高了3.71和0.56个百分点，咖啡类产品的份额下降0.65个百分点；进口额中，茶叶、咖啡类产品、可可及制品的份额分别为12.09%、20.52%和53.53%，与2017年比，可可及制品的份额提高了1.81个百分点，茶叶和咖啡类产品的份额微幅变化。

从市场结构看，茶、咖啡类产品进出口市场相对集中。茶叶出口市场主要分布于中国香港、摩洛哥和东南亚地区，进口市场高度集中于东南亚和中国台湾；可可及制品进出口市场主要分布于中国香港、美国和韩国，进口市场主要集中于东南亚和欧洲；咖啡类产品的出口市场主要分布于德国、越南和中国香港，进口市场高度集中于东南亚、意大利和巴西（图37）。

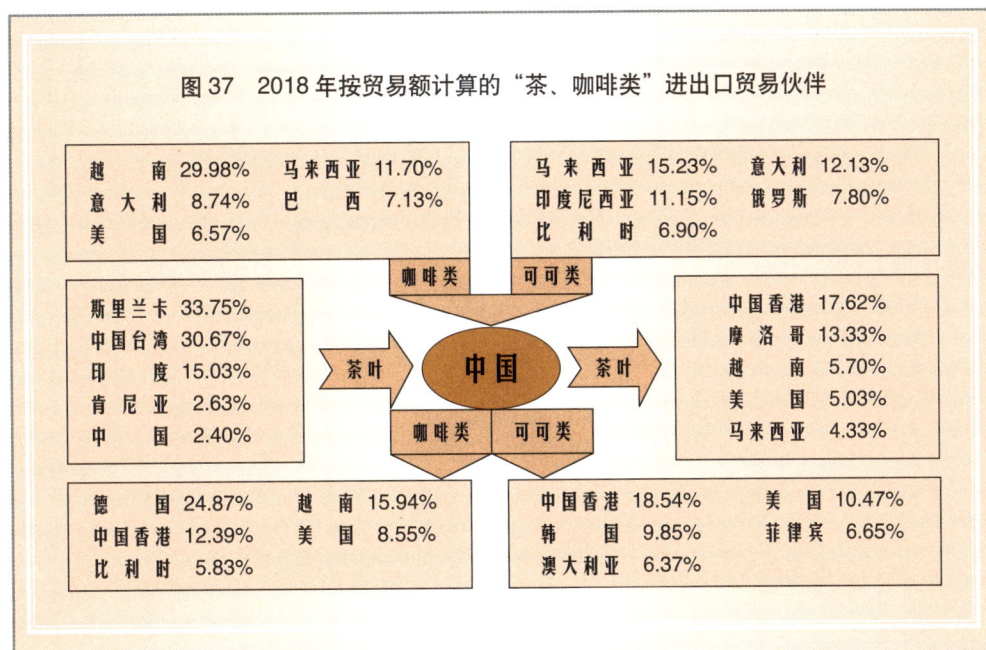

图37　2018年按贸易额计算的"茶、咖啡类"进出口贸易伙伴

竹、藤、软木类　2018年，竹、藤、软木类产品进出口快速增长、出口增速远高于进口增速；从出口产品看，除竹编结品和竹地板出口、藤编结品进口下降外，其他主要产品的进口和出口均有不同幅度增长；贸易顺差大幅扩大。

2018年，竹、藤、软木类产品出口23.52亿美元、进口0.83亿美元，分别比2017年增长92.16%和10.67%；贸易顺差22.69亿美元，比2017年扩大11.20亿美元。从主要产品出口看，竹餐具和厨具出口19.19万吨、合5.36亿美元，占竹、藤、软木类产品出口总额的22.79%；柳及柳编结品（不含家具）出口5.00万吨、合4.68亿美元，占竹、藤、软木类产品出口总额的19.90%，与2017年比，出口量下降2.15%、出口额增长4.23%，占竹、藤、软木类产品出口份额下降16.78个百分点；竹及竹编结品（不包括家具）出口19.29万吨、合3.39亿美元，占竹、藤、软木类产品出口总额的14.41%，分别比2017年下降0.21%、5.31%和14.84个百分点；竹地板和其他竹制特形材出口12.33万吨、合1.81，占竹、藤、软木类产品出口总额的7.70%，分别比2017年下降15.43%、15.02%和9.70个百分点；竹藤柳家具出口0.82万件（个）、合1.38亿美元，占竹、藤、软木类产品出口总额的5.87%，与2017年比，出口量下降99.88%、出口额增长23.21%，占竹、藤、软木类产品出口份额下降3.28个百分点；竹制单板和胶合板出口0.01万吨、合1.23亿美元，占竹、藤、软木类产品出口总额的5.23%；藤及藤编结品（不含家具）出口1.06万吨、合0.90亿美元，占竹、藤、软木类产品出口总额的3.83%，与2017年比，出口量和出口额分别增长8.16%和32.35%，占竹、藤、软木类产品出口的份额下降1.73个百分点。从主要产品进口看，软木及软木制品进口1.03万吨，比2017年下降15.57%，进口额为0.56亿元，比2017年增长16.67%。

从市场结构看，竹、藤、软木类产品的出口市场相对分散、进口市场高度集中。按贸易额，前5位出口贸易伙伴的份额依次为美国24.60%、日本8.24%、荷兰5.74%、德国5.50%、英国4.94%；前5位进口贸易伙伴的份额分别为葡萄牙41.74%、意大利13.77%、马来西亚13.55%、越南5.00%、印度尼西亚4.48%。

调料、药材、补品类 2018年，调料、药材、补品类产品出口16.36亿美元、进口8.92亿美元，分别比2017年增长3.09%和51.19%；贸易顺差7.44亿美元，比2017年缩小2.52亿美元。

按贸易额，调料、药材、补品类出口的前5位贸易伙伴的份额依次为日本21.39%、中国香港17.18%、韩国7.64%、中国台湾6.22%、越南5.39%；前5位进口贸易伙伴的份额分别为中国香港23.88%、德国18.11%、印度尼西亚17.13%、马来西亚9.78%、新西兰8.90%。

苗木类 2018年，苗木类出口3.96亿美元，进口3.33亿美元，分别比2017年增长16.82%和18.51%；贸易顺差0.63亿美元，比2017年扩大0.05亿美元。

（四）主要草产品进出口

草产品进出口包括草种子和草饲料，出口以草种子为主、进口以草饲料为主。2018年，草产品出口30.69万元，其中，草种子24.76万元、占80.68%，草饲料5.93万元、占19.32%；草产品进口6.61亿元，其中，草种子1.27亿元、占19.21%，草饲料5.34亿元、占80.79%。贸易逆差6.61亿元。

草种子　2018年草种子出口83.99吨，其中，紫苜蓿子出口80.49吨、合23.22万元，占草种子出口额的93.78%；羊茅子出口3.50吨、合1.54万元，占草种子出口额的6.22%。种子进口5.63万吨，其中，黑麦草种子、羊茅子、草地早熟禾子、三叶草子和紫苜蓿子分别为2.99万吨、1.41万吨、0.68万吨、0.29万吨和0.25万吨，在草种子进口额中的比重分别为37.80%、25.20%、22.83%、8.66%和5.51%。

草饲料　2018年，草饲料出口58.13吨，草饲料进口170.71万吨。其中，紫苜蓿粗粉及团粒2.95万吨、合0.08亿元，占草饲料进口总额的1.50%；其他草饲料进口167.76万吨、合5.26亿，占草饲料进口总额的98.50%。

从市场构成看，按贸易额，前5位出口贸易伙伴依次为日本55.21%、中国台湾26.08%、韩国7.34%、朝鲜5.81%、卡塔尔2.48%；前5位出口贸易伙伴依次为美国71.75%、澳大利亚12.34%、西班牙8.06%、加拿大4.22%、丹麦1.62%。

G

P99-104

生态扶贫

- 行动
- 特色扶贫
- 成效

生态扶贫

2018年，国家林业和草原局认真学习习近平总书记关于扶贫工作的重要论述，贯彻党中央、国务院关于打赢脱贫攻坚战三年行动的总体部署，积极履行林草生态扶贫职能，实施生态补偿脱贫、国土绿化脱贫、生态产业脱贫等重大扶贫举措，在行业扶贫、定点扶贫等方面取得了积极进展。

（一）行动

出台相关文件　2018年，与国家发展和改革委员会等6部门联合印发了《生态扶贫工作方案》，提出到2020年，力争组建1.2万个生态建设扶贫专业合作社[其中，造林合作社（队）1万个、草牧业合作社2 000个]，吸纳10万贫困人口参与生态工程建设，新增生态管护员岗位40万个，通过大力发展生态产业，带动约1 500万贫困人口增收；印发《林业草原生态扶贫三年行动方案》，明确了林业草原生态扶贫未来三年的总体工作安排和主要任务；与国家发展和改革委员会办公厅、国务院扶贫办综合司联合印发《关于推广扶贫造林（种草）专业合作社脱贫模式的通知》，提出争取到2020年，在全国组建1.2万个合作社，吸纳10万贫困人口就业，带动30万以上贫困人口增收脱贫；印发《关于充分发挥乡镇林业工作站职能作用全力推进林业精准扶贫工作的指导意见》，充分发挥乡镇林业站林农培训、联户示范、生态护林、技术帮扶和扶建林业经济合作组织等方面的积极作用。

脱贫攻坚督查　2018年，按照国务院扶贫开发领导小组的统一部署，中央和国家机关工作委员会与国家林业和草原局、农工民主党中央抽调20名工作人员组成第11督查组，赴云南省开展脱贫攻坚工作督查。会同国家发展和改革委员会等部门组成联合检查组，赴云南、新疆、甘肃、青海等省份深度贫困地区检查督促《生态扶贫工作方案》落实情况。

扶贫领域监督执纪问责　召开了国家林业和草原局生态扶贫暨扶贫领域监督执纪问责专项工作会议，深入学习贯彻习近平总书记关于扶贫工作的重要论述，落实《中共中央 国务院关于打赢脱贫攻坚战三年行动的指导意见》，部署扶贫领域监督执纪问责专项工作，推动当前及明后两年林业草原生态扶贫重要任务落地实施。

培训、宣传和调研　承办了中央组织部委托的地方党政领导干部"林业生态建设与精准扶贫"专题研究班，这是中央组织部精准化点名调训的10个重点班之一，13个省份分管扶贫工作的46位地方党政领导干部参加了培训；在《人民日报》、中央电视台、《紫光阁》杂志、新华网、《经济日报》等多家新闻媒体开展了林业扶贫系列宣传报道，并会同《人民日报》有关人员赴云南、西藏等省份，开展了深度贫困地区林业扶贫宣传；到贵州省独山县、荔波县开展了扶贫调研慰问活动，访谈慰问乡村干部、驻村干部、第一书记，考察产业扶贫基地，座谈听取基层群众意见。深入贵州省荔波县、独山县和广西壮族自治区龙胜县调研，进行业务辅导。重点选择云南省屏边县、贵州省赫章县、河南省淮阳县和南召县、安徽省阜阳市颍东区、四川省昭觉县等经济欠发达地区的6个贫困县开展花卉扶贫调研，作为中国花卉协会扶贫联系点。

（二）特色扶贫

定点扶贫 2018年，国家林业和草原局开展了形式多样的针对广西龙胜县、罗城县，贵州独山县、荔波县等四个定点县的扶贫工作。一是促成定点帮扶的4个县分别与中国邮政邮储银行签订林业扶贫贷款合作协议。二是组织捐款捐赠，为定点县捐资600万元。三是召开全国林业企业参加的精准脱贫工作座谈会，促成4个定点扶贫县与17家企业签订了18份合作意向书，投资金额达17.5亿元，助推定点扶贫县脱贫摘帽。四是召开林草科技结对扶贫工作对接会议，协调科技口相关单位对4个定点帮扶县开展结对帮扶，落实扶贫项目19个，资金1 000多万元。

片区扶贫 2018年，按照汪洋同志关于编制怒江州生态扶贫方案的批示精神，会同国务院扶贫办开展实地调研，与云南省、怒江傈僳族自治州共同谋划打造怒江傈僳族自治州林业生态脱贫攻坚区。会同国务院扶贫办组织云南省林业厅、怒江傈僳族自治州州委州政府编制了《云南省怒江傈僳族自治州林业生态脱贫攻坚区行动方案（2018－2020年）》，行动方案报送汪洋同志，汪洋同志作了重要批示。会同水利部在云南省文山壮族苗族自治州召开了滇桂黔石漠化片区区域发展与扶贫攻坚现场推进会，全面总结了片区扶贫攻坚取得的成效和经验，对今后一个时期打好脱贫攻坚战进行了部署。

生态公益管护扶贫 2018年，继续做好生态公益管护工作。一是从贫困县的建档立卡贫困户中，安排部分湿地管护人员，促进其稳定脱贫，切实保护好现有湿地。二是在贫困地区的自然保护区鼓励开放生态护林员等公益岗位，让有劳动能力的贫困人口通过参与生态保护就业，实现家门口脱贫，并将贫困人口培养成为生态建设一线排头兵。

科技扶贫 一是国家林业和草原局与广西、贵州两省（自治区）林业局签订了《林业定点帮扶县科技扶贫合作协议》。根据定点帮扶县科技扶贫需求，制定科技帮扶实施方案。二是落实了《南疆林果业科技支撑战略合作协议》以及与四川签订的《林业科技扶贫合作协议》。三是在广西南宁和贵州贵阳举办了3期林业科技推广与扶贫培训班。依托铁皮石斛、木材工业、生物质材料、油茶等国家工程技术中心，组织相关专家深入到工厂一线、田间地头，开展科技下乡活动。四是召开林草科技结对扶贫工作对接会议，协调科技口相关单位对国家林业和草原局4个定点帮扶县开展结对帮扶。五是浙江省宁波市推行乡土专家工作制度，让林业科技成果落地生根，助力脱贫攻坚。

工程扶贫　一是石漠化综合治理工程扶贫情况。《岩溶地区石漠化综合治理工程"十三五"建设规划》范围包括8省（自治区、直辖市）的455个县（市、区）。"十三五"期间，中央预算内专项资金每年将重点用于200个重点县的治理工作。集中连片特困地区和国家扶贫工作重点有217个县在工程规划内，其中，有146个县列入了石漠化治理重点县投资范围。2018年，安排贫困县工程投资14.6亿元。二是京津风沙源治理工程扶贫情况。京津风沙源治理二期工程涉及6省（自治区、直辖市）的138个县（旗、市、区），其中，有53个现在集中连片特困地区和国家扶贫工作重点县。2018年，安排贫困县营造林任务7.71万公顷，工程固沙2 333.33公顷，安排投资18.23亿元。

产业扶贫　2018年，国家林业和草原局组织动员林业企业参与精准脱贫工作，对于积极参与扶贫工作的林业企业，予以7项政策优惠：优先纳入全国林业产业投资基金项目库，重点协调建设银行推动项目资金落地；在国家林业重点龙头企业评定、林下经济示范基地评选、国家森林康养基地评定、国家森林生态标志产品及示范基地认定等工作中优先考虑；优先推荐参加国家林业重点展会，并减免参展费用；优先支持林业金融项目和林业贷款贴息补助；协助提供技术咨询、培训等服务，并减免服务费用；以适当形式予以表扬，重点推荐申报林业产业突出贡献奖；在相关媒体刊发报道、推送广告，并积极向中央媒体推荐。在森林旅游扶贫方面，2018年，通过培育森林旅游新业态、新产品，加强宣传推介和示范引导等，进一步发挥森林旅游在扶贫工作中的潜力，授予广西罗城、贵州独山全国森林旅游示范县称号，公布的第二批国家森林步道途经众多贫困县，串联了贫困地区各类自然保护地，为贫困地区依托地缘优势发展森林旅游、助力脱贫攻坚创造了有利条件。

（三）成效

定点扶贫扎实推进　2018年，国家林业和草原局协调广西、贵州两省（自治区）林业主管部门安排广西龙胜县、罗城县，贵州独山县、荔波县等4个定点县中央林业资金2.39亿元，安排省级林业资金3 077.07万元。为定点县开设了基建项目审批绿色通道。4个定点县中有68 412人脱贫，69个贫困村摘贫。

生态护林员选聘规模稳步扩大　截至2018年，国家林业和草原局会同财政部、国务院扶贫办，以集中连片特困地区为重点，累计选聘建档立卡贫困人口生态护林员50多万名，可精准带动180万贫困人口增收脱贫。国家林业和草原局选聘生态护林员工作在国务院扶贫开发领导小组考核中获得"好"的成绩。

贫困人口林草收入持续增加 2018年，160多万贫困户享受退耕还林还草补助政策，平均每户增加补助资金2 500元。对实施禁牧和草畜平衡的农牧户给予禁牧补助和草畜平衡奖励，农牧民年人均增收700元左右。全面深化集体林权制度改革，赋予贫困户承包经营山林的更多权益，依托林地林木增加财产性、经营性收益，贫困地区集体林权流转面积达1亿多亩。

贫困地区生态产业取得积极进展 2018年，国家林业和草原局坚持政府引导、市场主体，指导贫困地区因地制宜发展木本油料、森林旅游、林下经济、种苗花卉等生态产业。出台了支持贫困地区生态产业发展的指导文件、相关规划和政策举措。积极推广"龙头企业+新型经营主体+农户"等模式，完善利益联结、收益分红、风险共担机制。全国油茶种植面积扩大到426.67万公顷，依托森林旅游实现增收的建档立卡贫困人口达35万户。

贫困地区生态治理不断加强 针对林业草原施业区、重点生态功能区与深度贫困区高度耦合的实际，统筹山水林田湖草系统治理，深入实施重大生态保护修复工程。将贫困地区天然林全部纳入保护范围，将2/3以上的造林绿化任务安排到贫困地区，安排退耕还林近200万公顷，占全国总任务量的81%，安排石漠化治理任务18.6万公顷。

林业重点工程助推脱贫 通过荒漠化工程的实施，助力了扶贫攻坚，加快了区域经济发展，减轻了贫困程度。据第三次石漠化监测结果，2012－2016年的5年间，区域扶贫人数减少3 800多万人，贫困发生率由21.1%下降到7.7%，下降了13.4个百分点。根据国务院扶贫办2018年公布的脱贫摘帽县名单，共有57个县实现了脱贫摘帽，其中，石漠化综合治理工程区就有33个县实现了脱贫摘帽，占57.9%。石漠化综合治理工程实施对石漠化地区打赢精准脱贫攻坚战做出了重要贡献。京津风沙源工程的实施对扶贫攻坚做出了贡献。陕西省创新造林营林机制，积极开展"社对贫困户造林、政府购买式"的做法，有造林任务的贫困乡、贫困村实行贫困群众参与造林工程，让更多有劳动能力的贫困人口实现生态就业，获得收入。榆阳区有18.43万农民从京津工程建设中受益，人均年收入增加1 200元。山西省京津工程区17个贫困县都成立了由60%以上建档立卡贫困人口参与的扶贫攻坚造林专业合作社，承担治理工程的工作任务，获得劳务费、股金等，其收入有所增加。2018年，山西京津工程区参与治理建设的贫困社员人均3 600多元，可带动1万余人次脱贫。

贫困地区资金投入不断加大 2018年以来，国家共安排贫困地区中央林业资金379.34亿元。林草重点生态修复工程任务和资金安排向贫困地区特别是深度贫困地区倾斜，全面加强森林草原防火、有害生物防治、自然保护区等基础设施建设。2018年，中央财政安排生态护林员补助资金35亿元，比2017年增加10亿元。加大了对4个定点县中央财政湿地补助支持力度。

专栏 13　全国林业企业参与精准脱贫工作会议召开

2018 年 12 月 25 日，国家林业和草原局召开全国林业企业参与精准脱贫工作座谈会。会议强调，林业在推动精准脱贫过程中拥有独特优势。林业企业科学、合理开发利用贫困地区林草资源，大力发展林草特色产业，是有效增加贫困人口收入的重要途径。政府和企业双方在精选合作项目、密切利益联结机制、加强贫困地区能力建设、加强产销衔接等方面要积极实践和探索。特别要积极发展林下经济、木本油料、森林草原旅游、优势特色经济林等特色富民产业，推行"企业＋基地＋农户""订单林业"等多种利益联结机制，引导贫困户以林地、林木等资产入股。加强行业培训和林业生产技术服务，加强生产性林道、滴灌塘坝等公共性基础设施建设。提高精深加工水平，推进林产品产地市场建设，培育森林生态品牌。强化产销信息服务，发展林产品电子商务。要进一步优化林业企业参与精准脱贫的外部环境，营造良好的政策、政务、营商、法制和舆论环境，吸引更多企业参与、助力精准脱贫。

此次会议中签订的精准扶贫合作项目涉及木材加工基地和产业园区建设、经济林种植基地建设、良种苗木培育、森林康养及森林生态旅游等。企业代表围绕促进山区林区资源优势转化、企业林农互惠互利、贫困地区长期稳定脱贫等内容开展座谈交流。

H

生态公共服务

- 基础设施
- 文化活动
- 传播与传媒
- 生态文明教育

生态公共服务

生态公共服务基础设施不断完善，文化活动形式多样、特色鲜明，生态传播影响力显著提升，生态文明教育与实践有亮点、有突破。

（一）基础设施

生态文化场馆 2018年，全国各地生态文化场馆建设扎实推进，地域文化呈现特有魅力，成为传承弘扬生态文化的重要阵地。山东省首家园艺中心在青岛建成开放，该中心作为园艺文化特色体验基地，主要由连栋玻璃温室、现代设施植物养护温室，以及户外花卉、苗木、景观展示区组成。广东省深圳市启动建设全国首家红树林博物馆——中国红树林博物馆，按照国家一级博物馆、国际一流红树林科普教育中心、世界红树林研究中心的定位，集中展示深圳及中国红树林保护、宣教、科研成果。北京世界园艺博览会开建31个省（自治区、直辖市）室外展园。湖北武汉自然博物馆·贝林大河生命馆开馆，围绕大河、生物、人类的重点内容，陈列展示古生物、动植物标本，展示大河相关的地学背景与河流的生命史，世界代表性大河的生物多样性、联系性与差异性，以及生态系统演替与生命演化的自然规律。浙江省常山县建成全国首个油茶公园，以"油茶+旅游"的形式，促进油茶三产融合，加快发展"产文景游"，打造油茶文化新高地。

生态示范基地 2018年，浙江雁荡山国家森林公园、中国林业科学研究院亚热带林业实验中心树木园、山东淄博市原山林场、四川卧龙国家级自然保护区等49家单位增补为第四批全国林业科普基地；河北河间京南牡丹生态园等49家单位被授予2018"中国森林体验基地""中国森林养生基地"和"中国慢生活休闲体验区/村"；江苏省无锡市中国杜鹃园等12家单位入选第二批国家重点花文化基地。浙江省、四川省分别新增22家省级生态文明教育基地和39处森林自然教育基地；浙江新增杭州市萧山区衙前镇凤凰村等52个省级生态文化基地；湖北武汉授予黄鹤楼公园等10各单位为"2018年自然教育生态研学示范基地"。

2018年，中国生态文化协会分别授予北京市昌平区十三陵镇康陵村等128个行政村为"全国生态文化村"，授予海南呀诺达雨林文化旅游区为"全国生态文化示范基地"。截至2018年，全国生态文化村已达806个，全国生态文化示范基地14个。

（二）文化活动

文艺创作 2018年，生态文艺创作精品不断，多维度展现生态文明建设新风貌。国家林业和草原局推选林草亮点参加"伟大的变革——庆祝改革开放40周年"大型展览，展示林草建设成就。围绕天然林资源保护工程实施20周年创作千篇（幅）文艺精品，展示我国生态建设新风貌。开展"民勤治沙"生态文化主题宣传，挖掘和创作反映民勤治沙精神的文学摄影作品。支持知名作家创作长篇文学作品《平原绿化》，真实记录北京百万亩平原造林工程的发展历程和建设成效。

生态文艺活动亮点纷呈，内涵丰富，生态文化软实力和影响力不断增强。2018年，国家林业和草原局、中央电视台、凤凰卫视联合拍摄《中国国家公园》《我们一起走过——致敬改革开放40周年》《又见大森林——"三北"工程40周年纪事》系列专题片，在洲际频道的首播观众人数众多，扩大了林草国际影响力。中国大熊猫国际文化周、"森林四季"全国自然摄影大赛、中国犬科动物生态摄影展相继举办，生态文化展示平台日趋多样。支持社会力量拍摄《中国：神奇的野生动物王国》《森林铁魂》《雪域精灵——藏羚羊》《美丽中国·森林城市》等公益宣传片，生态人文纪录片《中国森林城市》和自然类纪录片《家园·生态多样性的中国》分别开拍、开播，展示生态文化绚丽风采。自然生态类影片《十八洞村》《狗》亮相北京第八届国际电影节，舞剧《朱鹮》在陕西大剧院拉开首届"朱鹮文化节"大幕。旨在弘扬生态文明和传播绿色理念的"绿色中国行"活动相继走进陕西旬邑、重庆苗乡村寨、四川红原等地，引起社会广泛关注。

理论研究 2018年，《生态文明时代的主流文化——中国生态文化体系研究总论》系列丛书的编撰工作扎实推进。《中国森林生态文化》《中国沙漠生态文化》《中国茶生态文化》《中国草原生态文化》《中国园林生态文化》等林草专著进入定稿阶段。

（三）传播与传媒

社会媒体传媒 围绕中央领导同志批示精神、国家重要会议和决策部署以及林草重点工作任务，策划组织了库布其治沙典型、"三北"工程40周年、林业先进典型和扶贫、贯彻十九大精神、"两会"植树节、机构改革、国土绿化、国家公园等系列主题宣传活动。开展库布其沙漠治理经验重大典型新闻宣传，《人民日报》、新华社、央视新闻联播等以头版整版刊播报道40余篇（条），《求是》刊发理论文章1篇，在"世界防治荒漠化和干旱日"等重要节点刊发稿件300多条，我国防沙治沙报道规格之高、密度之大前所未有。围绕"三北"40周年、天然林资源保护20周年组织媒体共播发报道86篇，其中，《人民日报》新华社4篇、《学习时报》专版2个，《新闻联播》进行专门报道，集中展示林业生态工程建设的巨大成就。组织媒体深入定点扶贫地区进行采访，在《人民日报》、新华社等刊发国家林业和草原局领导专访、会议视频和典型综述近200条，收到了很好的宣传效果。协调央媒开展"贯彻十九大林业谋发展"主题宣传，在光明日报等刊发张建龙局长系列署名文章近100篇（次）。围绕"两会"和植树节推出报道1 300余条，传达林业的权威声音与工作思路。组织中央主流媒体报道林业和草原职能与机构调整以及挂牌仪式，推出报道383篇，受到舆论广泛热议。组织媒体报道国家公园体制建设的新举措、新成效，推出报道及转载100余篇。参与起草《林业草原外宣工作方案》，在世界竹藤大会等系列国际会议刊播李克强总理致会贺信，推出报道400多条。广泛宣传我国生态治理工作进展，《人民日报》《光明日报》《环球时报（英文版）》等媒体刊发报道1 000多条，在海内外掀起了展示我国生态文明建设成就的正面舆论热潮。据统计，2018年各主要新闻单位和网站共刊播报道20 400多条（次）。其中，《人民日报》322条（1版12条）、新华社2 276条（次）、中央电视台150条（期）。

林业报刊图书出版 2018年，《中国绿色时报》《中国林业》《新疆林业》《云南林业》等中央和省级林业报刊围绕林业草原改革发展，形成宣传声势，为弘扬生态文化、推进生态文明、建设美丽中国营造了良好舆论氛围。《中国绿色时报》20件作品分获中国产经新闻奖、中国经济新闻奖、全国报纸副刊年度佳作奖。创新开设精准扶贫、乡村振兴、森林防火、森林城市创建系列专栏，大力践行"绿水青山就是金山银山"发展理念，唱响推进林业草原现代化建设的主旋律。林业草原图书出版以选题创新和资料整合为基点，以版式装帧和内容编辑为重点，紧贴社会市场需求，强化行业责任担当，发挥了林业草原图书在传播生态知识、弘扬生态文化、建设生态文明中的重要作用。出版《湘南木雕》，向社会大众普及生态文化知识。《本草纲目（少儿彩绘版）》《驯鹿六季》等多部自然生态主题图书入选国家新闻出版署向青少年推荐优秀书目，号召全国青少年走进森林、体验自然，感受生态文化特有魅力。

展览展会论坛 2018年，围绕弘扬生态文化及推动林草改革发展，众多展览、会议及论坛相继举办、召开。2018中国森林旅游节、2018中国玫瑰产品博览会、宁夏2018枸杞产业博览会、中国（赣州）第五届家具产业博览会、2018中国西部林业产业博览会、2018沙产业创新博览会暨沙产业高峰论坛、第20届海峡两岸花卉博览会、2018第五届中国（东北亚）森林博览会、第四届中国绿化博览会相继举办，秉承活动宗旨，以凝聚各方合力推动生态文化繁荣取得新突破。生态文明贵阳国际论坛2018年会、首届世界竹藤大会，2018年全国林业和草原科技活动周、2018世界花园大会、2018中国国际造纸科技展览会、首届林业文化与自然遗产保护研讨会、中国森林疗养杭州国际研讨会顺利召开，围绕讨论重点内容，坚持推进事业进步与弘扬生态文化并重，实现了生态文化建设健康持续发展。第十届中国生态文化高峰论坛、第五届全国自然教育论坛、第二届牡丹产业发展论坛、2018中国火山地质公园论坛、"一带一路"生态治理民间合作国际论坛、第二届中国森林康养与乡村振兴战略论坛、第十届竹文化节相继举行，结合论坛主题，聚焦生态文化与生态文明建设关注的热点、难点问题，深入交流发展经验，为加快推进生态文化建设夯实理论基础。

（四）生态文明教育

青年生态文明教育 2018年，青少年生态文明教育和实践活动的思想性、体验性、实效性显著增强。选拔2名优秀大学生参加第15届国际青少年林业比赛，开展主题为"生态·文化·家园"的大学生征文比赛，策划实施"生态文化进校园"和"生态文化小标兵"评选活动，授予20名小学生"生态文化小标兵"称号。2018年绿桥、绿色长征活动推进会暨绿色志愿双选会在北京林业大学召开，引导青少年培养生态文明理念、投身生态文明建设。第35届青少年林业科学营、中国林业科学研究院"林木遗传育种"夏令营、全国小学生自然教育征文暨全国自然资源宣传公益行、北京园林绿化文化科普系列活动相继举行。北京大学生态研究中心揭牌，北京林业大学与菏泽学院共建牡丹研究院，浙江农林大学入选国家"111计划"，第十三届中国林业青年学术年会和第二届全国林业院校校长论坛相继召开。北京林业大学《森林生态系统（英文版）》《鸟类学研究（英文版）》两个英文期刊被SCI收录，林草学术建设方阵更加国际化。北京向全市青少年征集自然笔记，广东深圳向全国发布十佳观鸟地点，湖南岳阳青少年开展洞庭湖护鸟行动，湖北武汉首批"小树长"开展绿色生态研学。西北农林科技大学、北京林业大学相继成立草业与草原学院，完善国家林草行业人才培养、科学创新体系。

社会公众生态文明教育 2018年，国家林业和草原局举办绿水青山中国森林摄影作品巡展和"生态中国 美丽家园——中国野生动物保护生态摄影书画作品展"，弘扬生态文化，展示生态文明建设成就。《保护虎豹你我同行》《国家林业局邀您：观鸟护鸟爱鸟》等视频短片，在国家林业和草原局官方微博点击率超过20万，运用新媒体唤起公众保护意识，传播生态文明价值。成功举办"讴歌新时代 建设新兴安"万人朗读和"三北"工程40年"生态文化作品征集展播"活动，吸引社会公众关注支持生态文明建设。2018年"国际森林日"植树纪念活动、第十届中国网络植树节暨乐享森林·嘉年华活动、2018森林中国公益系列活动、湖北省武汉市全民义务植树项目"众森家园"、重庆市秋冬百日植树活动相继举办，积极动员社会力量践行生态文明价值、弘扬生态文化。2018森林中国公益盛典走进云南，依托文化扶贫倡导社会公众走进森林、乡村体验传统文化之美。

企业生态公益 2018年，企业参与生态公益事业层次渐深，成效显著。国家林业和草原局、中华全国工商业联合会、中国光彩事业促进会共同举办

"2018年民营企业家及管理干部林业培训班"，动员企业力量投身生态文明建设。发布《中国林业工业协会社会责任报告》，督促林产工业企业履行社会责任，展示良好生态公益形象。全国绿化委员会办公室、中国绿化基金会与"蚂蚁森林"签署"互联网+全民义务植树"战略合作协议，构建全新合作模式助力大规模国土绿化。启动"绿地毯行动"公益项目，动员企业力量参与四川非遗手工艺传承保护，倡导社会公众践行绿色发展理念。甘肃首个企业捐助碳汇林公益项目顺利实施，探索公益力量支持生态建设的新模式。主题为"绿色发展·精准扶贫"的第二届中国绿色产业博览会、第三届绿色公益盛典、幸福家园——西部绿化行动、大自然家居阿拉善梭梭林公益植树活动相继举办，集聚广大企业力量助推生态扶贫。

I

P111-132

改革、政策与法制

- 改革
- 政策
- 法制

改革、政策与法制

2018年，国有林区和国有林场改革持续推进，重点国有林区停伐政策全面落实，政企分开逐步推进，管理机构组建思路逐步明确，森林资源管护成效不断提升，地方政府保护森林、改善民生的责任逐步落实；国有林场改革取得决定性进展，全国4 855个国有林场已完成改革任务，28个省份完成省级自验收，改革红利逐步释放，森林得到休养生息，职工住房、养老、医疗等问题得以解决，有关债务将得到化解，基础设施不断强化，支持国有林场内外道路建设，建设管护站点用房868个，体制机制不断创新，95%的国有林场被定为公益性事业单位，人员精简林场整合目标实现。集体林权制度改革取得新进展，大多省份以省政府名义出台了落实国办83号文件的实施意见，进一步放活集体林经营权，推进集体林权监管系统和林农服务平台建设，推进集体林业综合改革试验区建设，99项试验内容转化成政策。草原改革稳步推进，草原资源产权制度改革方案初步形成。一系列林草政策和部门规章出台。国土绿化、资源保护、精准扶贫、支持林草发展的财政金融等政策出台。制定并发布部门规章2部。

（一）改革

1. 国有林区改革

主要进展及成效 一是停伐政策全面落实。2015年4月1日起，全面停止了天然林商业性采伐，每年减少木材产量373.4万立方米，每年减少森林蓄积消耗630万立方米，中央6号文件确定的第一项改革任务顺利完成，重点国有林区森林资源进入了全面保护的新阶段，并通过加强监督检查等多种形式，强化森林资源保护措施，确保"停得下、稳得住、不反弹"。二是政企分开逐步推进。以本次机构改革为契机，各地基本理清了社会服务、森林资源管理和企业经营职能的关系，重新确定企业架构，政企分开取得重要进展。森工企业承担的各项社会职能正在逐步移交，内蒙古森工集团已经完成全部社会职能的剥离。吉林、长白山森工集团完成了林区教育、公检法和部分供水、供电、供热等职能移交。龙江森工集团完成了林区教育、公检法、电网、通讯等职能移交。大兴安岭林业集团正在进行林区检法和教育的职能移交。森工企业负担逐步减轻，林区自我封闭、自成体系的管理体制正在理顺。三是管理机构组建思路逐步明确。按照中央6号文件要求，3省（自治区）深入研究论证，积极开展试点，在管理机构组建工作中做了大量工作。中央改革办对重点国有林区改革落实情况督察后，指出当前森林资源管理体制存在的问题，并对完善管理体制提出了明确意见。为深入贯彻中央精神，按照中央改革办要求，国家林业和草原局积极协调配合中央机构编制委员会办公室（以下简称中央编办），深入重点林区开展专题调研，多次召开座谈会对有关问题进行研究，管理体制改革思路逐步清晰，管理体制改革工作不断推进。四是森林资源管护成效不断提升。各地基本建立并实行了"林业局－林场－管护站"三级管护体系，层层落实责任，取得了良好效果。吉林、长白山森工集团完善管护工作制度，加大管护工作的绩效考核力度。龙江森工集团建立了森林资源管护承包责任制。内蒙古森工集团在根河、乌尔旗汉等林业局开展了生态建设项目购买服务试点，在少数农林交错地带探索开展了社会化购买服务。大兴安岭林业集团对各林业局管护区进行重新调整，缩小管护半径，提高管护效率，增设管护区29个，实现管护责任全覆盖。五是地方政府保护森林、改善民生的责任逐步落实。内蒙古将林区道路建设纳入自治区"十三五"道路建设规划，呼伦贝尔市、兴安盟将林区经济转型发展、城镇化建设等纳入"十三五"规划纲要，统筹林区经济社会发展。吉林省将林地保有量、占用林地定额纳入各级政府目标责任考核内容。黑龙江省将林区发展纳入省"十三五"经济社会发展规划，在林区职工就业方面加大支持力度。大兴安岭林业集团开展了"兴安"系列专项行动，查处案件404起、收回林地221.6公顷。六是富余职工基本安置。重点国有林区全面停伐后，各森工企业通过增加管护岗位、发展特色产业等途径，使6.9万名职工重新上岗；通过鼓励创业、发放补贴等方式，对剩余4.2万名职工进行了兜底安置。同时，中央进一步加大了支持力度。据统计，自全面停伐以来，林区职工人均年收入由2014年的2.64万元增长到2017年的3.74万元，较改革前平均增长1.1万元，职工群众获得感增强，林区社会保持稳定。

存在的主要问题 一是管理机构组建尚未完成。中央6号文件要求"分类制定森工企业改制和改革方案，通过多种方式逐年减少管理人员，最终实现合理编制和人员规模，逐步建立精简高效的国有森林资源管理机构"，各地据此进行了机构组建探索。《生态文明体制改革总体方案》提出"中央政府对重点国有林区直接行使所有权"。党的十九届三中全会对如何直接行使国有森林资源所有权进行了进一步明确。目前，按照中央精神和改革办督察工作意见，经过与中央编办的协调沟通，重点国有林区森林资源管理机构组建思路已基本清楚，但尚未形成明确的意见，与中央要求还有一定差距。二是森工企业社会管理和公共服务职能移交进展缓慢。内蒙古完成了全部社会职能的移交，吉林完成了大部分社会职能移交，龙江、大兴安岭完成了部分社会职能的移交。但是已经移交的社会职能机构，人员经费渠道没有理顺，部分仍由森工企业承担，与中央6号文件要求的"剥离企业的社会管理和公共服务职能，交由地方政府承担，人员交由地方统一管理，经费纳入地方财政预算"不符。例如，吉林森工移交完毕的检、法两院经费还未纳入地方财政，仍由企业垫支。此外，黑龙江大兴安岭林区新林、呼中两地因无行政建制，森工企业承担的政社性职能没有县级承接主体，影响了改革任务落实。

2. 国有林场改革

2018年是国有林场改革的决胜之年。《国有林场改革方案》印发实施3年以来，国家林业和草原局认真贯彻党中央、国务院的决策部署，将国有林场改革作为重中之重，积极会同国家发展和改革委员会、财政部等有关部门，坚持保生态、保民生的改革原则，采取有力措施，落实改革任务，改革取得决定性进展。

主要进展　截至2018年底，全国4 855个国有林场已完成改革任务。除浙江、江西、湖南3省于2016年通过国家试点验收外，其他28个省（自治区、直辖市）已完成了省级自验收工作。除上海外，27个省（自治区、直辖市）政府办公厅上报了验收申请。从改革总体情况看，保生态、保民生改革原则得到较好落实。

主要成效　一是改革红利逐步释放。生态保护作用凸显。全国国有林场0.45亿公顷森林资源得到有效保护，全面停止了天然林商业性采伐，国有林场每年减少天然林消耗556万立方米，占国有林场年采伐量的50%，森林得到休养生息，物种得到保护发展。民生改善成效明显。已累计改造完成国有林场职工危旧房54.5万户，大部分改建房都在县城或周边、中心乡镇，方便了职工就医、子女上学。职工年均工资达4.5万元，是改革前的3.2倍。基本养老保险、基本医疗保险参保率为100%。多年来职工住房无着落、工资无保障、社保没到位的问题得以解决，有了实实在在的获得感、幸福感。财政支持力度大。中央财政累计安排改革补助资金158亿元，用于解决国有林场职工参加社会保险和分离林场办社会职能问题，职工社会保险参保率较改革前平均提高了25个百分点。国有林场全面停止天然林商业性采伐累计补助138亿元。中国银行保险监督管理委员会（以下简称中国银保监会）等部门出台的国有林场金融机构债务处理意见，将使国有林场因营造公益林、天然林政策性停伐、危旧房改造等原因形成的金融机构债务有望得到化解，这将为国有林场解除后顾之忧，轻装上阵谋发展。基础设施不断强化。2018年，交通运输部等4部门印发了关于促进国有林场林区道路持续健康发展的实施意见，连续3年投资107亿元支持国有林场内外道路建设。在国家发展和改革委员会的支持下，2017－2019年，在内蒙古、江西和广西3省份开展国有林场管护站点用房建设试点，共建设管护站点用房868个，中央投资1.8亿元。国有林场饮水安全、电网改造升级进一步落实。随着基础设施建设逐步到位，职工的生活条件得到改善，生活质量明显提高。二是体制机制不断创新。明确了国有林场功能定位。31个省份1 702个县印发的改革实施方案都明确了国有林场保护培育森林资源、维护国家生态安全的功能定位，95%的国有林场被定为公益性事业单位，国有林场功能定位和合理界定属性在体制上得到了保障。人员精简林场整合目标实现。据统计，国有林场事业编制减少到

21.7万人，比中央改革方案确定的22万还少3 000人。整合规模过小、分布零散的林场，国有林场由改革前的4 855个减少到4 358个。同时，着手解决国有林场改革发展动力机制问题，起草《国有林场职工绩效考核办法》，将考核结果与绩效工资挂钩，达到奖勤罚懒的目的。落实以购买服务为主的公益林管护机制。财政部印发《林业改革发展资金管理办法》，规定国有单位国家级公益林管护人员数量、劳务补助标准、签订管护合同等内容，为公益林购买服务提供了基本遵循。编制核定满足管理和管护需要的国有林场，由职工负责公益林日常管护，不得再行向社会购买服务。编制核定不能满足管理和管护需要的国有林场，向社会购买服务。同时要求各地因地制宜地制定购买服务的具体办法，确保公益林管护购买服务可操作。森林资源监管得到加强。国家林业和草原局先后出台《森林资源监督工作管理办法》《国家级公益林管理办法》《关于进一步加强森林资源监督工作的意见》《全国林地保护利用规划纲要》等，为国有林场森林资源监管提供了遵循。

存在的问题　一是国有林场支持政策需要继续完善。防火应急道路无资金支持渠道。全国国有林场有防火应急专用道路20多万千米，大部分为简易路、低等级路，急需改造，无专项资金支持。国有林场管护站点用房建设需要加大力度。管护站点用房是国有林场森林资源管护的重要基础设施，是解决森林腹地、重要区位、重点区域管护能力不足问题的保证。全国国有林场有管护站点用房3.4万个，需要新建、改造的达2.6万个。在内蒙古、江西、广西3省份试点建设868个，与实际需求有差距。二是增强国有林场发展活力的新机制仍是薄弱环节。国有林场功能定位明确、人员精简高效、森林管护购买服务、资源监管分级实施的管理新体制虽已初步形成，但与全面建立有利于保护培育森林资源、增强国有林场发展活力的要求相比还有差距。

3. 集体林权制度改革

2018年，积极培育和壮大新型林业经营主体，推动多种形式的适度规模经营，促进金融资本和社会资本进山入林。一是指导各地落实国办83号文件完善集体林权制度。除个别省外，各省均以省政府名义出台了落实国办83号文件的实施意见。根据中央改革办要求，采取文件督察与实地督察相结合方式开展集体林改专项督察。二是推动放活集体林经营权。印发了《国家林业和草原局关于进一步放活集体林经营权的意见》，在建立三权分置运行机制、引导林权规范有序流转、创新林业经营组织方式等8个方面明确政策措施，进一步拓展经营权权能，促进小农户与现代林业发展有机衔接。召开了活化集体林经营权现场经验交流会，交流推广各地的经验做法，部署推进适度规模经营工作。三是加强服务体系建设。完善集体林地承包经营纠纷调处考评指标并部署考评工作。推进集体林权监管系统和林农服务平台建设，编制林权监管子系统设计方案，建立林农服务平台微信公众号。组织编印和免费发放《农村林业知识读本》丛书，为林农介绍实用政策法律、技术和林改模式。四是推进集体林业综合改革试验区建设。完成第一轮（2015－2017年）集体林业综合改革试验区工作的总结评估，99项试验内容转化成政策，其中，省级政策11项。印发《国家林业和草原局关于推进集体林业综合改革试验区工作的通知》，启动新一轮（2018－2020年）改革试验区工作，明确33个改革试验区及其分别承担的改革任务，提出用3年左右的时间，在重点领域和关键环节开展探索试验和制度创新，形成一批可复制、可推广的经验做法。各改革试验区均已制定了改革试验实施方案，加强组织领导，建立健全台账制度，加大政策支持，改革试验工作有序推进。已确权集体林地面积1.80亿公顷，占纳入集体林权制度改革面积的98.97%，发放林权证1.01亿本，发证面积1.76亿公顷，1亿多农户受益。各类新型林业经营主体达25.78万个，经营林地面积0.4亿公顷。林权流转规范稳步推进，林权抵押贷款工作有序开展，林权抵押贷款余额达1 270亿元。

专栏 14 活化集体林经营权现场经验交流会在湖南召开

2018年9月28日，活化集体林经营权现场经验交流会在湖南浏阳召开。会议交流推广各地活化经营权、促进适度规模经营的经验做法，部署推进放活经营权相关工作。会议指出，要以习近平新时代中国特色社会主义思想为指导，以活化集体林经营权、促进规模经营为重点，全面深化集体林权制度改革，完善集体林业治理机制，增强集体林业发展活力，加快发展现代高效林业，为推动乡村振兴、打赢脱贫攻坚战、全面建成小康社会做出新的更大贡献。湖南省浏阳市、山西省大宁县、内蒙古自治区宁城县、安徽省宣城市、福建省沙县、江西省遂川县、山东省新泰市和云南省宜良县代表在会上作了典型发言。

会议强调，要处理好生态保护与全面发展、林农主体与社会参与、市场主导与政府引导、家庭承包与规模经营4个关系，加快林业产业结构调整，优化社会资本进山入林营商环境，建立健全林权保护制度，培育壮大规模经营主体，促进林权有序流转，推进林权融资担保，抓好集体林业综合改革试验区工作。

专栏 15　创新平台　服务林农

为紧贴广大林农需求，提供实用技术服务，帮助农民脱贫致富，积极推进林农服务平台建设，建立了"林农科技平台"微信公众号。

"林农科技平台"定期发布相关林业政策、林木栽培、经营管理与病虫害技术等信息，提供经济林、用材林、林下经济经营管理实用技术查询以及专家咨询等服务，制作与发布园艺植物育苗技术、园艺植物与花果管理、园艺产品采后加工与处理等视频教程，可下载测树、定位等功能软件，并与12396北京新农村科技服务热线相关联，可进行更多农林专业咨询及指导。

"林农科技平台"可提供经济林、用材林和林下经济3个方面的经营管理实用技术查询服务，包括：油茶、榛子、核桃、杜仲、枸杞等35种经济林主要树种的栽培与病虫害防治技术，红松、云杉、铁杉、桉树等33种用材林主要树种的栽培与病虫害防治技术，林下种植、林下养殖、林下旅游、林下产品加工等4种林下经济经营管理技术。平台还提供育苗技术、花果管理、采后处理及加工三大类54个林木培育管理视频的下载服务。

---

4. 草原改革

主要进展　按照《国务院关于全民所有自然资源资产有偿使用制度改革的指导意见》（国发〔2016〕82号）要求，国家林业和草原局已就草原资源产权制度改革开展了相关专题调研，委托有关研究机构开展了深入研究，初步形成了改革方案框架，正加紧完善。争取到2020年，基本建立起产权明晰、规则完善、监管有效、权益落实的国有草原资源有偿使用制度。在不断增强和有效发挥草原资源生态功能的前提下，兼顾草原资源的生产功能，提升国有草原资源对维护国家生态安全和保障农牧民生计的双重功能，实现国有草原资源保护与利用的生态、社会和经济效益的协调统一。

存在的问题　一是草原资源家底不清，实际工作中仍沿用20世纪80年代末第一次全国草地资源调查数据，已经不能满足新时代草原保护管理的需要。二是草原生产力水平不高，草原生产力总体水平低下。三是草原法制建设有待加强，现行《中华人民共和国草原法》许多规定不适应当前需要。四是草原保护支持政策亟待完善，在政策落实中还存在奖补资金发放与落实禁牧和减畜任务相脱节等问题。五是草原管理和支撑力量薄弱。

（二）政策

1. 国土绿化政策

国土绿化行动的意见出台　2018年11月，全国绿化委员会、国家林业和草原局印发《关于积极推进大规模国土绿化行动的意见》，明确要完善政策机制，培育国土绿化新动能。一是合理安排公共财政投入，逐步完善营造林种草补助和森林抚育补助政策，合理调整补助标准，探索实行先造后补、以奖代补、贷款贴息、购买服务、以地换绿等多种方式，推进造林、抚育、管护等任务由各类社会主体承担，引导各方面资金投入。二是完善金融支持政策。开发性、政策性金融机构在业务范围内为国土绿化行动提供信贷支持。推广以林权抵押为信用结构，企业自主经营，以项目现金流作为还款来源，不增加地方政府债务的融资模式。探索运用企业债券、投资基金等新型融资工具，多渠道筹措建设资金。加快建立森林资源资产评估制度、担保贷款体系、林权交易流转平台，完善森林保险制度。鼓励林业碳汇项目参与温室气体自愿减排交易。三是创新森林采伐和林地管理机制。鼓励各地科学开展人工商品林采伐，全面推行采伐公示制度，优先满足采伐指标需求。对社会资本利用荒山荒地集中连片进行植树造林，以及开展荒漠化、沙化、石漠化等生态脆弱区综合治理的，在保障生态效益的前提下，允许利用一定比例的土地发展林下经济、生态观光旅游、森林康养、养生养老等环境友好型产业，并依法办理建设用地审批手续。

推进长江两岸造林绿化的指导意见印发　2018年9月，国家发展和改革委员会、水利部、自然资源部、国家林业和草原局印发了《关于加快推进长江两岸造林绿化的指导意见》，对下一步解决长江两岸绿化缺株断带、森林生态功能脆弱等问题明确要完善政策机制。一是统筹国土空间规划。结合生态保护红线和永久基本农田划定，合理确定长江两岸造林绿化范围。按照国务院退耕还林还草工作总体安排，依法逐步将长江两岸水土流失严重、地质灾害隐患大、土质差、粮食产量低的25度以上坡耕地、重要水源地中15～25度坡耕地、严重污染耕地等退耕。二是完善资金投入机制。国家进一步加大投入力度，在安排重点工程任务和补助资金时，向长江两岸造林绿化和森林质量提升倾斜。通过推行先造后补、以奖代补、贴息贷款、购买服务等多种方式，积极利用国内政策性、开发性金融贷款，鼓励和支持利用国外金融组织和政府贷款，以及引导社会资本投入造林绿化。三是健全森林建管制度。推行集体林地所有权、承包权、经营权的"三权分置"运行机制，引导林权规范有序流转，促进规模化经营。推行林地经营权质押、担保、入股，发展营造林主体混合所有制。大力推行专业化造林。完善森林管护机制，鼓励推行专业队伍管护、承包管护和家庭管护等管护模式，鼓励在长江两岸率先建立和推行"林长制"。

2. 资源保护政策

滨海湿地保护政策　2018年7月，国务院印发《关于加强滨海湿地保护严格管控围填海的通知》。该通知明确，一是要严控新增围填海造地。完善围填海总量管控，取消围填海地方年度计划指标；除国家重大战略项目外，全面停止新增围填海项目审批。严格审批程序，国家重大战略项目涉及围填海的，由国家发展和改革委员会、自然资源部按程序报国务院审批；原则上不再受理有关省级人民政府提出的涉及辽东湾、渤海湾、莱州湾、胶州湾等生态脆弱敏感、自净能力弱海域的围填海项目。二是加快处理围填海历史遗留问题。全面开展现状调查并制定处理方案，原则上不受理未完成历史遗留问题处理的省（自治区、直辖市）提出的新增围填海项目申请。妥善处置合法合规围填海项目，监督指导海域使用权人进行妥善处置，已经完成围填海的，原则上应集约利用，进行必要的生态修复；尚未完成围填海的，最大限度控制围填海面积，并进行必要的生态修复。三是加强海洋生态保护修复。严守生态保护红线，对已经划定的海洋生态保护红线实施最严格的保护和监管，全面清理非法占用红线区域的围填海项目；选划建立一批海洋自然保护区、海洋特别保护区和湿地公园，将亟须保护的重要滨海湿地和重要物种栖息地纳入保护范围；强化整治修复，支持通过退围还海、退养还滩、退耕还湿等方式，逐步修复已经破坏的滨海湿地。四是建立长效机制，健全调查监测体系，严格用途管制，将滨海湿地保护纳入国土空间规划进行统一安排，严格限制在生态脆弱敏感、自净能力弱的海域实施围填海行为，严禁国家产业政策淘汰类、限制类项目在滨海湿地布局。

重点国有林区矿产资源开发等项目使用林地政策　2018年7月，国家林业和草原局印发《关于从严控制矿产资源开发等项目使用东北、内蒙古重点国有林区林地的通知》。该通知明确，一是划定勘查、开采矿藏和风电场项目禁止建设区域。重点林区范围内依据《全国主体功能区规划》确定的禁止开发区域、国家公园、按照《国家级公益林区划界定办法》划定的国家级公益林地和Ⅰ级保护林地为禁止建设区域，除国家组织开展的公益性地质调查可以临时使用二级国家级公益林地外，不得进行矿藏勘查、开采。严禁风电场项目使用重点林区林地。二是严格限制商业性勘查矿藏项目临时使用林地。除林资发〔2013〕4号文件下发前已经办理勘查许可证并获准延续的商业性勘查项目可以继续临时使用禁止建设区域外的林地，其他商业性勘查项目一律不得临时使用重点林区林地。获准延续的商业性勘查项目原则上不得采用坑（井）探方式临时使用重点林区林地。三是提高开采矿藏项目使用林地准入门槛。新建的大中型矿山，可以使用禁止建设区域外的林地。现有矿山改扩建不得使用禁止建设区域内的林地。新建石料生产加工项目不得使用重点林区林地。要淘汰关闭技术落后、污染严重、无后备资源的矿山开采和加工企业，逐步减少重点林区矿山数量。四是依法落实恢复林业生产条件的责任。项目建设单位对勘查、开采矿藏项目使用林地的表土层应做好剥离、保存工作，使用林地期满后，及时对使用的林地恢复林业生产条件，并将剥离的表土进行回填覆盖。五是加强对勘查、开采矿藏项目使用林地的监管。重点林区各级林业主管部门要切实落实职责，完善制度，加大监管力度。对使用林地期满的勘查、开采矿藏项目要及时收回林地，尽快恢复森林植被，最大限度减轻勘查、开采矿藏对林地造成的破坏。

森林经营方案编制政策 2018年6月，国家林业和草原局印发《关于加快推进森林经营方案编制工作的通知》（以下简称《通知》）。《通知》明确，国家所有的森林以国有林业局、国有林场（采育场）等为单位编案；新疆生产建设兵团以团为单位编制。集体所有的森林以乡镇或行政村为单位编制；集体林场、林业合作组织、企事业单位及个人所有或者经营的森林、林木达到一定规模的，鼓励独立编案，并按属地管理原则实行采伐限额单编单列；林农个人或小规模森林经营主体可编制简明森林经营方案。

《通知》明确，国有林经营单位必须编案，凡是在2020年底前未编案的国有林业局、国有林场（采育场），其"十四五"采伐限额一律为零；其他国有林经营单位未编案的，参照上述规定执行。鼓励集体林组织、非公有制经营主体在林业主管部门的指导下编制森林经营方案，单编单列采伐限额。森林经营主体科学编案的，经林业主管部门认定，其采伐限额原则上按森林经营方案确定的合理年伐量核定。《通知》明确了编案的数据基础，"十四五"采伐限额编制，合理年伐量测算必须以2009年以后进行的"二类"调查数据为基础，基础数据不符合要求的编限单位，不能进行合理年伐量测算。省级林业主管部门要确保国有林业局、国有林场（采育场）在2020年底前全面完成编案任务。

修订后《新一轮退耕地还林检查验收办法》印发 2018年5月，国家林业和草原局印发修订后《新一轮退耕地还林检查验收办法》，明确了检查验收实施县级、省级和国家级三级检查验收制度。县级检查验收结果在村级进行公示，并作为兑现国家政策补助资金的依据。该办法明确了检查验收主要内容、技术标准、检查验收方法、质量管理方式和工作要求，加强了新一轮退耕地还林的监督和管理。

三类行政许可随机抽查工作细则出台 2018年，国家林业和草原局先后印发《野生动植物保护类行政许可随机抽查工作细则》《建设项目使用林地及在国家级自然保护区建设行政许可随机抽查工作细则》《林业有害生物防治检疫行政许可事项随机抽查工作细则》，细则分别明确了抽查内容、抽查方式、抽查结果等具体事项，细则的颁布实施加强和规范了野生动植物保护类、森林资源类、林业有害生物防治检疫行政许可的事中事后监管。

修订后的《全国检疫性林业有害生物疫区管理办法》和《松材线虫病疫区和疫木管理办法》出台 2018年7月，国家林业和草原局印发了修订后《全国检疫性林业有害生物疫区管理办法》（以下简称《办法》）。一是疫情认定与公布。《办法》明确，各地在林业有害生物监测和检疫工作中，发现疑似全国检疫性林业有害生物疫情的，应当立即取样并送至省级以上林业主管部门指定的专业机构进行检验鉴定。经鉴定机构鉴定确认为检疫性有害生物的，当地林业主管部门应当按照有关规定逐级上报疫情，并组织疫情普查，确定疫情发生范围和程度。全国检疫性林业有害生物疫情由省级以上林业主管部门公布。二是疫区划定与公布。全国检疫性林业有害生物疫情发生地应当划定为疫区。疫区一般以县级行政区为单位划定。划定后的疫区由省级以上林业主管部门公布疫区每年至少公布一次。三是疫区撤销。《办法》明确，全国检疫性林业有害生物疫情经除治，实现疫区内连续2年没有发现该种全国检疫性林业有害生物，或疫区内没有该种全国检疫性林业有害生物可危害的寄主植物的，可撤销疫区。

2018年11月，国家林业和草原局印发了修订后《松材线虫病疫区和疫木管理办法》。该办法明确，在疫区管理方面，发生疫情的县级行政区应当划定为疫区，发生疫情的乡镇级行政区应当划定为疫点，疫情防治实行限期目标制度。在疫木管理方面，松材线虫病疫区松科植物只能进行除治性采伐。除治性采伐以择伐为主，原则上不进行皆伐。疫木除治性采伐应当在冬春媒介昆虫非羽化期内集中进行，实行全过程现场监管。采伐的疫木必须在山场就地粉碎（削片）或烧毁。采取烧毁方式处置疫木的，必须全过程摄像并存档。严禁采取套袋熏蒸措施处理疫木。疫区疫木经粉碎（削片）后可在本地区进行利用，严禁跨省级行政区进行利用。

3. 自然保护地政策

2018年1月，国家林业局印发了《国家林业局关于进一步加强国家级森林公园管理的通知》。一是把握国家级森林公园功能定位。国家级森林公园属国家禁止开发区域，主体功能是保护国家重要森林风景资源和生物多样性、传播森林生态文化、开展森林生态旅游。二是强化国家级森林公园总体规划权威性。对重要森林风景资源要制定相应的保护措施，从严控制机动车道、住宿、游乐设施以及人造景观建设。总体规划批准前，不得在森林公园内新建永久性建筑物、构筑物等人工设施。三是严控建设项目使用国家级森林公园林地。对索道、滑雪场等建设项目，要组织有关部门和专家进行必要性、可行性和合法性论证。基础设施、公共事业、民生项目，确需使用国家级森林公园林地的，应当避让核心景观区和生态保育区，提供比选方案、降低影响和修复生态的措施。四是严禁不符合国家级森林公园主体功能的开发活动和行为。禁止建设高尔夫球场、垃圾处理场、房地产、私人会所、工业园区、开发区、工厂、光伏发电、风力发电、抽水蓄能电站、非森林公园自用的水力发电项目，禁止开展开矿、开垦、挖沙、采石、取土以及商业性探矿勘查活动，禁止从事其他污染环境、破坏自然资源或自然景观的活动，禁止在开发建设中使用未经检疫的木材、木制品包装材料和木制电（光）缆盘。五是多措并举实现国家级森林公园管理规范化，采取签订保护管理目标责任书等形式，落实责任主体；对不能发挥主体功能甚至造成资源破坏损害严重的国家级森林公园，要实施淘汰退出机制。

通知要求，县级以上林业主管部门应当及时将国家级森林公园内的林地划定为Ⅱ级及以上保护林地，逐步将国家级森林公园内符合规定的区划范围和区划标准的森林，按照规定区划界定为国家级公益林。各级林业主管部门要全面清理各类矿产资源开发项目，依法有序退出。因地方经济或民生服务必须保留的，在符合国家级森林公园改变经营范围审批条件的前提下，合理调整森林公园的范围。

4. 集体林权管理政策

进一步放活集体林经营权的意见出台 2018年5月，国家林业和草原局印发《关于进一步放活集体林经营权的意见》。该意见在8个方面明确政策措施，一是加快建立集体林地"三权"分置运行机制，落实所有权，稳定承包权，放活经营权，充分发挥"三权"的功能和整体效用，平等保护所有者、承包者、经营者的合法权益。二是积极引导林权规范有序流转。鼓励各种社会主体依法依规通过转包、租赁、转让、入股、合作等形式参与流转林权，引导社会资本发展适度规模经营。三是拓展集体林权权能。在林权权利人对森林、林木和林地使用权可依法继承、抵押、担保、入股和作为合资、合作的出资或条件的基础上，进一步拓展集体林权权能。鼓励以转包、出租、入股等方式流转政策所允许流转的林地科学合理发展林下经济、森林旅游、森林康养等。四是创新林业经营组织方式。推进家庭经营、集体经营、合作经营、企业经营、委托经营等共同发展的集体林经营方式创新。建立"林地变股权、林农当股东、收益有分红"的股份合作运行机制。鼓励和引导工商资本到农村流转林权，建立产业化基地。积极引导和支持规模经营的林业企业、林业专业合作社、家庭林场领办林业经营联合体，加快产业化发展。五是健全完善利益联结机制。鼓励各类经营主体与林农建立紧密的利益联结机制，让农民分享产业链增值收益。对与林农建立紧密利益联结机制的经营主体，在财政资金、产业基金、林下经济补助等项目安排、评优表彰、试点示范等方面给予优先支持。六是推进产业化发展。要按照绿水青山就是金山银山的理念，规划好集体林业资源的利用方式、途径、强度和产业布局，提高林地综合效率和产出率。七是依法保护林权。充分尊重林权权利人的主体地位，实现各类市场主体按照市场规则和市场价格依法平等使用林权，提升投资人信心。鼓励在建立完善森林资源资产产权制度和有偿使用制度方面进行探索，实现生态美百姓富的有机结合。八是提升管理服务水平。加快推进"互联网+政务服务"，加快推进互联互通的林权流转市场监管服务平台建设，将林业金融服务、林权流转交易等信息延伸到每个林农手中，打通信息服务的"最后一公里"。

新一轮集体林业综合改革试验区启动 2018年6月，国家林业和草原局印发《关于推进集体林业综合改革试验区工作的通知》，启动新一轮集体林业综合改革试验区工作，确定33个试验区及分别承担的试验任务，提出用3年左右的时间，在重点领域和关键环节开展探索试验和制度创新，形成一批可复制可推广的经验做法。

5. 林草扶贫政策

脱贫攻坚战三年行动的指导意见出台　2018年6月，中共中央、国务院发布《关于打赢脱贫攻坚战三年行动的指导意见》。该意见明确提出，一是要改善深度贫困地区发展条件，推进西藏、四省藏区、新疆南疆退耕还林还草、退牧还草工程。加快岩溶地区石漠化综合治理、西藏生态安全屏障、青海三江源生态保护、祁连山生态保护和综合治理等重点工程建设。二是要加大产业扶贫力度，深入实施贫困地区特色产业提升工程，因地制宜加快发展对贫困户增收带动作用明显的种植养殖业、林草业、农产品加工业、特色手工业、休闲农业和乡村旅游。建设一批特色种植养殖基地和良种繁育基地。实施中药材产业扶贫行动计划，鼓励中医药企业到贫困地区建设中药材基地。完善新型农业经营主体与贫困户联动发展的利益联结机制。积极推动贫困地区农村资源变资产、资金变股金、农民变股东改革，通过盘活集体资源、入股或参股、量化资产收益等渠道增加集体经济收入。三是要加强生态扶贫，到2020年在有劳动能力的贫困人口中新增选聘生态护林员、草管员岗位40万个。加大对贫困地区天然林保护工程建设支持力度。探索天然林、集体公益林托管，推广"合作社+管护+贫困户"模式，吸纳贫困人口参与管护。建设生态扶贫专业合作社（队），吸纳贫困人口参与防沙治沙、石漠化治理、防护林建设和储备林营造。推进贫困地区低产低效林提质增效工程。加大贫困地区新一轮退耕还林还草支持力度，将新增退耕还林还草任务向贫困地区倾斜，在确保省级耕地保有量和基本农田保护任务前提下，将25度以上坡耕地、重要水源地15～25度坡耕地、陡坡梯田、严重石漠化耕地、严重污染耕地、移民搬迁撂荒耕地纳入新一轮退耕还林还草工程范围，对符合退耕政策的贫困村、贫困户实现全覆盖。结合建立国家公园体制，多渠道筹措资金，对生态核心区内的居民实施生态搬迁，带动贫困群众脱贫。深化贫困地区集体林权制度改革，鼓励贫困人口将林地经营权入股造林合作社，增加贫困人口资产性收入。完善横向生态保护补偿机制，让保护生态的贫困县、贫困村、贫困户更多受益。鼓励纳入碳排放权交易市场的重点排放单位购买贫困地区林业碳汇。

《建档立卡贫困人口生态护林员管理办法》出台　2018年9月，国家林业和草原局办公室、财政部办公厅、国务院扶贫办联合印发了《建档立卡贫困人口生态护林员管理办法》（以下简称《办法》）。《办法》明确，享受中央财政补助的生态护林员范围为集中连片特殊困难地区、国家扶贫开发重点县及重点生态功能区转移支付补助县。生态护林员补助资金主要用于生态护林员的管护劳务报酬支出。《办法》厘清了部门职责，明确了乡镇林业工作站的工作内容以及生态护林员选聘条件、选聘程序和工作职责。

6. 一批林草专项规划发布

2018年，《国家储备林建设规划（2018－2035年）》《全国森林城市

发展规划（2018－2025年）》《国家林业和草原长期科研试验示范基地规划
（2018－2035年）》印发，对国家储备林建设、森林城市发展、国家林业和草
原长期科研基地建设明确了规划期限、建设目标、主要任务、发展格局和建设
内容等。

7. 国有林场和工作站建设及管理政策

国有林场林区道路建设政策　2018年3月，交通运输部、国家发展和改革
委员会、财政部、国家林业和草原局联合印发《关于促进国有林场林区道路持
续健康发展的实施意见》（以下简称《意见》）。《意见》明确，一是明确道
路属性归位。将国有林场林区道路总体规划为社会公共服务属性道路、林业专
用属性道路两类。社会公共服务属性道路主要指连通林业局局址、保留居民居
住的林场场部及主要林下经济节点的道路，重点服务林场林区居民生产生活
出行和林下经济发展，总体纳入公路网规划，采用交通行业公路标准建设。
林业专用属性道路主要指连通管护站（含分场、工区和已搬迁撤并林场）、
护林点的森林防火应急道路，属于林场林区道路，不纳入公路网规划，继续
由林业部门进行规划、建设和管理。二是合理确定建设标准。通林业局局址
道路总体以三级及以上公路为主建设；通场部道路总体按照四级公路标准建
设，对于连接居住人口规模较大的中心林场场部道路，以及顺畅串联多个林场
场部的道路，可按照双车道四级公路或三级公路标准建设；林下经济节点外部
连接道路，总体采用三四级公路标准；森林防火应急道路采用林区公路标准，
并加强危桥危涵改造和安全防护设施建设。三是落实建设养护主体。通林业局
局址道路由交通部门为主实施建养，对于部分有建养能力的林区或林场，可以
充分利用林业部门现有机构和人员实施建养。场部、林下经济节点对外连接道
路由林业部门为主实施建养，对于不具备建养能力的林区或林场，建议由地方
政府（或委托交通部门）增配相应人员实施。森林防火应急道由林业部门实施
建养。

《意见》明确，2018－2020年将重点支持场部通硬化路和国有林区林下经
济节点对外连接公路建设，实现每个保留居民居住的国有林场林区场部至少有
一条硬化路对外连通，建设规模约2.2万千米。按照平均每500万亩林地安排30千
米的标准，给予五大重点国有林区和西南西北国有林区主要林下经济节点对外
连接公路建设中央资金支持，建设规模约4 000千米。

《国有林场改革验收办法》印发　2018年3月，国家发展和改革委员会办公
厅、国家林业局办公室印发了《国有林场改革验收办法》。该办法明确了国有
林场改革验收指标和标准，为省级自验收提供依据。

国有林场和苗圃会计制度新规定　2018年7月，财政部《关于印发国有林场
和苗圃执行〈政府会计制度——行政事业单位会计科目和报表〉的补充规定和
衔接规定的通知》。该通知明确《政府会计制度——行政事业单位会计科目和

报表》（财会〔2017〕25号）自2019年1月1日起施行。"补充规定"明确新增一级科目及其使用说明。"衔接规定"明确，自2019年1月1日起，林场应当严格按照新制度及补充规定进行会计核算、编报财务报表和预算会计报表。

修订后《标准化林业工作站建设检查验收办法》出台　2018年3月，国家林业局印发了《标准化林业工作站建设检查验收办法》。在两年多检查验收及实践的基础上，对原《标准化林业工作站建设检查验收办法（试行）》（林站发〔2015〕39号）进行修订。与试行办法相比，新办法提高了合格分，对标准站进行动态管理，增加核查不合格站的评价和处理条款等。

发挥乡镇林业工作站职能作用意见印发　2018年4月，国家林业和草原局正式下发《关于充分发挥乡镇林业工作站职能作用全力推进林业精准扶贫工作的指导意见》。该意见明确提出，乡镇林业站要抓好四项工作。一是认真抓好生态护林员工作的落实。二是引导组建"扶贫攻坚林业专业合作社"。三是落实林业站扶贫 "四到户服务"工作。四是扎实开展对贫困村、户的定点联系帮扶。乡镇林业站通过这四项主要工作，使党中央、国务院林业惠农政策得以全面落地入户，为林业行业实施"乡村振兴战略"打下坚实的基础。

乡镇林业工作站服务乡村振兴工作　2018年12月，国家林业和草原局正式下发《关于开展乡镇林业工作站服务乡村振兴工作的通知》，要求乡镇林业站要积极落实开展服务乡村振兴工作。一是主动作为，谋划乡村振兴发展；二是发挥职能，提供专业化服务；三是创新机制，提升服务能力；四是总结经验，注重典型宣传。通过乡镇林业站为农村和农牧民参与林业和草原生态保护、建设、改革提供专业化服务，充分发挥林业站在乡村振兴中的重要作用，到2022年，形成一批各具特色的林业站服务乡村振兴的模式、路径和典型，为全面实现乡村振兴提供服务和保障。

8. 财政金融政策

长江经济带生态补偿与保护长效机制的指导意见印发　2018年2月，财政部印发《关于建立健全长江经济带生态补偿与保护长效机制的指导意见》。该意见明确，中央财政加大政策支持。一是增加均衡性转移支付分配的生态权重。中央财政增加生态环保相关因素的分配权重，加大对长江经济带相关省（直辖市）地方政府开展生态保护、污染治理、控制减少排放等带来的财政减收增支的财力补偿，确保地方政府不因生态保护增加投入或限制开发降低基本公共服务水平。二是加大重点生态功能区转移支付对长江经济带的直接补偿。增加重点生态功能区转移支付预算安排，调整重点生态功能区转移支付分配结构，完善县域生态质量考核评价体系，重点向禁止开发区、限制开发区和上游地区倾斜。三是实施长江经济带生态保护修复奖励政策。支持流域内上下游邻近省级政府间建立水质保护责任机制，鼓励省级行政区域内建立流域横向生态保护责任机制。四是加大专项对长江经济带的支持力度。在支持开展森林资源培育、天然林停伐管护、湿地保护、生态移民搬迁、节能环保等方面，中央财政将结合生态保护任务，通过林业改革发展资金、林业生态保护恢复资金、节能减排补助资金等向长江经济带予以重点倾斜。把实施重大生态修复工程作为推动长江经济带发展项目的优先选项，中央财政将加大对长江经济带防护林体系建设、水土流失及岩溶地区石漠化治理等工程的支持力度。

《林业生态保护恢复资金管理办法》印发　2018年6月，财政部、国家林业和草原局印发《林业生态保护恢复资金管理办法》（以下简称《办法》）。《办法》明确，林业生态保护恢复资金是指中央财政预算安排的用于天然林资源保护工程社会保险、天然林资源保护工程政策性社会性支出、全面停止天然林商业性采伐、完善退耕还林政策、新一轮退耕还林还草等方向的专项转移支付资金。林业生态保护恢复资金不得用于兴建楼堂馆所、偿还债务等与林业生态保护恢复无关的支出。

《办法》提出，林业生态保护恢复资金采取因素法分配。天然林资源保护工程社会保险补助按照天然林资源保护工程实施单位人员数量和缴费基数及缴费比例分配。天然林资源保护工程政策性社会性支出补助按照天然林资源保护工程实施单位的人员数量和相关补助标准分配。重点国有林区天然林资源保护工程区停伐补助按照截至停伐时点天然林停伐产量、编制人数及核定人数、基层林业局承担社会职能情况、国有林区改革进展和相应补助标准分配。天然林资源保护工程区外停伐补助按照停伐产量（55%）、"十二五"年均采伐限额（35%）、天然有林地面积（10%）等因素及权重分配。重点国有林区金融机构债务贴息补助按照重点国有林区截至停伐时点与停伐直接相关、为维持林区正常运转产生的金融机构债务和4.9%的年利率给予补助，补助期限至2020年。完善退耕还林政策补助按照国务院有关部门下达的年度任务和补助标准确定补助规模。新一轮退耕还林还草补助按照国务院有关部门下达的年度任务和补助标准确定补助规模。

（三）法制

1. 立法

法律制定和修改　一是推进《中华人民共和国森林法》修改工作。2018年，《中华人民共和国森林法》修改列入了《十三届全国人大常委会立法规划》一类立法项目，由全国人民代表大会常务委员会农业和农村工作委员会（以下简称全国人大农委）提请审议。主要配合全国人大农委开展了以下工作：制定了《中华人民共和国森林法》修改工作计划，成立了《中华人民共和国森林法》修改起草领导小组和工作小组；赴海南、福建等地开展实地调查研究，重点调研了森林分类经营、森林采伐、林权流转、国有林场改革和林业工作站等；召开会议和布置课题研究，在认真总结实践经验、反复论证的基础上，形成了《中华人民共和国森林法》修改征求意见稿。二是启动《中华人民共和国湿地保护法》（草案）起草工作。《中华人民共和国湿地保护法》已经于2018年9月列入了《十三届全国人大常委会立法规划》三类立法项目。受全国人民代表大会环境与资源保护委员会（以下简称全国人大环资委）委托，国家林业和草原局为推进立法工作，成立了《中华人民共和国湿地保护法》起草领导小组，下设起草工作小组和专家小组，组建了由湿地保护专家、湿地管理者和相关法律专家组成的湿地保护立法专家团队，承担《中华人民共和国湿地保护法》的具体起草工作。在浙江杭州召开全国湿地保护立法工作座谈会，交流各省份湿地保护条例的立法经验以及实施中遇到的问题，听取了各省份对湿地保护法立法的意见和建议。三是推进《中华人民共和国草原法》修订和《中华人民共和国国家公园法》制定工作。《中华人民共和国草原法》修改和《中华人民共和国国家公园法》制定列入了《十三届全国人大常委会立法规划》二类立法项目。按照《中华人民共和国草原法》修订"四落实"工作方案，积极组织开展立法调研，召开研讨会，加快立法工作进度。

规章制定和修改　2018年，国家林业和草原局制定、修改、颁布的部门规章2部，分别是《开展林木转基因工程活动审批管理办法》（局令第49号）《在国家级自然保护区修筑设施审批管理暂行办法》（局令第50号）。

法律法规和部门规章清理　因行政审批改革、机构改革、证明事项和排除限制竞争清理等各项要求，对林业和草原相关法律法规和部门规章进行了全面梳理，研究提出了清理建议。

其他林草立法工作　一是广泛征求意见，制定并发布《国家林业局2018年立法工作计划》。二是配合完成《中华人民共和国农村土地承包法》修改工作。结合林业和草原工作实际，研究提出修改意见和建议。三是配合全国人大开展《中华人民共和国乡村振兴促进法》《中华人民共和国长江保护法》和《中华人民共和国生物安全法》的立法工作，积极参加全国人大有关委员会组织的座谈会，提出有关意见。四是对全国人大、司法部、国务院有关部委征求意见的法律法规草案，结合林业和草原职能提出修改意见，共办理征求意见70余件。五是认真办理全国"两会"建议提案以及全国人大环资委和全国人大农委转交国家林业和草原局办理的议案，共办理建议提案8件、代表议案12件。

规范性文件管理　一是规范性文件合法性审查及发布。2018年，共办理合法性审查及发布规范性文件17件（表8）。二是规范性文件清理。按照国务院办公厅要求，并配合国家发展和改革委员会、国家市场监管总局、中央编办、国家知识产权局等部门对国家林业和草原局现有规范性文件进行了7次专题清理，并向相关部门报送了清理结果。

表8　2018年国家林业和草原局发布的规范性文件目录

序号	文件名称	文号	发布日期
1	国家林业局关于进一步加强国家级森林公园管理的通知	林场发〔2018〕4 号	2018/1/12
2	国家林业局关于印发《标准化林业工作站建设检查验收办法》的通知	林站发〔2018〕32 号	2018/3/8
3	国家林业和草原局公告 2018 年第 7 号	国家林业和草原局公告〔2018〕7 号	2018/5/3
4	国家林业和草原局公告 2018 年第 8 号	国家林业和草原局公告〔2018〕8 号	2018/5/8
5	国家林业和草原局关于印发《中国森林旅游节管理办法》的通知	林场发〔2018〕50 号	2018/5/11
6	国家林业和草原局公告 2018 年第 9 号	国家林业和草原局〔2018〕9 号	2018/5/18
7	国家濒管办关于全面实行野生动植物进出口证书通关作业联网无纸化的通知	濒办字〔2018〕31 号	2018/5/18
8	国家林业和草原局关于印发《国家林业和草原局林业有害生物防治检疫行政许可事项随机抽查工作细则》的通知	林造发〔2018〕53 号	2018/5/30
9	国家林业和草原局关于印发《新一轮退耕地还林检查验收办法》的通知	林退发〔2018〕54 号	2018/5/30
10	国家林业和草原局关于印发《国家林业和草原局建设项目使用林地及在国家级自然保护区建设行政许可随机抽查工作细则》的通知	林资发〔2018〕56 号	2018/5/31
11	国家林业和草原局公告 2018 年第 10 号（重新委托野生动植物行政许可事项）	国家林业和草原局公告〔2018〕10 号	2018/6/12
12	国家林业和草原局关于印发《全国检疫性林业有害生物疫区管理办法》的通知	林造发〔2018〕64 号	2018/7/3
13	国家林业和草原局关于印发《国家林业和草原局公开制售假冒伪劣商品和侵犯知识产权行政处罚案件信息工作实施细则》的通知	林场发〔2018〕65 号	2018/7/3
14	国家林业和草原局关于从严控制矿产资源开发等项目使用东北、内蒙古重点国有林区林地的通知	林资发〔2018〕67 号	2018/7/13
15	国家林业和草原局关于印发《野生动植物保护类行政许可随机抽查工作细则》的通知	林护发〔2018〕82 号	2018/8/23
16	国家林业和草原局关于印发《国家级林业有害生物中心测报点管理规定》的通知	林造发〔2018〕94 号	2018/9/13
17	国家林业和草原局关于印发重新修订的《松材线虫病疫区和疫木管理办法》的通知	林生发〔2018〕117 号	2018/11/26

2. 执法与执法监督

全国林业行政案件查处　2018年，全国共发现林业行政案件18.29万起，查处林业行政案件17.61万起。案件发生总量出现反弹，较2017年增长5.54%，自2010年以来首次呈现上升趋势（图38）。全国共恢复林地15166.86公顷，恢复保

图 38　2009 – 2018 年全国林业行政案件发生与查处情况

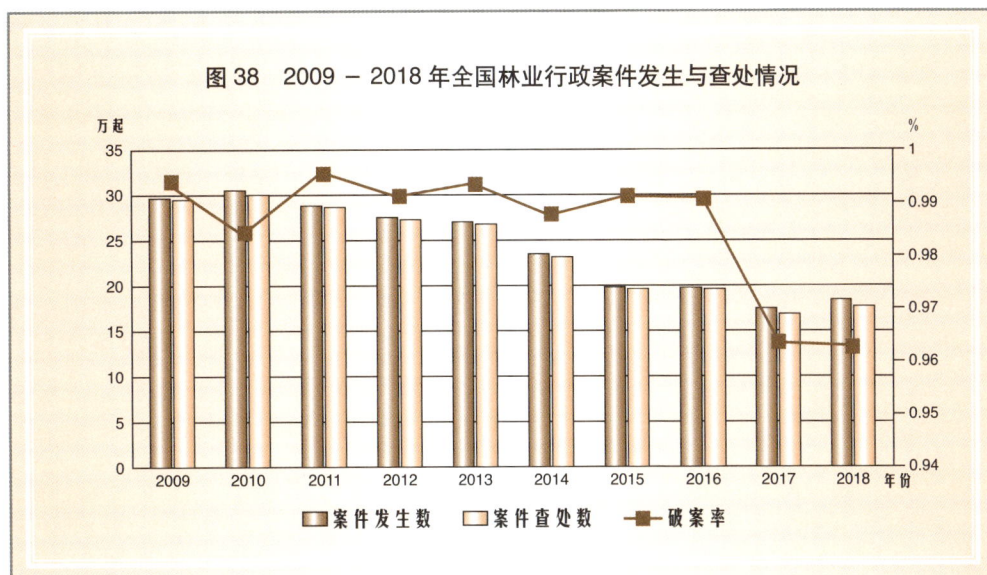

护区或栖息地863.44公顷；没收木材20.65万立方米、种子4.84万千克、幼树或苗木723.41万株；没收野生动物17.45万头（只）、野生植物21.92万株，收缴野生动物制品1054件、野生植物制品3.76万件，涉案金额16.79亿元，其中，罚款16.26亿元，没收非法所得0.53亿元；责令补种树木959.2万株，行政处罚17.97万人次。

全国草原违法案件查处　2018年，全国各类草原违法案件发案8 199起，立案7 975起，结案7 586起，立案率为97.3%，结案率达95.1%。发案数量较2017年下降40.4%。共向司法机关移送涉嫌犯罪案件342起。破坏草原面积7 646.67公顷。从各类案件发案和查处情况看，2018年，违反禁牧休牧规定案件发案数量6 216起，比2017年减少42.3%，仍是发案数量最多的类型。非法开垦草原案件、非法征收征用使用草原案件、违反草畜平衡规定案件、违反草原防火法规案件发案数量较2017年有所减少。非法临时占用草原案件、非法采集草原野生植物案件、买卖或者非法流转草原案件发案数量较2017年略有增加。

提升执法能力行动　2018年，国家林业和草原局开展了"规范林业执法行为，提升林业执法能力"专项行动，印发了《国家林业局办公室关于开展"规范林业执法行为，提升林业执法能力"专项行动的通知》，举办了"绿色大讲堂——新时代公益行政诉讼"暨规范林业行政执法行为专项行动专题电视电话会议，专题进行动员部署和广泛宣传，制定了《2018年开展"规范林业执法行为，提升林业执法能力"专项行动督查工作方案》，开展了林业行政执法专项行动督察及专题调研，针对公益诉讼中反映的突出问题，形成了重点立法建议。

破坏森林资源案件督查督办　2018年，国家林业和草原局共督查督办案件

3 869起，办结3 159起，办结率81.65%。共处理各类违法违纪人员6 171人，其中，刑事处罚763人，行政处罚2 460人，行政处分1 005人，纪律处分1 943人。收回林地2 406.67公顷，罚款（金）2.66亿元。国家林业和草原局各专员办共向33个省级被监督单位及有关部门提交了128条监督建议。

林木种苗执法　2018年，全国共查处违法生产经营林木种苗案件120余起，其中，生产销售假冒伪劣林木种苗的案件38件，处罚没金额近50万元。组织开展了全国林木种苗质量监督抽查工作，对河北等14个省份及吉林森工集团、龙江森工集团、新疆生产建设兵团的林木种苗质量进行重点抽查，共抽查林木种子样品105个、苗木苗批832个，涉及129个县387个单位。抽查结果显示，林木种子样品合格率为92.4%，苗圃地苗木苗批合格率为93.0%，造林地苗木苗批合格率为87.9%。

森林公安执法　2018年，全国森林公安机关共立案侦查各类涉林和野生动植物刑事案件3.39万起，比2017年增长3.99%。破案2.44万起，破案率达71.98%。打击处理违法犯罪人员3万余人（次），刑事案件中收回林地1.1万公顷、收缴林木7.5万立方米、野生动物23万余头（只），刑事案件涉案价值9.18亿元。

执法专项行动　2018年，森林公安机关在全国范围内先后组织开展"飓风1号""春雷2018""绿剑2018""严厉打击犀牛和虎及其制品非法贸易专项行动"等专项打击行动，始终保持对涉林违法犯罪的高压态势，战果十分突出。其中，"严厉打击犀牛和虎及其制品非法贸易专项行动"得到了公安部领导的高度重视，召开协调会进行部署，为专项行动取得战果奠定了扎实基础。

专栏16　维护自然资源安全　开展系列专项行动

"飓风1号"专项行动　为认真贯彻党的十九大、十九届三中全会精神和习近平总书记等中央领导同志关于保护生态环境、落实象牙禁令的重要指示精神，坚决打击各类破坏森林和野生动物资源违法犯罪行为，国家林业局自2017年12月11日起至2018年1月31日，在全国范围内组织开展打击破坏森林和野生动植物资源违法犯罪专项行动，代号"飓风1号"。行动期间，全国森林公安机关共打击处理人员7 115名，查处没收非法野生动物2万余头（只）、林木7 858立方米，收缴林地1 289公顷，清理木材、野生动物非法交易场所2 065处，清理木材、野生动物加工经营场所3 235处，检查野生动物活动区域（处）6 544处，专项行动取得预期成效。

"春雷2018"专项打击行动　2018年4月1日至5月31日，国家林业和草原局针对春季涉林违法犯罪高发的态势，在全国范围内组织开展了"春雷2018"专项打击行动，共办理各类案件3.6万余起，收缴林木木材3.5万立方米、林地 3 800 公顷、各类野生动物 7.7 万余头（只），打击处理各类违法犯罪人员 3.7 万余人（次），涉案金额近 3 亿元，有效震慑了犯罪。

"绿剑 2018" 专项打击行动　2018 年 9～12 月，国家林业和草原局又针对候鸟迁徙期间破坏野生动物现象突出的实际，部署开展了"绿剑 2018" 专项打击行动。全国共出动森林公安民警 52.7 万余人次，办理刑事案件 5 400 余起，打击处理违法犯罪人员 2.5 万余人次、犯罪团伙 88 个，收回林地 2 195 公顷，收缴林木 3.8 万余立方米、野生动物 23.7 万余头（只），放飞放生野生动物 12.7 万余头（只），清理互联网非法信息 490 条，开展宣传活动 2.7 万余次。

野生动植物保护执法监管　野生动物保护执法以及打击野生动物非法贸易，是贯彻落实习近平生态文明思想和加强生态文明建设的重要内容，也是国际社会关注的焦点、热点。一是 2018 年 1 月 1 日起全面停止商业性加工销售象牙及制品活动，国家林业和草原局联合外交、工商、公安、海关、文化等部门对各地停止商业性加工销售象牙及制品活动进行督导检查。二是下发《国家林业和草原局办公室关于切实加强春季鸟类巡护值守和执法检查工作的紧急通知》，赴辽宁等地对地方乱捕滥猎和非法经营鸟类情况进行监督检查。三是印发《国家林业和草原局关于确认若干破坏野生动物资源刑事案件犯罪对象有关问题的复函》《国家林业局关于非国家重点保护野生动物行政许可有关问题的复函》《国家林业局关于明确天然麝香、赛加羚羊角和穿山甲片相关行政许可审批机关的复函》。四是召开"打击乱捕滥猎和非法经营候鸟违法犯罪活动电视电话会议"和"严厉打击犀牛和虎及其制品非法贸易专项行动电视电话会议"，部署开展打击非法贸易活动，与海关总署、森林公安、渔政等执法部门多次联合开展打击野生动植物非法贸易活动。五是推动落实各海关罚没象牙等野生动植物制品的移交接收工作。六是开展野生动植物进出口行政许可随机抽查实地检查。七是印发了《关于继续组织开展植物新品种保护行政执法专项行动的通知》，在林业系统组织开展新品种执法专项行动。

行政复议和诉讼　2018 年，国家林业和草原局共收到行政复议申请 53 件，全部办结，其中，不予受理 17 件，维持 26 件，撤销 3 件，确认违法 5 件，驳回 2 件。共办理行政诉讼案件 39 件，其中，一审案件 11 件，二审案件 12 件，再审案件 16 件。

3. 普法

普法责任清单　2018 年，按照《全国普法办关于报送〈中央国家机关普法责任清单（第二批）〉的通知》要求，确定了国家林业和草原局普法责任清单，报送了全国普及法律常识工作办公室（以下简称全国普法办）。

"七五"普法中期评估　根据《中央宣传部 司法部 全国普法办公室〈关于做好"七五"普法中期检查工作〉的通知》要求，结合林业草原工作实际，对全国林业和草原系统开展"六五"普法工作的情况进行了全面总结和评估。起草完成《国家林业和草原局"七五"普法中期评估报告》。

普法培训　2018年，国家林业和草原局举办了林业行政执法暨普法骨干人员培训班，讲授了林业行政执法的新形势新任务新使命、行政公益诉讼及相关司法解释解读、行政执法典型案例评析；举办了规范性文件培训班，以信息公开和规范性文件审核为主要内容，对于规范局机关及各事业单位的信息公开、文件制定工作，起到了积极的作用；举办了全国林木种苗行政执法和质量管理人员培训班，共130余人参加培训；开展了草原管护员培训，各地通过各种形式共培训草管员2 106次，共培训30.96万人次。

普法宣传　2018年，开展了"12.4"法制宣传教育系列活动。组织了全员普法考试，通过网络平台，组织各司局、直属单位以及各省级林业和草原主管部门机关、事业单位工作人员参加普法考试。开展了法律知识咨询活动，组织各地开展了"依法保护草原 建设美丽中国"为主题的草原普法宣传活动。与宁夏回族自治区农牧厅、吴忠市人民政府联合举办了2018年草原普法宣传月活动，近500人参加现场活动。

宪法学习　2018年，完成了宪法学习专项督查工作。按照中央依法治国委员会办公室有关开展宪法学习宣传专项督查工作的要求，对国家林业和草原局开展宪法学习宣传教育的情况进行了全面自查，起草完成了有关自查报告，按期报送中央依法治国委员会办公室。开展了"我与宪法"优秀微视频征集活动。按照司法部、中华人民共和国国家互联网信息办公室（简称国家网信办）、全国普法办《关于开展"我与宪法"优秀微视频征集展播活动的通知》要求，圆满完成"我与宪法"优秀微视频征集活动，共推选出3部代表林业草原行业的优秀微视频作品，充分体现了新时代林业草原干部职工的精神风貌。以多种形式宣传了宪法知识。

专栏 17　全国林木种苗行政执法年

　　国家林业和草原局将 2018 年确定为"全国林木种苗行政执法年"，印发了《国家林业和草原局办公室关于开展"全国林木种苗行政执法年"活动的通知》，制定了《全国林木种苗行政执法年活动实施方案》。全国各省份结合本地实际，制定下发了执法年实施方案，成立执法年活动领导小组，开展形式多样的宣传活动，共发放《中华人民共和国种子法》及宣传资料 36 万余份、标签 50 万余张，受教育群众达 30 万余人次。

J

P133-148

支撑与保障

- 投资
- 种苗
- 科技
- 教育
- 信息化
- 职工队伍
- 国有林场
- 林业工作站

支撑与保障

2018年，林草中央财政投资力度进一步加大，林木种苗管理进一步规范，科技成果推广及自主创新能力持续增强，林业信息化和林业工作站建设能力不断提升。

（一）投资

2018年，林草部门紧紧围绕党和国家战略大局和林业草原发展全局，继续着力构建全面保护自然资源、重点领域改革和多元投入的林业草原资金政策保障体系。

1. 林业投资

从资金来源看，林业资金包括中央财政资金、地方财政资金和社会资金（含国内贷款、利用外资、企业自筹和其他社会资金）。2018年，全国林业投资完成额达到4 817.13亿元，与2017年相比增长0.35%，基本持平。中央财政资金和地方财政资金为国家资金，国家资金投资完成2 432.49亿元，投资重点用于造林抚育与森林抚育提升等生态建设和保护项目，占全部林业投资完成额的50.50%。其中，中央财政资金占全部国家资金的47.05%。国内贷款、利用外资、自筹资金和其他社会资金共投资完成2 384.64亿元。其中，74.51%的资金用于木竹制品加工制造、林下经济、林业旅游休闲康养等重点林业产业发展领域。林业实际利用外资2.61亿美元，比2017年降低20.18%，占全国实际使用外资金额③的0.19%，比2017年下降0.05个百分点（图39）。与2017年相比，中央财政资金、地方财政资金和社会资金在林业建设投入资金中的比重均有小幅上升（图40）。2018年，全国林业固定资产投资992.33亿元（表9），其中，新建林业固定资产投资占比超过一半以上。

表9 2018年按资金来源分林业投资完成额情况

指标		金额（亿元）	所占比重（%）
全部林业投资额		4817.13	
其中	中央财政资金	1144.47	23.76
	地方财政资金	1288.02	26.74
	社会资金	2384.64	49.50
其中：林业固定资产		992.33	20.60

③ 2018 年全国实际利用外资 1383 亿元美元，数据来源于《2019 年政府工作报告》。

图 39　2009 − 2018 年林业利用外资及占全国实际利用外资比重

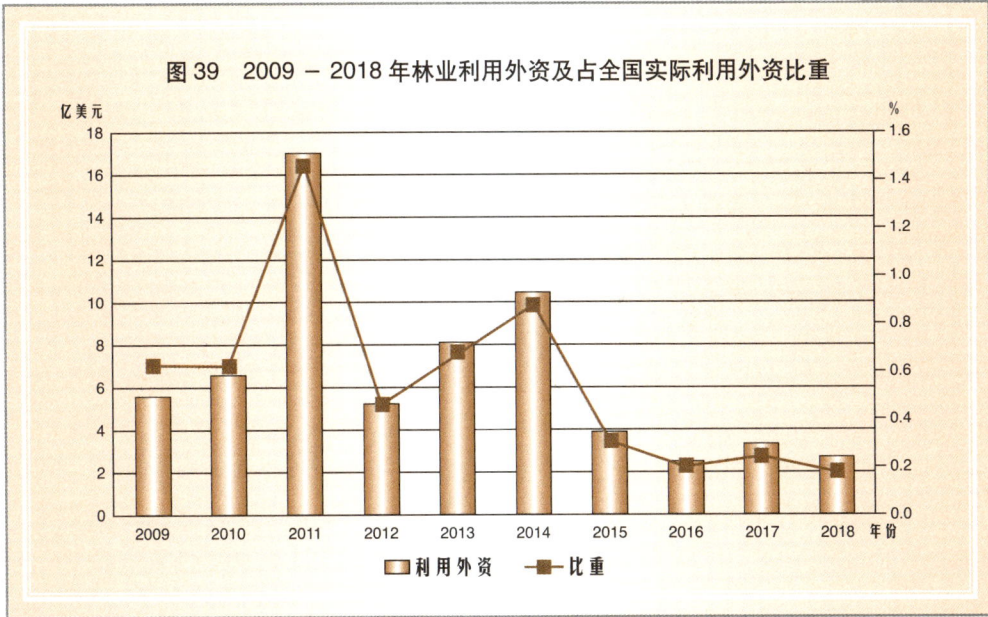

图 40　2018 年林业投资完成结构

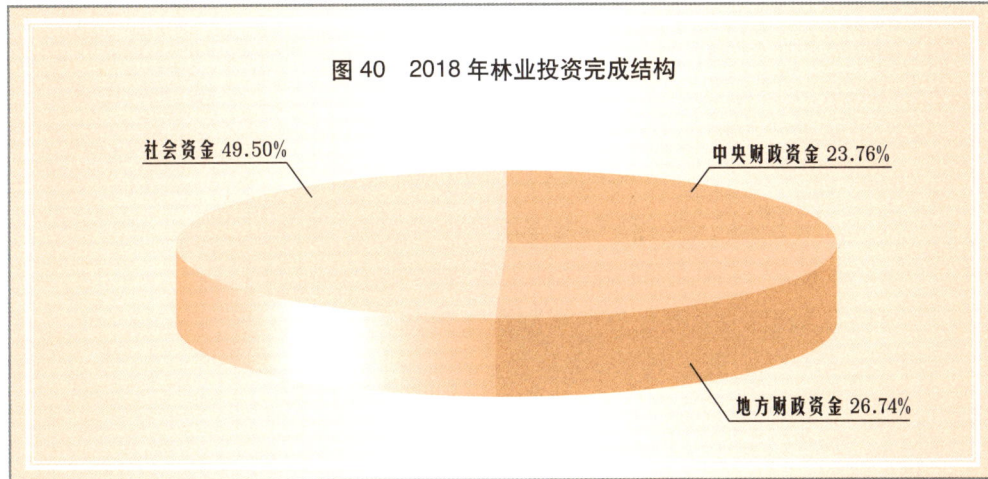

从林业资金使用看，在全部林业投资完成额中，2018年，全国用于林业生态建设与保护完成投资2 125.75亿元，占全部林业投资完成额的44.13%，所占比重较2017年增加2.13个百分点；其中，中央财政投资954.92亿元，地方财政投资712.81亿元，国家资金占林业生态建设与保护完成投资的比重为78.45%，国家资金依然是林业生态建设与保护投资的主要来源。林业生态建设与保护投资中，用于造林抚育与森林质量提升1 949.02亿元，与2017年相比增长了3.90%；湿地恢复与保护投资完成72.59亿元，防沙治沙投资完成19.90亿元，与2017年相比分别下降了10.00%和10.16%；野生动植物保护投资26.65亿元，自然保护地建设与修复投资金额57.59亿元。

2018年，全国用于林业支撑与保障投资完成608.44亿元，占全部林业投资的12.63%；其中，中央财政资金129.95亿元，地方财政资金393.33亿元，国家投资占林业支撑与保障投资完成的86.00%，所占比重较2017年增加了0.9个百分点，无明显变化。林业支撑与保障资金中，改革补助投资完成103.15亿元，林木种苗培育资金投资完成81.20亿元，森林防火与森林公安投资完成61.57亿元，林业信息化建设投资完成5.63亿元，与2017年相比分别下降16.48%、3.45%、2.84%和13.38%；林业有害生物防治投资完成32.21亿元，林业相关科技、教育、法制、宣传等投资完成24.97亿元，林业管理财政事业费299.73亿元，与2017年相比分别增长12.62%、20.34%和4.24%。

2018年，全国用于林业产业发展投资完成1 926.33亿元，占全部林业完成投资额的39.99%；与2017年相比下降了4.06%。其中，中央财政投资25.32亿元，地方财政投资123.84亿元，国家投资占2018年林业产业发展资金投资完成的7.74%，相比2017年持续平稳增长。林业产业发展的主要依靠社会和民间资本，所占比重超过九成。林业产业发展的资金中，工业原料林建设投资完成201.96亿元，特色经济林建设投资完成171.05亿元，木本油料林建设投资完成77.89亿元，花卉种植资金投资完成98.40亿元，发展林下经济投资完成266.88亿元，木竹制品加工制造业投资完成266.53亿元，木竹家具制造业投资完成166.57亿元，木竹浆造纸业投资完成55.25亿元，非木质林产品加工制造业投资完成51.77亿元，林业旅游康养业投资完成330.12亿元，除此之外，其他产业投资完成239.91亿元（图41）。

2018年，全国用于林业基础设施建设投资完成156.61亿元，其中，棚户区（危旧房）改造12.47亿元，林区公益性基础设施建设32.71亿元，国有林场国有林区道路建设3.58亿元，其他林业基础设施建设107.85亿元。

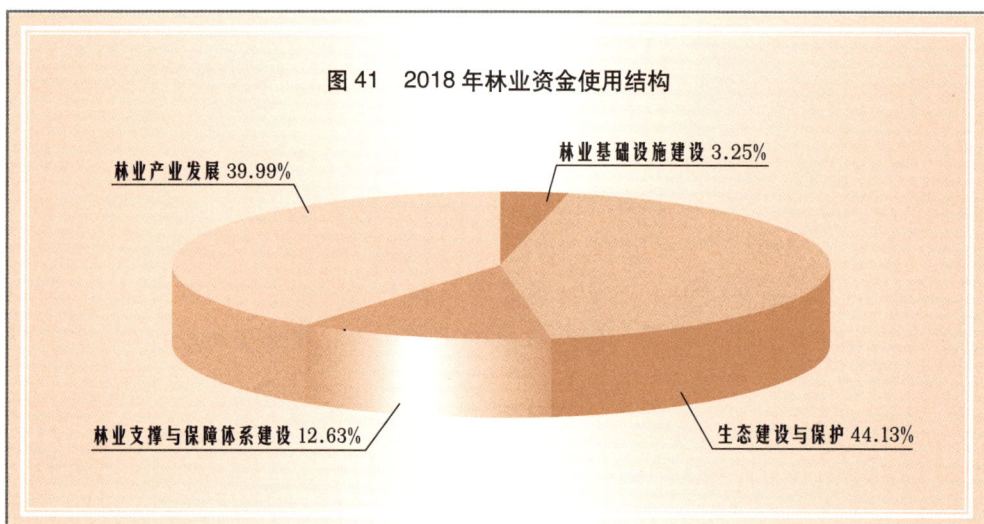

图41　2018年林业资金使用结构

林业产业发展 39.99%

林业基础设施建设 3.25%

林业支撑与保障体系建设 12.63%

生态建设与保护 44.13%

2. 草原投资

为进一步加强生态系统保护修复，深入开展退化草原综合治理，保护和恢复草原生态环境，2018年主要实施了退牧还草、退耕还草、京津风沙源草地治理和农牧交错带已垦草原治理等草原生态保护和修复工程，共安排中央预算内资金39.73亿元，其中，退牧还草工程20亿元、退耕还草工程10.98亿元、京津风沙源草地治理工程6.15亿元、农牧交错带已垦草原治理2.6亿元。

3. 资金管理

规范资金项目运行管理　2018年，进一步强化建设项目监管，完成200个建设项目储备。配合审计署完成了贯彻落实国家重大政策措施工作情况跟踪审计；开展了涉企收费清理、扶贫领域作风问题治理；制定、修订了《林业生态保护恢复资金管理办法》等制度办法。

构建资金项目监督约束体系　2018年，健全完善资金项目会商和工作监督约束机制，推进项目在线审批、日常监管、投资在线监管、资金在线监控。完善预算管理流程，实施预算绩效管理。建立健全内部审计机制，强化国家重大政策落实情况跟踪审计和资金项目审计稽查，推进内控制度建设。

资金稽查工作　2018年，林业资金稽查工作继续加强制度建设、创新工作机制、改进工作方法，切实强化稽查计划的针对性、稽查过程的科学性、稽查结果的应用性以及稽查基础的保障性，稽查工作成效明显。一是进一步强化稽查工作，组织开展了天然林停伐、湿地保护、林业科技示范推广和森林抚育补助4项中央财政专项资金稽查工作，同时对广西、山东等6省份开展了国家级林木良种基地考核工作。2018年，全年稽查涉及资金总额39.22亿元，重点抽查资金3.19亿元，查出违规金额0.46亿元，占重点抽查资金额的14.42%。二是建设林业资金稽查信息系统。进一步修改、完善信息系统应用功能，对试点进行评估，以保证系统目标的实现。三是发布年度报告。印发了《2017年林业资金稽查监管报告》，编印了《2017年度林业资金稽查报告汇编》。

专栏 18　林业草原金融创新

一是推动重点项目落地。 充分发挥财政金融政策合力，创新投融资模式促进林业发展。与国家开发银行、农业发展银行积极推动海南海胶国家储备林项目、江苏射阳沿海生态国家储备林项目、江西吉安国家储备林项目等重点项目相继落地实施。截至 2018 年末，共有 203 个国家储备林等林业重点贷款项目获得两行批准，授信额度 1 567 亿元，累计发放贷款 574 亿元。其中，2018 年两行发放贷款 190 亿元。

　　二是防范林业金融风险。贯彻落实全国金融工作会议"防控金融风险、服务实体经济、深化金融改革"精神，对2016年以来实施的两行贷款项目进行专项调研。从融资风险排查、项目规范情况、资金使用情况、工程建设情况等方面排查林业贷款项目的风险点，提出下一步防范风险的主要措施。印发《国家林业和草原局办公室关于规范有序推进国家储备林等林业草原贷款项目的通知》。

　　三是加大政银合作力度。针对邮储银行点多面广、主要服务三农的特点，与中国邮政储蓄银行充分沟通协商，签署了《国家林业和草原局 中国邮政储蓄银行全面支持林业和草原发展战略合作协议》，共同探索金融支持林业和草原生态建设和产业发展的有效模式，为实施乡村振兴战略、打赢脱贫攻坚战提供支撑。与国家开发银行签署《国家林业和草原局 国家开发银行共同推进荒漠化防治战略合作框架协议》，共同防治土地荒漠化、助力脱贫攻坚战。

　　四是规范推进林业PPP（公私合营模式）项目。贯彻落实国家林业和草原局与财政部、国家发展和改革委员会印发的运用政府和社会资本合作模式推进林业建设的指导意见，指导各地规范有序推进林业PPP项目，配合财政部组织PPP项目，有30个林业PPP项目进入财政部PPP项目库，其中，国家储备林PPP项目15个。2018年财政部发布的第四批政府和社会资本合作示范项目中，3个林业PPP项目入选。

（二）种苗

　　林木种质资源保护工程　2018年，国家林木种质资源保护工程项目共下达中央预算内投资1亿元，投资金额与2017年持平。其中，河北、山西、辽宁等14个省（自治区、直辖市）建设国家林木种质资源保存库，其中，新建保存库7个，建设总规模1419.29公顷；中央财政林木良种培育补助资金5亿元，对294个国家重点林木良种基地，99个国家林木种质资源库及部分良种育苗单位进行补贴。

　　林木种苗生产　2018年，苗圃个数、苗圃面积、育苗总量以及可供造林绿化苗木量略有减少（表10）。全国共采收林木种子2493万千克，其中，良种830万千克，穗条21亿株。与2017年相比，种子采收总量减少383万千克，减少13.3%。2018年，全国实有苗圃总数36.3万个，其中，国有性质苗圃为0.44万个，占苗圃总数1.2%。2018年新育面积17.6万公顷。2018年实际用种2 152万千克，其中用良种414万千克，良种穗条78亿条（根）。同比2017年实际用种量减少233万千克，减少7.8%；造林绿化实际用苗量为165亿株，同比2017年减少24亿株，减少13%。

表10 全国苗圃及育苗变化情况

年份	苗圃个数（万个）	育苗面积（万公顷）	育苗总量（亿株）	可供造林绿化苗木量（亿株）
2018	36.3	141.5	646	377
2017	36.8	142.0	702	434

林业种苗行业管理 2018年，林业种苗行业管理进一步加强。一是林木种质资源保护工作稳步推进。落实国家林木种质资源库补贴政策，2018年将第二批86处国家林木种质资源库纳入林木良种补助范围，良种补贴资金由4.78亿元增加到5亿元。支持黑龙江、安徽、河南、湖北、湖南、四川、甘肃等7个省份开展林木种质资源普查工作。编制第一批可供利用的特色林木种质资源名录。二是国家重点林木良种基地管理规范得力。以马尾松国家重点良种基地为试点，推进良种基地树种结构调整。调减安徽、福建等12个省（自治区、直辖市）的25处马尾松重点基地生产面积，新增经济林树种、珍贵树种和阔叶树种等主要建设树种25个，新增生产面积596公顷。强化国家重点林木良种基地管理，对吉林等6个省份的国家重点基地进行考核，批复第三批国家重点林木良种基地（2017－2020年）的发展规划。三是林草品种审定工作成效明显。成立国家林业和草原局第一届林木品种审定委员会和第一届草品种审定委员会。正式建立林木良种引种备案制度，印发《林木良种引种备案表（格式）》。完成通过2017年国家级主要林木品种审定的品种、无性系的标准样品采样、DNA提取工作，构建林木品种分子鉴定体系。完成林木良种数据库系统构建和数据录入工作，形成集查询、管理于一体的数据库系统，全国良种名录实现电子化。

林木种苗建设工程 2018年中央财政林木良种培育补助资金5亿元，对294个国家重点林木良种基地，99个国家林木种质资源库及部分良种育苗单位进行补贴。2018年，国家林木种质资源保护工程项目共下达中央预算内投资1亿元，在河北、山西、辽宁等14个省份建设国家林木种质资源保存库，其中新建保存库7个，建设总规模1419.29公顷。

（三）科技

2018年，中央财政安排林业科技资金9.69亿元，同比2017年减少11.91%。其中，获批专项经费2.89亿元。共安排中央财政林业科技推广示范补贴资金4.8亿元；林业科技平台基本建设投资1.08亿元；林业和草原科技成果国家级推广、标准化项目等部门预算资金0.92亿元。

林草科学技术研究 2018年，"农林剩余物功能人造板低碳制造关键技术与产业化""林业病虫害防治高效施药关键技术装备创制与产业化""高分辨率遥感林业应用技术与服务平台""灌木林虫灾发生机制与生态调控技术"等4项成果获国家科技进步二等奖。组织申报"转基因生物新品种培育""林业资源培育及高效利用技术创新""典型脆弱生态修复与保护研究""主要经济作物优质高产与产业提质增效科技创新""生物安全关键技术研发""绿色宜居村镇技术创新""高分六号和七号卫星应用共性关键技术"以及"政府间国际科技创新合作"8类国家科技计划专项22个项目，其中，"基于农林剩余物的高分子新材料制备技术研究""森林生态系统重要生物危害因子综合防控关键技术研究""特色经济林重要性状形成与调控"等11个项目获批。批复林业和草原国家创新联盟110个，成立了"一带一路""京津冀生态率先突破""长江经济带"三个协同创新中心。

林业科技成果及推广　一是发布2018年度重点推广林业科技成果100项，重点推广木本粮油、林特资源、林木良种、生态修复、灾害防控等领域先进技术成果。二是开展科技成果转移转化和元宝枫产业发展专题调研。三是举办了以"践行'两山'理念　共建生态文明——林草科技助力绿色发展"为主题的全国林业和草原科技活动周。组织实施14项林业和草原科普项目。四是完善"国家林业科技推广成果库管理信息系统"，遴选入库林业科技成果891项。举办了林业和草原科技成果新闻发布会，发布5项重大成果。

林草标准化建设和林产品质量安全　2018年，成立了国家林业和草原局标准化领导小组，召开了领导小组第一次会议。批准筹建草原标准化技术委员会、国家公园和自然保护地标准化技术委员会。推荐35家协（学）会作为国家标准团体标准试点单位。发布林业国家标准47项、行业标准180项；组织实施林业国家标准制修订计划项目14项、林业行业标准制（修）订计划项目180项；废止林业行业标准70项。组织开展了2018年林业和草原领域标准项目调查统计工作。推进了行业标准全文公开，全文网上免费公开行业标准1500多项，公开率95%。参加了国际标准化组织木材、竹藤、林业机械、木材及木制品产销监管链技术委员会2018年年会，10月于杭州承办了国际标准化组织ISO/TC 2018木材标准委员会年会。加快了我国负责或参与的《竹产品术语》等9项国际标准研制工作，启动了《竹缠绕复合管》国际标准新项目提案。组织开展18项林业国家标准和行业标准英文版编制工作。为推进标准化生产，联合国家标准化管理委员会认定了"国家林业标准化示范企业"115家。承担了国家农业标准化示范项目6项和1项农业标准化区域服务与推广平台建设项目。开展了林产品质量监测工作，重点监测木质林产品、经济林产品及土壤环境、林业花卉产品等四大类产品，监测覆盖22个省份，达3 800批次。作为主办方之一在四川眉山举办了第16届中国食品安全年会。发布了《国家林业和草原局关于加强食用林产品质量安全监管工作的通知》。

林草植物新品种保护　一是新品种申请量、审查量大幅增长。全年共受理申请906件，同比增长45.43%，完成初步审查684件，完成现场实质审查358件，授予植物新品种权2批共405件，同比增长153.1%，授权总数达1 763件。二是测试体系不断完善。完成对杜鹃花属、山茶、油茶、绣球属植物品种田间测试能力建设，使国家林业和草原局集中测试种属达到9个，组织月季、一品红测试站开展102个新品种测试工作。三是测试指南标准增加。完成金合欢属、爬山虎属等11项测试指南编制，共发布测试指南标准48项，在编测试指南89项。四是完善信息系统管理与数据报送。研制林业植物新品种信息管理系统（2.0），完成798份申请品种受理信息录入，218份申请人变更等信息录入，启动405个授权品种信息的整理、翻译和上报工作。五是加强宣传培训。编辑出版《中国林业植物授权新品种（2017）》，赴河北、内蒙古等省份开展新品种宣传培训。组织召开新品种助力雄安建设、2019北京世界园艺博览会新品种评选等活动，指导第三届中国（国际）植物新品种新技术拍卖会成功举办，落槌成交金额达2 768万元。

林业生物安全管理　一是严格按程序做好林木转基因工程活动行政许可，共受理申请的转基因林木行政许可事项15项。二是全面部署全国林业外来物种调查与研究工作。完成前期6个省份林业外来物种调查与研究试点工作，调查记录林业外来树种1500多种。部署其余25个省份开展林业外来物种调查与研究工作，制定全国林业外来物种调查与研究方法。三是完成全国15个省份核桃遗传资源调查编目工作，调查分析核桃遗传资源4000多份，筛选出特异性状个体资源2700多份，并完成了代表性样本的数据填报和图像采集录入工作，编制了15个省份《核桃遗传资源状况报告》和《核桃遗传资源目录》。

森林认证体系建设　一是组织召开全国首届森林认证工作座谈会。研究部署推动森林认证的政策措施。二是推动森林认证制度化和规范化。印发《关于规范森林认证工作健康有序开展的通知》，完善森林认证制度，规范森林认证市场，实行统一归口管理。三是完善森林认证标准体系。完成《中国森林认证产销监管链》国家标准的修订，组织开展4项行业标准的制修订，新立项1项国家标准、4项行业标准，并开展了标准宣传贯彻落实工作。四是开展森林认证国际交流与合作，参加森林认证体系认可计划（PEFC）年会和技术会议、国际标准化组织（ISO）的PC287工作组会议，提升我国森林认证体系国际影响力。五是持续推进试点示范、能力建设等工作。组织开展森林认证实践项目20余个，涵盖木质产品、非木质产品、竹林、自然保护区、野生动物等领域。截至2018年底，通过认证的森林面积超过800万公顷，通过产销监管链认证的企业超过300家。中国森林认证已作为一项基本要求纳入绿色产品评价之中。

智力引进及派出　一是推进外国专家引进工作，2018年获国家外国专家局批准引进国外技术、管理人才项目5项。其中，引进专家项目3项，共引进人才56人次，累计在华工作494天；引智成果示范推广项目2项。二是出国（境）培训质量提升。强化境外培训全过程的监督和管理。共执行出国（境）培训项目

6项，选派99人出国培训。三是引智项目示范带动作用显著，组织实施5项引智成果示范推广项目，强化引进国外智力成果的示范带头作用。四是强化能力建设，举办"2018年出国（境）培训项目秘书长培训班"和"引进国外智力工作培训班"，对出国（境）项目申报、实施、管理等环节和林业引进专家和示范推广等主要业务工作开展培训。

林草知识产权保护　一是履行部际联席会议工作职责，组织实施《2018年深入实施国家知识产权战略 加快建设知识产权强国推进计划》中林业方面的重点工作，发布林业知识产权年度报告。二是开展试点示范、转化运用和联盟建设。启动林业知识产权试点示范工作，组织实施15项林业知识产权试点示范项目，对6项专利技术进行产业化推进。三是强化宣传培训，在世界知识产权日，利用《中国绿色时报》专版宣传了林业知识产权成就，制作了"2018林业知识产权宣传周"网站。四是强化基础保障。建设和完善林业专利、植物新品种权、林产品地理标志等15个基础数据库，组织开展林业重点领域专利预警分析研究，2018年新增数据量5万多条，用户访问量10多万人次，入库数据记录累计75万多条。

（四）教育

毕业生　2018－2019学年，全国林草研究生教育、林草本科和高等林草职业教育（专科）毕业生人数比上一学年增幅明显，中等林草职业教育毕业生人数继续减少（图42）。全国普通高等林草院校、科研单位毕业研究生和其他普通高等院校、科研单位林草学科（以下简称"林草研究生教育"）毕业生12 872人。其中，全国林草学科博士、硕士毕业生9 569人（博士毕业生747人，硕士毕业生8 822人）。全国普通高等林业院校本科毕业生和其他高等学校林草学科专业本科(以下简称"林草本科教育")毕业生6.92万人。其中，林草专业本科毕业生3.99万人。全国高等林业（生态）职业技术学院毕业生和其他高等职业学院林草专业(以下简称"林草高职教育")毕业生5.92万人。其中，林草专业毕业生2.14万人。全国普通中等林业（园林）职业学校毕业生和其他中等职业学校林草专业（以下简称"林草中职教育"）毕业生3.66万人。其中，林草类专业毕业生2.69万人。

招生　2018年本科、高职招生大幅增加，研究生招生大幅减少，中职招生呈逐年萎缩趋势（图43）。林草研究生教育招生9 248人。其中，林草学科招收研究生6271人（博士生566人，硕士生5 705人）。林草本科教育招生7.54万人。其中，林草专业本科招生4.15万人。林草高等职业教育招生5.65万人。其中，林草专业招生2.00万人。四是林草中职教育招生3.82万人。其中，林草专业招生2.82万人。

图 42　2009/2010 – 2018/2019 学年全国林业院校及其他院校
林草学科、专业毕业生情况

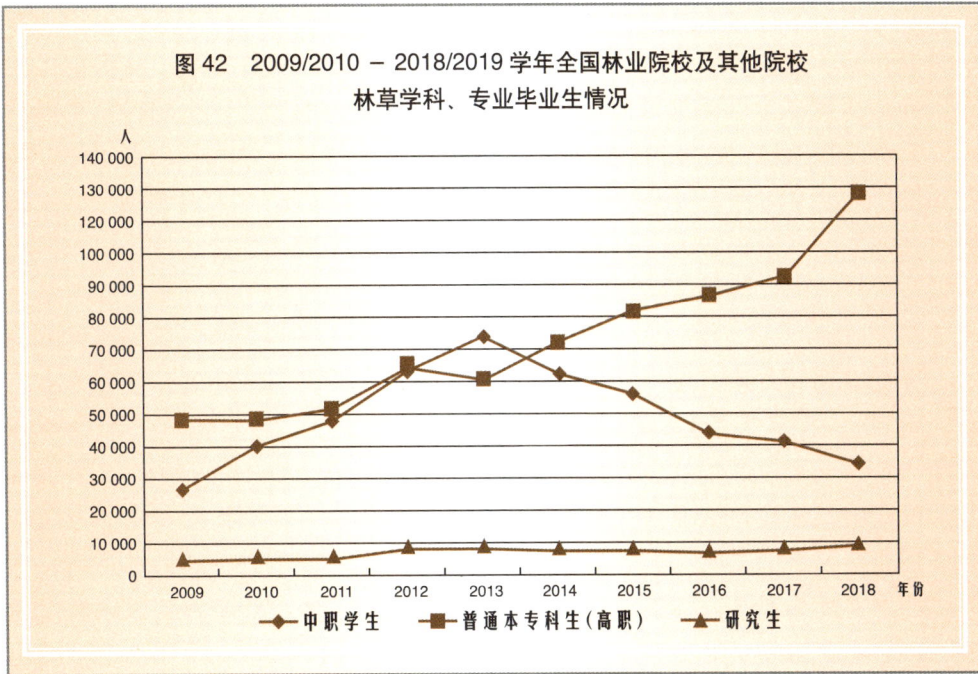

图 43　2009/2010 – 2018/2019 学年全国林业院校及其他院校
林草学科、专业招生情况

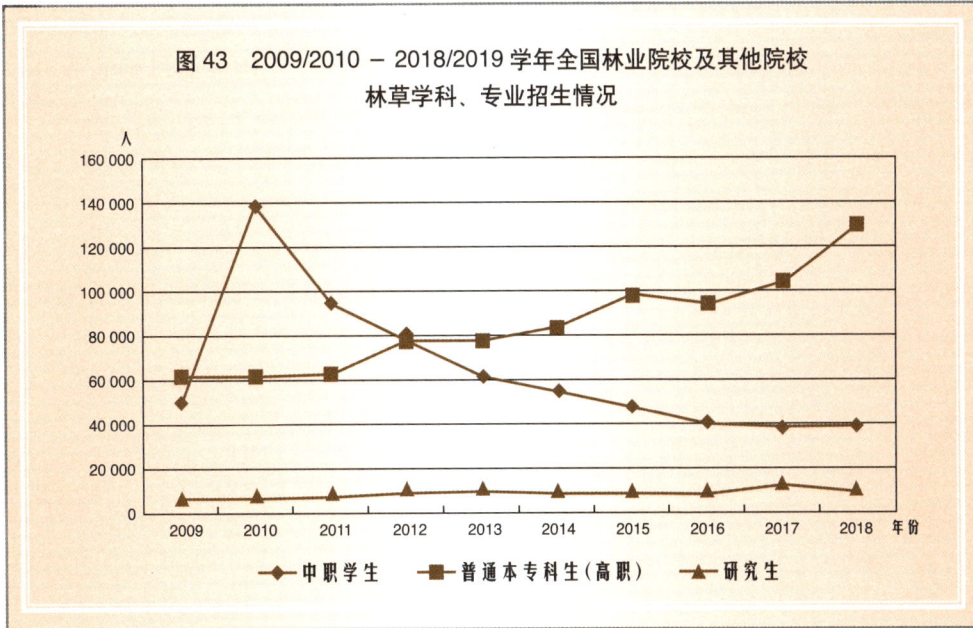

教育、教学改革及成果　一是推进学科专业建设。在北京林业大学、东北林业大学、西北农林科技大学等高校开展举办多次大型研讨活动；指导西北农林科技大学和北京林业大学等高校成立了草业和草原学院；以国家林业和草原局办公室名义印发通知，组织开展林草重点专业遴选工作。二是开展教学名师下基层活动。组织首届教学名师进林草基层活动和"产教融合协同育人"实践活动，组织老师进林草基层相关企业深入调研。三是指导人才中心、中国教育学会等开展十佳毕业生评选活动，开展创新创业大赛，组织开展"扎根基层工作、献身林草事业"优秀林草学科毕业遴选等活动，引导大学生到林草基层就业，充实基层队伍。组织开展全国职业院校技能大赛林业类赛项申报工作，教育部委托开展"园林景观设计""艺术插花""建筑木工"等3项赛事。组织教材建设办公室、中国林业教育学会等开展信息化教学成果遴选。指导职教中心组织开展了"国家级教学成果推选工作"，以职业教育教学指导委员会名义推选了2项，获得了二等奖。

行业培训与人才开发 2018年，干部教育培训工作有序开展。全年共组织培训305期，培训23 298人次。一是中共中央组织部（以下简称中组部）、中华人民共和国人力资源和社会保障部（以下简称人社部）委托培训业务。组织举办了林业生态建设与精准扶贫专题研究班，对来自重点贫困县的46位地方政府领导开展专题培训，效果显著，在全部中组部委托办班中质量评估排名第二；通过中华人民共和国人力资源和社会保障部委托的"国家储备林工程建设"高级研修班培训高级专业技术人员101人。二是法定培训业务。组织实施第十期司局级干部任职培训班，组织完成了2期公务员在职培训、1期初任培训和1期林业知识培训。组织42位司局级领导参加中央机关司局级干部专题研修，3次组织全体司局级干部参加中国干部网络学院网络学习专题班。三是行业示范培训。举办市（县）林业局局长"湿地专题"培训班等2期专题培训、1期地方培训管理者培训班、3期援疆培训班、1期基层实用人才培训班。向中共中央组织部报送了远程教育林业专题教材课件105个、3 060分钟。四是制定干部培训教材3年规划。参与中共中央组织部第五批干部培训教材《推进生态文明 建设美丽中国》教材编写。出版《林业信息化知识读本》和《森林防火知识读本》。五是委托国家林业和草原局人才开发交流中心开展干部教育培训班督导工作。

（五）信息化

网站建设 2018年中国林业网站群新增国家公园站群，重点龙头企业站群上线59个子站，全年发布信息30多万条。中国林业网主站正式上线信息发布系统2.0、新版CFTV，全年编发信息6万多条，开展15期在线访谈、13次在线直播，网站访问量突破27亿人次，百度收录量达137万条。"中国林业发布"微博共发博文7 800余条，粉丝达到67万人；"中国林业网"微信发布1 600余条，粉丝数达7万余人；"中国林业网"网易号发布消息3 000多条，总阅读112万人。国家林业和草原局办公网采编加载信息1.5万条，更新电子阅览室数据11.7万篇、电子大讲堂数据6.6万条，总访问量突破600万人次。中国林业网荣获"2018年政府网站政民互动类精品栏目奖""2018年互联网+政务服务创新应用奖"等奖项。中国林业网荣获大世界基尼斯之最"规模最大的政府网站群"等奖项，中国智慧林业体系设计与实施示范成果荣获梁希林业科学技术一等奖。全国林业信息化率达到73.83%。

重点项目 完成国家政务信息系统整合共享项目，对70个信息系统进行整合，入库处理10.69万条用户信息，基本实现林业系统统一单点登录。"金林工程"按计划推进，印发《"金林工程"工作方案》。建成东北虎豹国家公园国家级监测平台，完成全国林业高清视频会议系统建设。

标准建设和培训交流 开展林业人工智能战略研究，形成《人工智能+生态战略研究》报告。研究制定3项国家标准，推进15项行业标准编制，全文公开52项行业标准。国家林业和草原局举办第六届全国林业首席信息官（CIO）研修班等5个培训班，培训近千人次，指导帮助各省级林业和草原部门开展信息化相关培训100多次，培训人数约2万人次。

智慧办公 升级改造电子公文传输系统，实现114家单位文件处理统一平台，文件运转与收发无缝衔接。完成中国林业科学研究院、国家林业和草原局管理干部学院、中国林业出版社、国际竹藤中心、中国林学会等5家京内直属单位办公系统建设，新增用户293个。林信通系统上线运行，实现部分办公业务移动办理，累计登录用户3 694人。配合机构改革完成办公网、应用系统、电子文件中设置调整1000多处。综合办公系统共进行57万次操作，为62个司局和直属单位2400多个用户提供高效率服务。

安全保障 林业中心机房新增业务数据10T，抵御各类扫描渗透和攻击13亿次，查封攻击巨大的公网IP地址2 000多个。编制网络安全检查方案和工作指南，对国家林业和草原局涉密和非涉密计算机进行保密检查，对各省级林业网站进行漏洞扫描，通过公安部网络安全执法检查现场考核，完成国家林业和草原局办公楼综合布线。国家林业和草原局运维呼叫中心共计接听有效电话1.6万多个，上门服务8 000多件。完成全国性视频会议技术支持25次，节约了办公成本。

（六）职工队伍

2018年，受党和国家机构改革影响，林业系统单位个数和人员数量均有所减少。全国林业系统有各类经济单位38 846个，按单位性质分，企业单位2 524个、事业单位31 245个、机关单位5 077个，分别占各类经济单位总数的6.50%、80.43%和13.07%；按行业分，农林牧渔业16 566个、制造业567个、服务业21 424个、其他行业289个，分别占各类经济单位总数的42.65%、1.46%、55.15%和0.74%。2018年，林业系统年末职工总人数124.05万人，其中，单位从业人数111.83万人，离开本单位仍保留劳动关系人员12.22万人，分别占年末职工总人数的90.15%和9.85%。在单位从业人数中，在岗职工102.12万人，其他从业人员9.71万人。农林牧渔业单位从业人员74.24万人、制造业单位从业人员3.57万人、服务业单位从业人员32.36万人、其他行业单位从业人员1.66万人，占单位从业人员总数的66.38%、3.19%、28.94%和1.49%。

2018年，林业系统在岗职工年平均工资5.84万元（图44），比2017年增加9.98%。在岗职工年平均工资，农林牧渔业4.88万元、制造业5.01万元、服务业8.11万元、其他行业5.98万元，分别比2017年增加8.93%、28.79%、11.40%和减少4.93%。在林业系统中，林业工程技术与规划管理行业在岗职工平均工资最高，达到10.43万元。

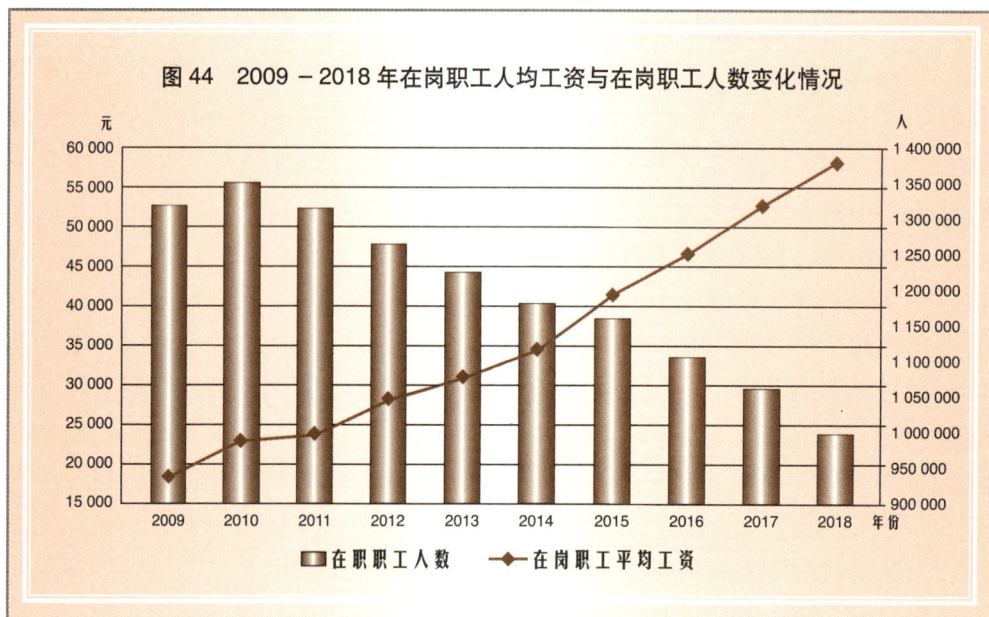

图44　2009－2018年在岗职工人均工资与在岗职工人数变化情况

在职职工人数　　在岗职工平均工资

（七）国有林场

2018年，国有林场工作取得进展。一是建立国有林场在线培训平台。完成国有林场在线培训平台的软件开发及部分课件的收集工作，为下一步在线培训平台正式运行做好准备。二是举办职业技能竞赛。联合中国就业培训技术指导中心、中国农林水利气象工会全国委员会共同举办2018年全国国有林场职业技能竞赛。三是举办4期国有林场培训班，培训主要内容为国有林场改革发展、森林经营、基础设施建设、国有林场扶贫等。

（八）林业工作站

2018年，全国完成林业工作站基本建设投资3.79亿元，比2017年增加4.41%。其中，中央投资0.99亿元，比2017年增加3.13%；全国乡（镇）林业工作站新建214个。通过开展标准化林业工作站建设等措施，全国共有418个林业工作站新建办公用房，727个站配备通讯设备，696个站配备机动交通工具，

2634个站配备计算机。

截至2018年底，全国有地级林业工作站223个，管理人员2 187人（图45）；有县级林业工作站1 692个，管理人员20 440人。与2017年相比，地级林业工作站增加7个，管理人员减少22人；县级林业工作站减少128个，管理人员减少742人。全国现有乡镇林业工作站23 704个，比2017年增加2.34%；其中，管理体制为县级林业主管部门派出机构的站有7 070个，县、乡双重管理的站有4 741个，乡（镇）管理的站11 893个，分别占总站数的29.83%、20.00%、50.17%。全国乡（镇）林业工作站核定编制90 868人，比2017年增加7.34%；年末在岗职工86 106人，比2017年减少8.41%，其中，长期职工8.24万人，比2017年减少11.21%。在岗职工中（不含西藏684人），经费渠道为财政全额的有74 654万人，财政差额的3 466人，林业经费的4 128人，自收自支的3 174人，分别占在岗职工总数的87.39%、4.06%、4.83%、3.72%。林业工作站在岗职工中（不含西藏684人），35岁以下的1.56万人，36岁至50岁的5.11万人，51岁以上的1.87万人，分别占在岗职工（不含西藏684人）总数的18.26%、59.84%、21.90%。

2018年，全国林业工作站工作扎实开展。一是开展第二次全国林业工作站本底调查工作。二是按照《全国省级林业工作站年度重点工作质量效果跟踪调查办法》，对各省站年度重点工作进行跟踪与量化。三是在两年多检查验收及实践的基础上，对原《标准化林业工作站建设检查验收办法（试行）》进行修订，印发《标准化林业工作站建设检查验收办法》。四是印发《充分发挥乡镇林业工作站职能作用　全力推进林业精准扶贫工作的指导意见》，明确乡镇林

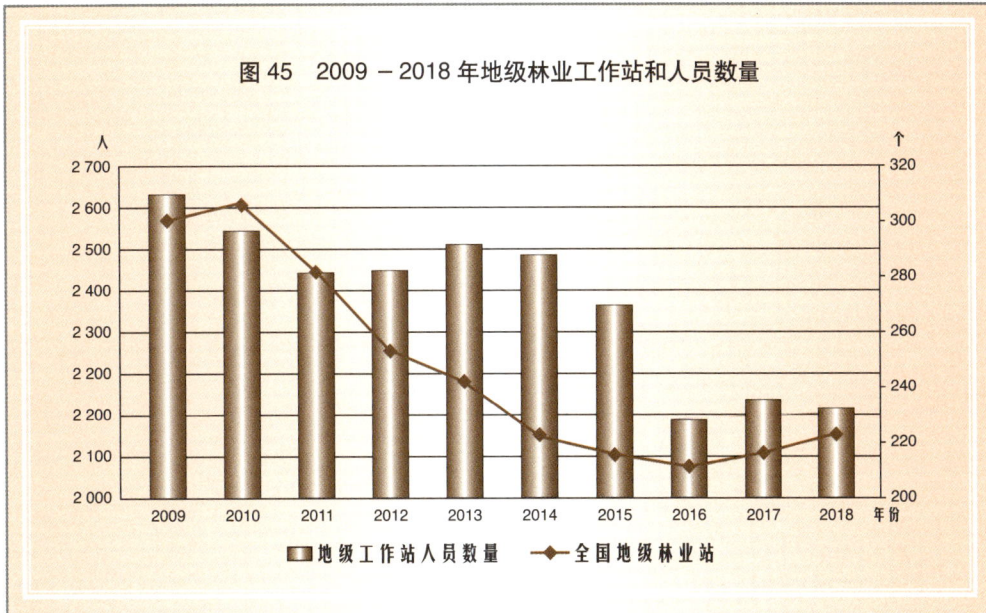

图45　2009－2018年地级林业工作站和人员数量

业工作站在全力推进林业精准扶贫工作发挥的职能作用。五是印发《关于开展乡镇林业工作站服务乡村振兴工作的通知》，引导各地充分发挥乡镇林业工作站职能作用。六是开展标准站建设核查工作，对2016年及之前建设并通过省级检查验收的491个标准站，抽取118个站开展实地核查，确认2018年度全国共有476个林业工作站达到合格标准并授予"全国标准化林业工作站"称号。七是加大培训力度，稳步推进"在线学习平台"工作，学员注册人数稳定在8.3万名，基层林业工作站人员开展网络学习近139万人次，获得学课总时长74.9万学时，新增地方课7门。

2018 年林业工作站取得多项成果

- 共指导组织完成造林面积 427.9 万公顷，其中，林业重点工程造林面积 149.2 万公顷；指导组织完成封山育林面积 102.1 万公顷，四旁植树 12.7 亿株，育苗面积 28.7 万公顷，森林抚育面积 366.1 万公顷。全年直接受理林政案件 2.4 万余件，协助受理林政案件 5.5 万余件。

- 全国林业工作站指导管理护林员 84.4 万人，其中，建档立卡贫困人口生态护林员 46.9 万人；全国林业工作站加强对全国近 1 万余个集体林场、2 327 个联办林场和 7 753 个户办林场的业务指导和管理。

- 指导、扶持的林业经济合作组织 5 万余个，带动农户 404 万户。全国林业工作站共建立站办示范基地 23 万余公顷，推广面积 153 万公顷，培训林农 752 万余人次。

- 全国林业工作站共建立站办示范基地 30.4 万公顷，推广面积 93.2 万公顷，培训林农近 760 万人次。

K

P149-166

区域发展

- 国家战略下的区域林业发展
- 传统区划下的林业发展
- 东北、内蒙古重点国有林区林业发展
- 区域草原发展

区域发展

我国各区域的林业发展各具特色和优势。"一带一路"建设林业合作进展顺利，长江经济带林业发展工作扎实有效推进，京津冀协同发展林业工作持续进行。传统的东、中、西和东北各区域间和区域内的林业发展更趋均衡。草原资源分布和草业发展区域差异特征明显。

（一）国家战略下的区域林业发展④

1. "一带一路"区域林业发展

"一带一路"区域涉及18个省（自治区、直辖市），包括新疆、陕西、甘肃、宁夏、青海、内蒙古等西北的6省（自治区），黑龙江、吉林、辽宁等东北3省（包含大兴安岭地区），广西、云南、西藏等西南3省（自治区），上海、福建、广东、浙江、海南等沿海5省（直辖市）和内陆地区的重庆市。林业发展是"一带一路"建设的重要内容，也是"一带一路"战略实施的绿色保障。

据统计，该区18个省（自治区、直辖市）行政区划面积为748.18万平方千米，占全国的77.26%；共有常住人口6.12亿人，占全国的43.85%；地区生产总值为41.24万亿元，占全国的45.08%；人均地区生产总值为6.73万元。

森林资源状况

- 林地面积为2.26亿公顷，占全国的69.33%；与第八次全国森林资源清查数据相比，提高了4.63%。
- 森林面积为1.66亿公顷，占全国的75.45%；与第八次全国森林资源清查数据相比，提高了5.06%。
- 区内森林覆盖率为22.36%，与第八次全国森林资源清查数据相比，提高了1.00个百分点。
- 森林蓄积量126.40亿立方米，占全国的71.98%；与第八次全国森林资源清查数据相比，提高了14.45%。

造林及森林灾害发生状况

- 2018年造林面积为381.02万公顷，比2017年略有增加，占全国的52.20%；全国66.37%的重点工程造林在该区开展，重点工程造林面积占该区总造林面积的42.56%。
- 林业有害生物发生较为严重，发生面积为747.71万公顷，比2017年略有减少，占全国的61.31%；防治面积562.41万公顷，防治率为75.22%，防治工作有待进一步加强。

---

④ 由于缺少台湾省和香港、澳门特别行政区森林资源分项数据，本部分未包括台湾省和香港、澳门特别行政区的数据。

林业产业及林产品生产状况

- 林业产业总产值为 3.68 万亿元，与 2017 年基本持平，占全国的 48.23%。
- 三次产业结构比为 30.88 ：50.47 ：18.65。
- 林下经济总产值和竹产业产值分别为 4 329.36 亿元和 1 140.92 亿元，分别占全国的 53.09% 和 46.46%。
- 商品材产量为 6 085.18 万立方米，比 2017 年略增加 5.02%，占全国的 69.06%。
- 各类经济林产品总产量为 9 580.48 万吨，占全国的 52.99%；其中，干果、林产调料产品、林产工业原料产量分别占全国的 67.77%、74.26% 和 81.23%。

林业投资和林业从业人员状况

- 累计完成林业投资额 2 489.88 亿元，比 2017 年有所减少，占全国的 51.69%。
- 林业系统从业人员数 78.72 万人，在岗职工 72.28 万人，分别占全国的 70.39% 和 70.78%，在岗率为 91.82%。

"一带一路"建设林业合作深入推进 2018年，国家林业和草原局按照党中央、国务院的总体部署，坚持共商、共建、共享绿色丝绸之路的"黄金法则"，深入推进"一带一路"建设林业合作。一是加强林业合作顶层设计，继续按照"一带一路"建设林业合作规划，引领和推进林业经贸、荒漠化防治、野生动物保护等方面合作，将林业合作纳入国家"一带一路"建设双边合作规划。二是与沿线国家的林产品贸易稳步增长。2018年，我国与"一带一路"沿线国家的林产品贸易同比增长4.72%（表11），占我国林产品贸易总额的32.03%。"一带一路"建设的持续推进，为我国林产品贸易高质量发展凝聚了新动能。三是林业对外投资走向高质量发展。加快推进境外林业投资重点项目实施进程，积极推动集森林采伐、木材加工、物流、服务一体化的合作示范园区建设，有序转移国内优势产业富余产能，促进产业转型升级。四是积极应对非法采伐及相关贸易。我国作为负责任大国，顺应全球环境治理新趋势，积极倡导森林可持续经营利用，与国际社会共同努力、相互配合，加强全球森林资源的有效管理和合理开发，遏制和打击木材非法采伐及相关贸易。五是进一步完善机制平台建设。推进沿线重点区域林业合作机制建设。以境外森林资源可持续开发利用为重点，建立了中蒙俄林业合作机制；与中东欧国家建立了"1+16"林业合作协调机制；与东盟建立了"1+10"林业合作机制；与大中亚地区搭建了林业合作平台；与老挝、缅甸、埃塞俄比亚、埃及、莫桑比克等国家签署了林业双边合作协议。

表11 2018年我国与"一带一路"沿线国家的林产品贸易情况

指标	金额（亿美元）	与2017年比较（%）
林产品贸易额	528.77	4.72
其中：进口	297.49	4.84
出口	231.28	4.56

2. 长江经济带区域林业发展

长江经济带覆盖上海、江苏、浙江、安徽、江西、湖北、湖南、重庆、四川、云南、贵州11个省（直辖市）。长江经济带是我国最大的流域性经济带，是我国经济发展的主要引擎，也是我国重要的生态屏障带，是我国生态保护与修复的主战场。

据统计，该区11个省（直辖市）行政区划面积为205.30万平方千米，占全国的21.20%；共有常住人口5.99亿人，占全国的42.87%；地区生产总值为40.30万亿元，占全国的44.06%；人均地区生产总值为6.73万元。

森林资源状况

● 林地面积为1.09亿公顷，占全国的33.44%；与第八次全国森林资源清查数据相比，略提高了2.83%。

● 森林面积为0.90亿公顷，占全国的40.91%；与第八次全国森林资源清查数据相比，略提高了5.88%。

● 森林蓄积量62.89亿立方米，占全国的35.81%；与第八次全国森林资源清查数据相比，显著提高了18.44%。

● 森林覆盖率为44.38%，远高于全国平均水平，与第八次全国森林资源清查数据相比提高了2.85个百分点。

造林及森林灾害发生状况

● 2018年造林面积为290.01万公顷，比2017年减少15.14%，占全国的39.73%。其中，重点工程造林80.03万公顷，人工造林136.31万公顷，分别占全国重点工程造林和人工造林的32.76%和37.06%。

● 林业有害生物发生面积为382.72万公顷，比2017年略增加5.40%，占全国的31.38%。防治面积320.88万公顷，防治率为83.84%。

林业产业和林产品生产状况

- 林业产业较为发达，林业产业总产值为 3.72 万亿元，比 2017 年增加 10.71%，占全国的 48.75%。
- 三次产业结构比为 30.82 ∶ 40.39 ∶ 28.79，产业结构持续优化。
- 竹产业总产值为 1 746.39 亿元，占全国 71.11%。
- 油茶产业产值为 886.96 亿元，占全国 86.61%。
- 林下经济总产值为 5 383.31 亿元，占全国的 66.01%。
- 林业旅游与休闲产业收入 8 273.97 亿元，占全国的 63.43%，直接带动的其他产业产值为 7 941.12 亿元，占全国的 74.21%。
- 商品材产量为 2 579.80 万立方米，比 2017 年略增长了 5.58%，占全国的 29.28%；锯材和人造板产量分别占全国的 34.01% 和 40.13%。
- 经济林产品总产量 6 282.09 万吨，比 2017 年略增长了 6.25%，占全国的 34.75%。
- 花卉产业较为发达，种植面积为 98.96 万公顷，花卉市场 2255 个，分别占全国的 60.61% 和 54.18%。

林业投资和林业从业人员状况

- 累计完成林业投资额 1 672.72 亿元，比 2017 年略增加 6.26%，占全国的 34.72%。
- 林业系统从业人员数 28.68 万人，比 2017 年略有增加，占全国的 25.65%；在岗职工 24.09 万人，占全国的 23.59%，在岗率为 84.00%。

长江经济带发展林业工作扎实推进 2018 年，一是与国家发展和改革委员会联合印发了《关于加快推进长江两岸造林绿化的指导意见》，共安排长江经济带 11 省（直辖市）营造林任务 61.67 万公顷。加强湿地保护修复和野生动植物及栖息地保护，组织开展长江经济带 25 处国际重要湿地监测工作。实施生物多样性保护重大工程，强化对大熊猫、金丝猴等珍稀濒危野生动物抢救性保护工作。二是组织召开《长江经济带生态保护和修复规划》编制启动会，开展修订工作。三是参加推动长江经济带发展和生态文明试验区（福建、江西）林业支持政策等内容的调研，旨在发现推动长江经济带绿色高质量发展存在的问题和困难，为拟出台的《长江干流两岸造林绿化的指导意见》和长江经济带生态保护与修复提出林业支持政策措施建议，总结生态文明试验区成功经验模式。四是编制完成《长江经济带共抓大保护林业支持政策汇编》。

3. 京津冀区域林业发展

京津冀地区主要包括北京市、天津市以及河北省。据统计，京津冀三省行政区划国土面积为 21.83 万平方千米，占全国的 2.25%；共有常住人口 1.13 亿人，全国的 8.07%；地区生产总值为 8.51 万亿元，占全国的 9.31%；人均地区生产总值为 7.55 万元。

森林资源状况

- 林地面积为 903.13 万公顷，占全国的 2.77%；与第八次全国森林资源清查数据相比，提高了 8.15%。
- 森林面积为 588.15 万公顷，占全国的 2.67%；与第八次全国森林资源清查数据相比，提高了 15.48%。
- 森林覆盖率为 27.30%，略高于全国平均水平，与第八次全国森林资源清查数据相比，提高了 3.66 个百分点，森林保护与恢复所带来的国土绿化效果明显。
- 森林蓄积量 1.66 亿立方米，仅占全国的 0.95%；但与第八次全国森林资源清查数据相比，却显著提高了 32.30%。

造林和森林灾害发生状况

- 2018 年造林总面积为 63.96 万公顷，比 2017 年增加了 19.82%，占全国的 8.76%；其中，重点工程造林 12.82 万公顷，占该区造林总面积的 20.04%。
- 林业有害生物发生面积为 54.88 万公顷，占全国的 4.50%，防治面积 52.11 万公顷，防治率较高，为 94.95%。

林业产业和林产品生产情况

- 林业产业总产值为 1 684.97 亿元，比 2017 年略减少了 4.57%，占全国的 2.23%；
- 三次产业结构比为 51.91∶38.97∶9.12，比 2017 年略有优化。
- 林业旅游与休闲产业收入 101.46 亿元，占全国的 0.78%，直接带动的其他产业产值 88.83 亿元，仅为全国的 0.83%。
- 经济林产品总量 1 048.52 万吨，比 2017 年减少了 35.62%，占全国的 5.80%。

林业投资、从业人员和工资状况

- 累计完成林业投资额 444.55 亿元，比 2017 年增加 19.41%，占全国的 9.23%。
- 林业系统从业人员数 3.08 万人，在岗职工 2.88 万人，分别占全国的 2.75% 和 2.82%，在岗率为 93.51%。
- 在岗职工年平均工资较高，为 8.66 万元，为全国平均水平的 1.48 倍。

　　京津冀协同发展林业工作进展　2018 年，一是参与《河北雄安新区规划纲要》及产业、综合交通等专项规划编制工作。二是组织京津冀三省（直辖市）林业厅（局）编制《环首都国家公园体系发展规划（2016－2020 年）》并通过专家审定。三是会同国家发展和改革委员会及水利部，联合京津冀晋四省（直

辖市）和中国交通建设集团开展成立永定河流域投资有限公司。四组织编辑
《京津冀协同发展林业生态支持政策汇编》相关文件。

2018年国家战略下区域及林业概况见表12。区域林业发展主要指标比较状
况见表13。林业在长江经济带区域具有重要意义，该区的森林覆盖率、林业产
业总产值占地区生产总值比重、人均林业产业总产值、单位在岗职工创造林业产
值、单位森林面积林业产业产值、林业区位熵皆最高。

表12　2018年国家战略下区域及林业概况

指标	"一带一路"区域		长江经济带区域		京津冀区域	
	数值	占全国比重（%）	数值	占全国比重（%）	数值	占全国比重（%）
省（直辖市、自治区、特别行政区）数量（个）	18	52.94	11	32.35	3	8.82
行政区划面积（万平方千米）	748.18	77.26	205.3	21.20	21.83	2.25
人口（亿人）	6.12	43.85	5.99	42.87	1.13	8.07
地区生产总值（万亿元）	41.24	45.08	40.3	44.06	8.51	9.31
林地面积（亿公顷）	2.26	69.33	1.09	33.44	0.09	2.77
森林面积（亿公顷）	1.66	75.45	0.9	40.91	0.06	2.67
造林面积（万公顷）	381.02	52.20	290.01	39.73	63.96	8.76
林业有害生物发生面积（万公顷）	747.71	61.31	382.72	31.38	54.88	4.50
林业产业总产值（万亿元）	3.68	48.23	3.72	48.76	0.17	2.21
林业系统从业人员（万人）	78.72	70.39	28.68	25.65	3.08	2.75
林业投资额（亿元）	2489.88	51.69	1672.72	34.72	444.55	9.23

表13　2018年国家战略下的区域林业发展主要指标比较

指标	"一带一路"区域	长江经济带区域	京津冀区域
森林覆盖率（%）	22.36	44.38	27.30
人均造林面积（公顷/万人）	62.26	48.42	56.60
人均林地面积（公顷/人）	0.39	0.18	0.08
林业产业总产值占地区生产总值比重（%）	8.92	9.23	2.00
人均林业产业总产值（元/人）	6013.07	6210.35	1491.12
单位在岗职工创造林业产值（万元/人）	509.13	1544.21	585.06
单位森林面积林业产业产值（万元/公顷）	2.22	4.13	2.86
林业系统在岗职工年平均工资（万元/年）	5.54	7.06	8.66
单位林地面积投资额（元/公顷）	1101.72	1534.61	4923.03
林业区位熵（林业在该区的地位和作用）	1.07	1.11	0.24

（二）传统区划下的林业发展

1. 东部地区林业发展

东部地区包括北京、天津、河北、山东、上海、江苏、浙江、福建、广东、海南10省（直辖市）。该区生态建设状况总体良好，林业产业发达，非公有制林业经济活跃，系林产品生产的集中优势区域。

生态建设状况

- 区内森林覆盖率为 39.28%；森林面积 0.36 亿公顷，森林蓄积量 19.64 亿立方米，分别占全国的 16.36% 和 11.18%。

- 2018 年，区内共完成造林面积 137.16 万公顷，占全国造林总面积的 18.79%，区域生态总体状况良好，生态建设工作取得成效，但仍不容松懈。

- 区内的河北省系京津冀雾霾治理的关键省份，其造林面积总面积 60.10 万公顷，其中，重点生态工程造林面积 11.40 万公顷，名列该区第一位。

- 区内林业有害生物发生面积 195.42 万公顷，与 2017 年相比略有增加，占全国的 16.02%；防治面积 174.66 万公顷，防治率 89.38%，为四个区域最高。

林业产业经济状况

- 2018 年，区内林业产业总产值 33 114.72 亿元，比 2017 年增长 4.61%，占全国林业产业总产值的 43.38%。单位森林面积实现林业产业产值 91 985.33 元 / 公顷，远高于全国平均水平。该区林业产业实力雄厚，林业产业持续高速发展。

- 林业三次产业结构比由 2017 年的 23.90 ：62.02 ：14.08 调整为 23.37 ：60.02 ：16.61；第一产业、第二产业比例均略有下降，而第三产业实力进一步增强，林业产业结构持续升级。

- 林业产业总产值超过 4 000 亿元的 9 个省份中东部占了 5 个，分别是广东、山东、福建、浙江和江苏，其中，名列首位的广东省林业产业总产值达到 8167.58 亿元。

- 区内浙江省的林下经济产值达 1 808.87 亿元，居全国前列。

- 区内福建省作为"21 世纪海上丝绸之路核心区"，林业产业总产值和林下经济产值分别为在全国第三与第六，竹产业产值达 666.20 亿元，居全国第一。

- 区内林业旅游与休闲产业收入增长迅猛，共接待旅游人数 14.87 亿人次，比 2017 年增加了 14.56%，占全国的 40.63%。

- 区内广东省实现林业旅游收入高达 1 732.19 亿元，全区最高。

林产品生产状况

- 该区用占全国 16.36% 的森林面积生产了占全国 28.27% 的商品材，区内商品材产量 2 491.02 万立方米，比 2017 年增加了 10.40%；竹材产量 135 745 万根（大径竹），比 2017 年增加了 6.65%，占全国的 43.03%。该区林产品生产发达，单位森林面积产出能力较强，在全国占有举足轻重的地位。
- 区内生产锯材 2 624.15 万立方米，比 2017 年增加了 5.45%；人造板 17 380.79 万立方米，木竹地板 53 243.63 万平方米，皆与 2017 年基本持平；三者分别占全国的 31.38%、58.11% 和 67.48%。山东省的锯材和人造板产量分别为 1 197.75 万立方米和 7 488.85 万立方米，为全区最高。
- 江苏和浙江两省是木竹地板产量最大的省份，产量分别达到 3.47 亿平方米和 1.06 亿平方米，江苏省主要以强化木地板为主，而浙江省主要以实木及实木复合地板为主。
- 经济林产品的产出水平比较高，林下经济较为发达，区内林下经济产值 2 716.91 亿元，占全国的 33.32%。
- 区内山东省各类经济林产品产量 1 812.65 万吨，名列全国首位。
- 2018 年，区内年末实有花卉种植面积 74.05 万公顷，比 2017 年减少了 2.66%；区内共有花卉市场 1 435 个、花卉企业 31 297 个、花农 68.30 万户、花卉从业人员 253.75 万人。各项指标分别占全国的 45.36%、34.48%、58.06%、47.68% 和 48.48%，该区系我国花卉产业的主要聚集优势区域。
- 区内江苏省花卉种植面积 31.08 万公顷、花农 20.05 万户、花卉从业人员数 69.07 万人，区内浙江省的花卉企业 9 823 个，分别名列全国首位。

林业投资和在岗职工工资状况

- 2018 年，区内完成林业投资 1 187.12 亿元，占全国总投资额的 24.64%，比 2017 年减少了 4.62%。区内每单位林地面积投资额 2 748.22 元 / 公顷，系全国平均水平的 1.86 倍。地方非公有制林业经济主体投资比重大，单位面积投资额较高。
- 区内林业系统在岗职工人数 12.57 万人，占全国的 12.31%；在岗率 91.89%；该区的林业在岗职工年平均工资居各区域首位，为 83 719 元，职工收入水平较高，是全国林业职工平均水平的 1.43 倍，与 2017 年相比上升 6.26%。

2. 中部地区林业发展

　　中部地区包括山西、河南、湖北、湖南、江西、安徽6省。2018年，林业产出水平和林业经济实力持续增强，木本油料和木本药材种植的特色和优势鲜明，区内林业主要灾害偏重发生，生态建设成果巩固任务仍较为繁重。

生态建设状况

- 区内森林覆盖率为 38.29%；森林面积 0.39 亿公顷，森林蓄积量 18.37 亿立方米，分别占全国的 17.73% 和 10.46%。
- 区内共完成造林面积 187.54 万公顷，占全国造林总面积的 25.69%。
- 湖南省在该区的造林规模最大，为 58.43 万公顷。
- 区内林业有害生物发生面积 249.85 万公顷，占全国的 20.49%；发生率为 5.81%，为各区最高。防治面积为 205.69 万公顷，防治率 82.33%。

林业产业经济状况

- 2018 年，林业产出水平和经济实力持续增强，区内林业产业总产值 19 605.78 亿元，比 2017 年增长 8.84%，占全国林业产业总产值的 25.69%。
- 湖南的林业产业总产值为该区最高，为 4 656.98 亿元。
- 产业发展特色较为突出，湖南和江西的油茶产业产值分别达 372.73 亿元和 320.92 亿元，列全国首位和第二位。
- 区内林业旅游与休闲产业有所发展，共接待旅游人数 8.20 亿人次，比 2017 年增长 2.89%；实现旅游收入 3 926.07 亿元，比 2017 年增长 15.63%；直接带动其他产业产值 4 887.38 亿元，与 2017 年相比基本持平。
- 区内江西省林业旅游所直接带动的产业产值高达 1 903.74 亿元，名列全国首位。
- 林业三次产业结构比由 2017 年的 33.64：40.04：26.32 调整为 32.90：39.29：27.81；区内林业第一、第二产业所占比重进一步降低，第三产业比重持续上升，产业结构持续优化。

林产品生产状况

- 区内油茶林面积 277.46 万公顷，占全国的 65.03%。
- 区内生产各类经济林产品总量 4 039.70 万吨，其中，水果和干果产量分别为 3 303.17 万吨和 192.23 万吨，分别占全国总产量的 22.10%、22.15% 和 16.53%。
- 木本油料和木本药材种植成为这一区域的特色和优势，木本油料和森林药材产品占全国总产量的 32.65% 和 28.30%，在全国占有重要地位。
- 区内花卉产业发展仅次于东部地区，区内安徽省的花卉市场 417 个，为全国首位。

林业投资和在岗职工工资状况

- 2018 年，区内完成林业投资 923.84 亿元，占全国总投资额的 19.18%，与 2017 年基本持平。
- 2018 年，区内林业系统在岗职工人数 16.59 万人，占全国的 16.25%；在岗率 92.89%；林业在岗职工年平均工资为 55 356 元，略低于全国平均水平，在岗职工平均工资比 2017 年增加了 5 612 元，增幅 11.28%。职工收入增幅较为明显。

专栏 19　促进中部地区崛起林业发展工作

　　国家林业和草原局认真贯彻落实《中共中央　国务院关于促进中部地区崛起的若干意见》和《促进中部地区崛起"十三五"规划》要求，不断加大对中部六省生态保护和建设的支持力度。

　　一是政策稳步推进全面保护天然林、新一轮退耕还林还草、巩固退耕还林成果等，进一步完善相关政策措施。安排重点防护林建设资金 9.93 亿元。

　　二是重点工程通过重点防护林体系建设，中部六省抵御自然灾害的能力得到增强，森林覆盖率得到提高，减少了水土流失和江河泥沙，保护和丰富了生物多样性。湿地保护体系进一步完善，安排中央财政资金 3.54 亿元，开展退耕还湿 6 473.33 公顷，对 6 个国家级自然保护区和国家重要湿地开展了湿地生态效益补偿试点。投入草原保护修复中央资金 1.9 亿元，重点在山西和湖北省实施了京津风沙源治理和退耕还林还草工程，安排棚圈建设 45 万立方米、青贮窖 23 万立方米、退耕还草任务 4 400 公顷。

　　三是有害生物防治安排中央预算内林业有害生物防治基础设施项目资金 765 万元，中央财政林业有害生物防治补助资金 8 950 万元，重点开展松材线虫病、杨树食叶害虫等重大林业有害生物防控基础设施建设，有力地推动了中部六省林业有害生物防控工作，较好地保护了中部地区生态建设成果。加强中部六省林业科技成果推广应用和基层林业科技推广机构能力建设工作和科技推广示范工作，重点支持油茶、核桃等重要经济林树种苗木繁育及高效栽培技术，杨树、楸树、油松等用材林树种种苗繁育和可持续经营等技术，困难立地造林技术、矿区植被恢复等生态修复技术等，为提高林业生产建设科技水平提供了技术示范。

　　四是生态保护扶贫继续开展建档立卡贫困人口生态护林员的选聘工作，2018 年安排中部地区生态护林员资金 7.9 亿元，在建档立卡贫困人口中共选聘 12.45 万人为生态护林员。

3. 西部地区林业发展

　　西部地区包括内蒙古、广西、重庆、四川、贵州、云南、西藏、陕西、甘肃、青海、宁夏、新疆12个省（自治区、直辖市）。该区生态环境较为脆弱，林业经济基础较薄弱，林业产业总体产出水平较低，但产业发展持续增速。

生态建设状况

- 区内森林覆盖率为 19.40%；森林面积 1.33 亿公顷，森林蓄积量 100.99 亿立方米，分别占全国的 60.45% 和 57.51%。
- 区内共完成造林面积 364.17 万公顷，占全国造林总面积的 49.89%，公有制经济造林和重点工程造林为主体。
- 区内内蒙古自治区的造林面积 60 万公顷，名列全国第二。
- 区内发生林业有害生物面积 639.90 万公顷，与 2017 相比略有减缓，占全国的 52.47%。发生率 4.32%，防治率仅为 71.90%，防治率仍为四区最低。

林业产业经济状况

林业产业发展持续增速，林下经济颇具特色和竞争力，产业结构略有优化，林业产业发展的基础总体仍较为薄弱。

- 2018 年，区内林业产业总产值 19 487.93 亿元，比 2017 年增长 12.05%，占全国林业产业总产值的 25.56%。单位森林面积实现林业产值 1 4661.87 元 / 公顷，为各区域最低，与 2017 年相比略有提高。
- 区内的广西壮族自治区的林业产业较为发达，产业总产值已达 5 708.25 亿元，排名列该区第一和全国第四；广西的林下经济产值达 1 026.58 亿元，居该区第一和全国第三。
- 林业三次产业结构比由 2017 年的 46.23 ：31.08 ：22.69 调整为 44.69 ：30.13 ：25.18；区内第一产业产值、第二产业产值比重持续下降，第三产业产值比重略有上升，产业结构持续优化。
- 区内贵州省接待旅游人数高达 4.14 亿人次，名列全国首位。

林产品生产状况

Ⅰ. 西部地区占有全国 60.45% 的森林面积却为全社会提供了约 50.22% 的商品材和 37.24% 的锯材，但增幅明显，单位森林面积的平均产出能力仍显著低于东部和中部地区。

- 区内商品材产量 4 425.17 万立方米，比 2017 年增加了 5.18%，占全国的 50.22%。
- 区内的广西壮族自治区作为我国重要的木材战略储备生产基地，商品材产量高达 3 174.82 万立方米，名列全国第一。
- 区内共生产锯材 3 114.30 万立方米，比 2017 年减少了 13.40%；人造板 5 798.73 万立方米，比 2017 年增加 15.18%；木竹地板 1 906.37 万平方米，比 2017 年增加 27.09%。上述三者分别占全国的 37.24%、19.39%、2.41%。

Ⅱ. 该区是我国林副产品的主产区之一，林下经济发展颇具特色和竞争力，林下经济产业大有可为。

- 林产调料产品、木本油料、林产工业原料分别占全国的 77.75%、53.87% 和 56.78%。
- 区内生产各类经济林产品总量 7 163.67 万吨，其中，水果和干果产量 5 704.94 万吨和干果 507.79 万吨，分别占全国总产量的 39.57%、38.29% 和 43.67%，与 2017 年相比，总量增长了 0.48%，水果产量减少了 0.83%，干果产量增加了 4.64%。

林业投资和在岗职工工资状况

- 2018 年，区内完成林业投资 2 360.05 亿元，比 2017 年增长了 4.27%，占全国总投资额的 48.99%。
- 区内的广西壮族自治区林业投资额高达 962.92 亿元，名列全国第一。
- 总体上该区单位林地面积投资额 1 243.21 元 / 公顷，系全国平均水平的 66.89%；单位投资额较低。
- 2018 年，区内林业系统在岗职工人数 31.79 万人，占全国的 31.13%，在岗率为各区最低，仅为 82.74%。
- 该区的林业在岗职工年平均工资 67 900 元，略高于全国平均水平。

  西部大开发生态保护和建设情况 2018年，在生态保护和建设方面，国家林业和草原局继续对西部地区支持、倾斜。一是积极支持贵州省建设长江经济带林业草原改革试验区，印发了《国家林业和草原局关于支持贵州建设长江经济带林业草原改革试验区的意见》，与贵州省人民政府签订了《关于贵州省建设长江经济带林业草原改革试验区战略合作框架协议》。二是2018年累计安排西部地区"三北"防护林中央投资14.03亿元，安排建设任务36.36万公顷；安排长江流域防护林体系建设工程中央投资1.94亿元，完成营造林任务3.61万公顷。三是2018年，倾斜安排西部地区退耕还林还草建设任务67.84万公顷，占全国年度计划任务的82.20%。四是在西部地区开展全国防沙治沙综合示范区建设，共布设防沙治沙综合示范区32个，占全国示范区总数的60%；2018年中央财政拨付补助资金2亿元，全部用于西部地区的西藏、甘肃、青海、新疆等4省（自治区）沙化土地封禁保护区试点建设，目前已建设沙化土地封禁保护区96个。五是按照《全国湿地保护"十三五"实施规划》，安排内蒙古等12个省（自治区、直辖市）中央财政资金6.67亿元，实施了多个中央财政湿地补助项目，开展退耕还湿8 733.33公顷，湿地生态效益补偿试点10处；在四川若尔盖、云南大山包、云南洱海源头、甘肃尕海－则岔、青海湖、青海扎陵湖－鄂陵湖等6处湿地实施湿地保护修复重点工程6个。六是安排濒危物种野外救护与人工繁育经费1 300万元，用于大熊猫、金丝猴、虎、豹、野马、水杉、兜兰等40余种珍稀濒危野生动植物的野外巡护、生境维护、人工繁育等；通过大熊猫国际合作资金支持川、陕、甘三省涉及基础建设、保护管理和科学研究三大类的108个大熊猫保护项目。

  在草原重点工程建设方面，西部地区实施了退牧还草、退耕还草、京津风沙源草地治理、农牧交错带已垦草原治理等草原重点生态工程，安排草原围栏200万公顷、退化草原改良23.33万公顷、人工饲草地4.67万公顷、黑土滩和毒害草治理8.67万公顷、岩溶草地治理4.93万公顷、京津风沙源草地治理26.6万公顷、退耕还草6.67万公顷、农牧交错带已垦草原治理10.67万公顷。

  4. 东北地区林业发展

  东北地区包括辽宁、吉林、黑龙江3省。该区是我国国有林业的聚集区，是国有林业改革和转型发展的重点地区，是天然林的主要分布区域。该区的森林资源和林业发展具有重要的地位。

为深入落实党中央、国务院关于实施新一轮东北地区等老工业基地振兴战略的决策部署，国家林业和草原局不断加大对东北地区的资金支持力度，重点实施了退耕还林、天然林资源保护工程、重点防护林工程、自然保护区建设、湿地保护等项目，有效推动了东北地区的生态建设和民生改善。

生态建设状况

- 区内森林覆盖率为 42.39%；森林面积 0.33 亿公顷，森林蓄积量 31.57 亿立方米，分别占全国的 15% 和 17.98%。
- 区内共完成造林面积 41.08 万公顷，占全国造林总面积的 5.63%；其中，重点工程造林总面积 23.34 万公顷，占该区总造林面积 56.82%。
- 区内辽宁省的造林规模最大，为 16.80 万公顷。
- 区内发生林业有害生物面积 134.35 万公顷，占全国的 11.02%；发生率 3.23%，为各区最低；防治率 80.77%，与 2017 年相比，发生率略有下降，防治率略有上升。

林业产业经济状况

- 受国有林区转型升级影响，林业产业产值略有减少，区内林业产业总产值 4 064.33 亿元，比 2017 年减少 3.34%，占全国林业产业总产值的 5.33%。
- 林业三次产业结构比由 2017 年的 40.42 ：40.44 ：19.14 调整为 41.45 ：37.98 ：20.57，第一产业比重略有上升，第二产业比重显著下降、第三产业比重略有提高，产业结构有所提升。
- 区内林业旅游与休闲产业持续发展，共接待旅游人数 1.15 亿人次，比 2017 年减少 2.54%。

林产品生产状况

- 随着天然林停伐政策的实施，该区的商品材产量持续调减，区内商品材产量 407 万立方米，比 2017 年减少了 13.65%，占全国的 4.62%。
- 该区森林食品占全国总产量的 17.18%，也是我国森林食品的主产区。

林业投资和在岗职工工资状况

- 2018 年，区内完成林业投资 311.11 亿元，比 2017 年减少了 2.88%，占全国总投资额的 6.46%。其中，国家投资占主导，为 82.94%，国家林业公共财政投资力度最大。
- 2018 年，区内林业系统在岗职工人数 40.31 万人，占全国的 39.47%，职工人数比重较大，在岗率 98.46%。
- 区内黑龙江省林业系统在岗职工人数 23.81 万人，名列全国首位。
- 该区的林业在岗职工年平均工资 41 558 元，是全国平均水平的 71.16%，职工收入水平为各区最低；在岗职工平均工资比 2017 年增加 3 858 元，增幅 10.23%。

全国各区林业发展情况比较见表14和图46。东北地区森林覆盖率最高，西部人均造林面积和人均林地面积最高，东部地区在岗职工创造林业产值、单位森林面积林业产业产值、林业系统在岗职工年平均工资和单位林地面积投资额均最高，中部地区和西部地区林业区位熵较高。排名前十位的各省（自治区、直辖市）林业发展状况见表15。福建森林覆盖率最高，河北的造林面积最大，广东的林业产业产值最高，广西的商品材产量、林业投资和林业区位熵额最高。

表14　2018年传统区划下的林业发展主要指标比较

指标	全国	东部地区	中部地区	西部地区	东北地区
森林覆盖率（%）	22.96	39.28	38.29	19.40	42.39
人均造林面积(公顷／万人)	52.27	25.52	50.53	95.95	37.91
人均林地面积（公顷／人）	0.23	0.08	0.13	0.50	0.38
单位在岗职工创造林业产值（万元／人）	746.88	2634.51	1 181.78	613.01	100.82
单位森林面积林业产业产值（元／公顷）	34 599.26	92 587.42	49 887.60	14 661.87	12 142.63
林业系统在岗职工年平均工资（元／年）	58 430	83 719	55 356	67 900	41 558
单位林地面积投资额(元／公顷)	1 478.05	2 748.22	1 858.51	1 243.21	759.84
林业区位熵（林业在该区的地位和作用）		0.82	1.22	1.26	0.86

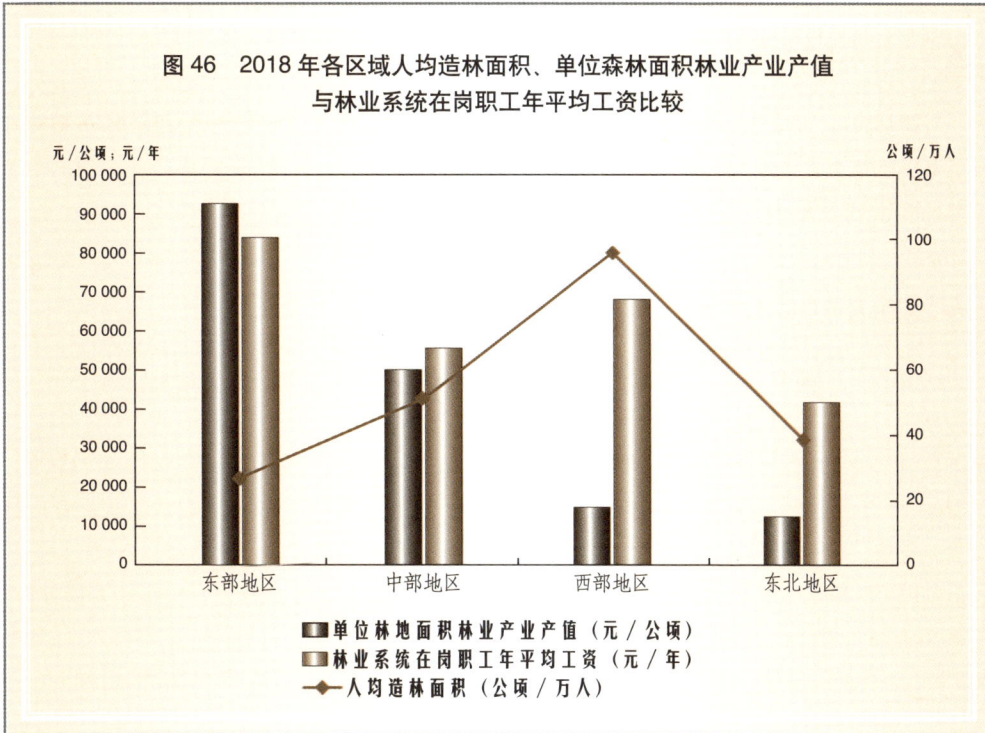

图46　2018年各区域人均造林面积、单位森林面积林业产业产值与林业系统在岗职工年平均工资比较

表15　2018年排名前十位的各省林业发展状况

排序	森林覆盖率		造林面积		林业产业总产值		商品材产量		林业投资额		林业区位熵	
	省份	数值(%)	省份	数值(万公顷)	省份	数值(亿元)	省份	数值(万立方米)	省份	数值(亿元)	省份	数值
1	福建	66.80	河北	60.10	广东	8167.58	广西	3174.82	广西	962.92	广西	3.36
2	江西	61.16	内蒙古	60.00	山东	6735.85	广东	859.91	湖南	323.33	江西	2.46
3	广西	60.17	湖南	58.43	福建	5923.77	福建	580.22	山东	304.55	贵州	2.44
4	浙江	59.43	四川	43.68	广西	5708.25	云南	550.71	四川	279.08	福建	1.98
5	海南	57.36	甘肃	39.28	浙江	4898.02	山东	474.26	贵州	253.51	安徽	1.62
6	云南	55.04	云南	37.48	江苏	4738.99	安徽	450.50	北京	244.86	海南	1.58
7	广东	53.52	陕西	34.81	湖南	4656.98	湖南	286.07	湖北	196.64	湖南	1.53
8	湖南	49.69	贵州	34.67	江西	4502.57	贵州	278.25	河北	186.18	云南	1.49
9	黑龙江	43.78	山西	34.01	安徽	4044.56	河南	258.36	内蒙古	161.24	湖北	1.16
10	北京	43.77	湖北	33.07	湖北	3792.13	江西	257.00	福建	153.99	吉林	1.11

（三）东北、内蒙古重点国有林区林业发展

东北、内蒙古重点国有林区是指黑龙江、吉林和内蒙古包含内蒙古森工集团、吉林森工集团、长白山森工集团、龙江森工集团、大兴安岭林业集团下属87个森工企业所构成的林区。该区的国有林业进入全面深化改革和转型升级发展阶段。

林业系统从业人员状况

2018年，林业系统从业人员年末人数39.50万人；在岗职工30.97万人，在岗率78.41%。年末参加基本养老保险人数37.68万人，参加基本医疗保险人数38.83万人。在岗职工年平均工资3.94万元。

林业产业及林产品生产状况

- 2018年东北、内蒙古重点国有林区的企业总产值818.06亿元，三次产业结构比为39.09∶22.63∶38.28。

- 商品材产量30.17万立方米，来自人工林的产量为23.95万立方米，占79.38%。木材销售量34.80万立方米，木材实际库存量6.44万立方米，锯材产量7.60万立方米，人造板产量7.21万立方米，木地板34.42万平方米，卫生筷子33.88万标准箱。

- 企业销售产值为239.19亿元，企业金融债务为90.19亿元，其中，与木材停伐相关债务为48.87亿元，棚户区改造相关债务29.19亿元。

- 2018年，各类经济林产品产量35.84万吨，森林药材9.52万吨，食用菌15.66万吨，山野菜6.84万吨，森林旅游人数1 647.13万人次。

林业投资情况

2018 年累计完成林业投资 222.75 亿元，其中，生态建设与保护投资 203.82 亿元，占 91.50%。2018 年，安排停伐补助资金 62 亿元，社会保险补助缴费基数提高到 2016 年平均工资的 80%，适当提高了政社性支出补助标准。社会性基础设施建设项目中央投资比例由 80% 提高到 90%；国家发展和改革委员会累计安排投资 24 亿元，支持国有林区防火应急道路、管护用房和代木能源项目建设。

造林及管护情况

2018 年，完成造林面积 12.52 万公顷，退化林修复面积 11.32 万公顷，森林抚育面积 127.09 万公顷，年末实有封山育林面积 63.64 万公顷，年末实有森育苗面积 1061 公顷，森林管护面积 2995.14 万公顷。

（四）区域草原发展[5]
1. 国家战略下的区域草原

"一带一路" 区域草原

天然草原面积 3.28 亿公顷，其中，西北区天然草原面积 1.15 亿公顷；东北区（含内蒙古）天然草原面积 0.96 亿公顷；西南区天然草原面积 1.00 亿公顷；东南区天然草原面积 0.17 亿公顷。该区域基本是我国草原鼠虫害主要发生区，2018 年，草原鼠害危害面积 0.22 亿公顷、防治面积 0.05 亿公顷；草原虫害危害面积 0.11 亿公顷、防治面积 0.04 亿公顷。

长江经济带区域草原

长江经济带天然草原面积约有 0.65 亿公顷。2018 年，长江经济带草原鼠害发生区域主要在四川省，危害面积 284.3 万公顷，防治面积 57.3 万公顷；草原虫害危害面积 82.8 万公顷，防治面积 35 万公顷。

京津冀地区草原

京津冀地区处于我国北方农牧交错带，天然草原面积约 0.53 亿公顷。2018 年，京津冀地区草原鼠害危害面积 26.7 万公顷，鼠害防治面积为 18.5 万公顷；草原虫害危害面积为 31.4 万公顷，虫害防治面积 24.6 万公顷。

---

⑤ 本部分天然草原面积数据是 80 年代草原调查数据。

2. 传统区域下的天然草原面积分布

全国共有天然草原面积3.93亿公顷，主要分布在西藏（20.89%）、内蒙古（20.06%）、新疆（14.58%）、青海（9.26%）、四川（5.17%）、甘肃（4.56%）、云南（3.90%）、广西（2.21%）等省份。东部10个省份共有天然草原面积1681.14万公顷，占全国天然草原总面积的4.28%；中部6个省份2781.62万公顷，占全国天然草原总面积的7.08%；西部是天然草原主要分布区，12个省份共有天然草原面积3.31亿公顷，占全国天然草原总面积的84.37%；东北三省共有天然草原面积1676.28万公顷，占全国天然草原总面积的4.27%。

L

P167-178

开放合作

- 政府间合作
- 民间合作与交流
- 履行国际公约
- 专项国际合作
- 重要国际会议

开放合作

2018年，政府间林草合作稳步推进，民间林草合作成果丰富，林草国际履约深入开展，专项合作取得显著成效。

（一）政府间合作

2018年，政府间林草国际合作取得显著进展。一是积极服务国家外交大局。落实领导人对外承诺，向芬兰提供一对大熊猫，开展合作研究项目；向日本提供一对朱鹮种鸟，开展合作繁育研究。从尼泊尔引进了两对亚洲独角犀牛，用于繁育研究和展示教育。在李克强总理和外国元首的共同见证下，与柬埔寨农林渔业部签署了《关于在柬埔寨建设珍贵树种繁育中心的协议》，与日本环境省签署了《关于继续开展朱鹮保护合作的谅解备忘录》，与巴基斯坦气候变化部签署了《关于林业合作的谅解备忘录》。林业内容被纳入第七届中非合作论坛北京峰会、第七次中日韩领导人会议、第七次中国－中东欧国家领导人会晤、第五轮中德政府磋商、第20次中欧领导人会晤的成果文件以及我国与尼泊尔、巴基斯坦等国领导人共同发表的联合声明。配合外交部门举办了纪念中日和平友好条约缔结40周年林业经贸图片展和大熊猫国际文化周等活动。配合完成亚洲太平洋经济合作组织（APEC）领导人会议成果文件林业内容磋商，积极参加APEC打击木材非法采伐和相关贸易专家组第13次和第14次会议。参与第20次中欧领导人会晤联合声明林业内容的磋商工作，在北京成功举办中欧森林执法与行政管理第九次会议。二是扎实推进 "一带一路"林业草原区域合作。积极推动中国－中东欧、中国－东盟、大中亚等区域林业合作，参加了第二次中国－中东欧国家林业合作高级别会议、第二届大中亚林业部长级会议、第五次中日韩林业司局长会晤等机制性会议，举办了中国－中东欧国家科研合作研讨会、中国－东盟林业科技合作研讨会、中国－东盟森林旅游研讨会、中国－东盟野生动物保护培训班等，出席了第十届植物新品种保护东亚论坛等，建设并开通了中国－中东欧国家（16+1）林业合作网站，与东盟成员国就《落实中国－东盟林业合作南宁倡议的行动计划（2018－2020）》达成共识。三是深度参与全球林业草原治理。出席了联合国森林论坛第十三届会议、国际展览局第164次大会等一系列重要国际会议，参与了联合国粮农组织、国际竹藤组织、亚太森林组织、国际热带木材组织、植物新品种保护联盟、国际园艺生产者协会等国际组织的机制性会议及活动。四是进一步拓展双边林业务实合作与交流。全年完成部长级高层会晤30余场，与德国联邦食品和农业部，莫桑比克土地、环境和农村发展部，尼泊尔森林和环境部等围绕设立林业政策对话平台开展林业合作，捐赠独角犀牛等签署了10份林业领域合作协议，与波兰环境部、坦桑尼亚自然资源和旅游部、澳大利亚农业与水利部、韩国山林厅等召开了16次机制性合作会议，与加拿大环境及气候变化部签署了《关于中国大熊猫国家公园与加拿大贾斯珀国家公园和麋鹿岛国家公园结对的合作协议》，启动了续签中美自然保护议定书及商签附件13磋商工作，积极推动中德山西森林经营项目工作，中蒙俄经济走廊林业生态合作取得新进展，支持成立了"中俄木业联盟"。五是稳步推进林业援外和国际科技合作。举办林业援外培训班25期，培训学员合计887人次。在加纳举办竹藤制品开发技术海外培训班，获得加纳各界以及中国驻外使馆的一致好评；援助蒙古国戈壁熊保护技术项目正式签署实施协议并启动实施；援助埃塞俄比亚中非竹子中心项目进行了可行性研究并形成后续运营方案；中国林业科学研究院林产化学工业研究所被认定为示范型国际科技合作基地。六是提升了外事管理和服务水平。稳慎处理了野生动植物非法贸易、木材非法采伐和贸易等热点问题，举办了北极候鸟倡议执行研讨会和东亚－澳大利西亚迁飞区伙伴关系成员大会。

（二）民间合作与交流

2018年，林草民间合作与交流成果丰硕。一是切实执行好现有民间合作项目和援外培训，积极推进"一带一路"务实合作。推进中日民间绿化合作可持续发展，召开了中日民间绿化合作第19次委员会会议和工作磋商年会，召开了2018年项目管理工作会议并举行了纪念中日两国和平友好条约缔结40周年植树活动，2018年新争取项目24个，组织开展了48个项目的年度检查；组织实施小渊基金青年交流团；进一步扩展援外培训，2018年国家林业和草原局共牵头实施林业援外培训项目26个，培训对象重点向"一带一路"沿线国家倾斜，境外培训、学历培训、技能培训、科研创新培训方式进一步增加，召开了林业和草原援外培训年度工作会议；积极开展系列合作交流活动，支持中国绿化基金会举办"一带一路"生态治理论坛，协调赴俄罗斯参加国际青少年林业大赛和赴瑞典参加第十三届大森林论坛，赴德国、瑞典与德国复兴银行、瑞典林主协会进行合作会谈；聚焦绿色"一带一路"建设，组织开展新时代林业对外民间合作需求调研，召开了"一带一路"林业国际合作研讨会，森林康养国际合作示范基地建设工作会议。二是依法履行业务主管单位职责，建立健全涉林境外非政府组织合作与交流监管体系。继续强化境外非政府组织在华活动及项目共同商议制度，与7家境外非政府组织先后召开合作年会，审定了7家境外非政府组织驻华代表机构年度工作报告，对10家境外非政府组织2018年工作计划进行了审核，2018年确定合作项目208个，落实资金近6 400万元人民币，涉及生物多样性保护、湿地保护、濒危野生动植物保护、应对气候变化、森林可持续经营、宣传教育等领域；组织研究《境外非政府组织代表机构在华活动指导准则和行为规范》，完成草案起草工作，以期通过健全规章制度，更有效地指导和规范相关非政府组织在华行为；切实承担好涉林草境外非政府组织申请在华设立代表处的审核工作，协助国际爱护动物基金会驻华代表机构完成注册登记，截至2018年底，由国家林业和草原局担任业务主管单位的境外非政府组织8家。三是稳步推进《联合国森林文书》履约工作。圆满完成出席联合国森林论坛第13届会议各项任务，向国际社会宣传了我国加强自然资源综合管理、大力实施生态工程、积极落实《联合国森林战略规划》的成功经验，深度参与了会议各项议题的讨论，贡献中国智慧，并成功将"全球森林资金网络"落户中国写入《联合国森林论坛第13届会议决议》；推动"全球森林资金网络"落户我国各项具体事务，组织专家专题讨论在华设立该网络的工作步骤、机制和谈判要点，承办了联合国森林论坛专家会议，邀请40多个国家60多名官员和专家研讨并提出了"全球森林资金网络"运行指导方案建议，起草了该网络落户我国的东道国协议草案，推动联合国启动东道国协定谈判；组织研究履约示范单位建设方案，拟定下一阶段建设任务和方向，组织赴澳大利亚"履行《联合国森林文书》培训项目"，为推进履约示范单位建设做好前期准备。四是做好外事管理和对外宣传工作。严格按照外事规定做好出国（境）团组审核和证照管理，累计审核出国团组385批次，办理出访团组签证433批次1 094人次，办理因公护照308本，因公护照归还率100%；认真审核局直属单位请进外宾、对外签署协议和举办国际会议等活动，累计审核请进外宾58批次231人，对外签署协议18项、国际会议12批次；完善外事规定及出访知识教育，专门组织编纂了《国家林业和草原局因公出国（境）任务常见问题解答手册》；统一规范了国家林业和草原局及司局和直属单位对外名称；组织出版了《2017年度中国林业和草原发展报告》（英文版），加强中国林业网英文网站运维更新管理，印制各类宣传材料，大力宣传我国加强生态文明建设、林业和草原事业发展取得的进展和成就，推广我国成功经验，增进国际社会对我国共同维护全球自然生态立场的了解和认识；承担国家林业和草原局重大国际会议和出访签约等活动的相关会务、翻译、对外联络等外事服务工作，并配合协助业务司局开拓交流合作渠道。

专栏20 成功举办第二届世界生态系统治理论坛

由国家林业和草原局、世界自然保护联盟及杭州市人民政府联合举办的"第二届世界生态系统治理论坛"于2018年11月4至8日在浙江省杭州市举行，来自欧洲、北美洲、非洲、南美洲的33个国家的政府机构、科研院所、12家联合国机构、国际组织及发展和改革委员会、自然资源部、国家统计局等部门的代表共近300人参加论坛。国家林业和草原局局长张建龙、浙江省人大副主任史济锡、世界自然保护联盟总干事英格·安德森女士等出席开幕式并致辞，国家林业和草原局副局长彭有冬主持开幕式。论坛围绕生态资本和生态系统核算、城市与乡村生态系统治理、生态系统治理和社会参与三个议题开展讨论，达成共识并通过了《杭州宣言》，不仅有力宣传了我国生态文明建设理念，推广了"绿水青山就是金山银山"的生动实践，并对促进全球生态系统治理合作发挥了积极作用。

（三）履行国际公约

《濒危野生动植物种国际贸易条约》（CITES） 一是与CITES公约秘书处在广州联合举办公约与生计国际研讨会，来自24个国家及11个国际非政府组织的80余名代表出席会议。二是会同中国驻外使馆在乌干达、埃塞俄比亚、马拉维、坦桑尼亚等非洲国家开展海外濒危物种履约宣讲；组团赴越南、老挝开展履约交流。三是接待《濒危野生动植物种国际贸易条约》两任前秘书长来华访问，组织开展对亚非拉国家管理和执法人员来华培训研讨活动。四是举办了年度中央政府与香港、澳门特别行政区政府履约管理协调会议。五是参加了《濒危野生动植物种国际贸易公约》第70次常务委员会，广泛参与议事规则，对直接涉及我国和对我国有潜在影响的议题，妥善处理应对，积极发出中国声音。我国为打击象、犀、虎豹、石首鱼、穿山甲等非法贸易所开展的大量有关工作得到各缔约方的广泛认可；推动中国退出"国家象牙行动计划"机制，取得履约重要成果。

《联合国防治荒漠化公约》（UNCCD） 一是2018年7月17日，联合国可持续发展高级别政治论坛"可持续性、稳定与安全"部长级会议在纽约召开，会议重点讨论非洲国家面对环境退化、生态移民、社会不稳定等问题采取的措施和行动。我国政府派团参会并介绍了防治荒漠化的经验，"库布其治沙模式"获得来自联合国各机构及各国代表的积极评价。二是《联合国防治荒漠化公约》第13次缔约方大会第一次主席团会议在德国波恩举行，会议审议了第13次缔约方会议以来决议履行情况以及秘书处、全球机制和公约附属机构工作计划等，我国政府派团参会并主持会议。期间，中方代表团与公约执行秘书会谈，双方同意加强利用南南合作发展援助基金，在可持续发展高层政治论坛期间举办公约相关活动，推动开展"一带一路"防治荒漠化合作，并加强对发展中国家防治荒漠化培训等。三是我国林草、农业、环保、水利、扶贫等部门多次会商，撰写完成我国履行《联合国防治荒漠化公约》专项数据报告。

《湿地公约》（RAMSAR） 一是积极履行公约义务，派团参加2018年10月21～29日在阿拉伯联合酋长国召开的《湿地公约》第13届缔约方大会。会上宣布了全球首批国际湿地城市，我国提名的6个城市均获此称号。我国入约26年来首次提出的"小微湿地保护"决议草案获得大会讨论通过。中国代表团全程参与大会各项议题讨论，开展多双边会谈，举办了"中国湿地保护与恢复"和"城市湿地与小微湿地"两场主题边会，以及"强化湿地保护，建设美丽中国"的展览，扩大了我国在湿地保护领域的国际影响力。二是进一步加强国际重要湿地管理，发布了《中国国际重要湿地生态状况白皮书》，举办了9期培训班，培训人员130余人次。三是强化部门间履约协调机制，组织召开履行《湿地公约》国家委员会第七次会议。四是组织世界湿地日中国主场宣传，邀请公约秘书长出席活动。与公约秘书处等共同举办了"城镇发展与湿地保护国际研讨会"。

《联合国气候变化框架公约》（UNFCCC） 一是派团参加了2018年9月在泰国曼谷召开的联合国气候变化谈判会议及12月在波兰卡托维兹召开的第24届联合国气候变化大会等系列会议，参加了《联合国气候变化框架公约》"土地利用、土地利用变化和林业""协调对发展中国家森林部门实施减缓行动相关活动的支持包括制度安排"议题中《京都议定书》第二承诺期土地利用、土地利用变化和林业的核算规则和REDD+相关活动的机制安排问题的谈判，以及《巴黎协定》实施细则、国家自主贡献特征和内容、木质林产品和森林碳汇/碳排放核算方法等涉林议题谈判。二是参与联合国政府间气候变化专门委员会（IPCC）相关工作，组织评审了IPCC第六次评估报告中《全球1.5℃增暖特别报告》《气候变化和陆地特别报告》等，提出涉及我国林业的意见。三是推进中国与中东欧、日本、韩国、波兰等国家林业应对气候变化的合作交流；我国林业主管部门与美国林务局共同起草了《中美气候变化与森林倡议实施计划（2018－2019年）》。四是与保护国际基金会（CI）和大自然保护协会（TNC）等国际组织合作，在内蒙古、广东、四川、云南、青海等省份实施了9个林业应对气候变化项目，投入资金约456.5万元，引进应对气候变化先进理念，推广先进技术。

《国际植物新品种保护公约》 一是开展《国际植物新品种保护公约》履约，派团出席国际植物新品种保护联盟（UPOV）理事会、技术工作组等系列会议，参加了第十一届东亚论坛和农业创新高级培训，交流林业植物新品种保护情况；与欧盟、日本开展合作，研讨交流植物新品种已知品种数据库构建等技术以及相关合作事项；组织开展测试跟踪研究，出版国际植物新品种保护联盟有关测试技术文件翻译材料。二是履行《生物安全议定书》，组团参加在意大利罗马召开的联合国粮农组织森林遗传资源政府间技术工作组第五次会议，阐述中方立场。

（四）专项国际合作

防治荒漠化国际合作 一是组织团组赴意大利、智利、沙特参加专项国际会议，开展防治荒漠化国际交流，加深与"一带一路"沿线和延长线特定公约缔约国的荒漠化国际合作，进一步提升我国国际影响力和话语权。二是深化与《联合国防治荒漠化公约》秘书处的全面合作，促成公约秘书处与宁夏回族自治区林业和草原局合作共建荒漠化国际知识管理中心。三是荒漠化援外工作取得良好效果，组织援外培训班4个，培训学员100余名。

野生动植物保护国际合作 一是2018年9月4～6日，在深圳组织召开了国际雪豹保护大会，来自中国、阿富汗等12个雪豹分布国的政府、有关国际组织、大专院校、科研机构等单位的210余名代表出席会议，会议通过了《全球雪豹保护深圳共识》。在四川举办了"中国－东盟野生动物保护培训班"以及"大熊猫保护与繁育国际大会暨2018大熊猫繁育技术委员会年会"；在加拿大卡尔加里市举办了"我的家，我们的社区——大熊猫保护与国际合作图片展"。二是派员赴南非参加中英联合野生动物保护执法培训与交流活动；组团参加打击野生动植物非法交易伦敦峰会；派团赴吉尔吉斯斯坦参加"全球雪豹及其生态系统保护计划指导委员会第三次会议"；组团赴法国、荷兰开展海关执法实地调研；派团出席在比利时召开的欧盟野生动植物执法工作组会；派员赴比利时参加获得合法性判定国际研讨会。三是妥善处理热点敏感问题，派团赴英国、南非、泰国、马达加斯加、比利时等国参加象牙、木材、欧鳗等专项问题政策咨询和执法会议，参与打击野生动植物和森林犯罪问题以及热点物种等问题讨论。四是启动了援助蒙古戈壁熊保护技术项目；主办了中俄政府间候鸟保护协定第二次工作组会议。

湿地保护国际合作 一是实施"一带一路沿线国家湿地保护"援外培训项目，来自5个国家的24名学员参加了培训。二是申请全球环境基金（GEF）赠款资金1000万美元用于"中国候鸟迁飞路线湿地保护"项目获得批准。三是批复立项"澜沧江－湄公河流域国家湿地保护与修复国际合作"项目。

自然保护地国际合作 2018年，自然保护地合作与交流稳步推进。一是执行中美自然保护地协定，接待美国鱼和野生动物管理局4名人员于1月17～26日赴上海、海南多个国家级自然保护区实地交流。二是2018年3月3～8日，派团赴以色列耶路撒冷参加"第十届世界保护地领导力论坛"；7月2～9日，组团参加了在加拿大蒙特利尔召开的《生物多样性公约》科学、技术与工艺咨询附属机构第22次会议，阐述了中方立场，维护了中方权益。会议通过了加快推进特定爱知生物多样性目标进展的备选办法、2020年后全球生物多样性框架筹备进程、海洋和沿海生物多样性保护等多项建议草案。三是积极参与东北亚海洋保护地网络建设，提交中国关于东北亚海洋保护地网络指导委员会委员名单，组织国内海洋保护地成员单位参与有关活动。四是派团参加了第八届联合国教科文组织世界地质公园大会。五是与加拿大公园管理局签署《关于自然保护地事务合作的谅解备忘录》。六是2018年8月，在云南昆明主办国家公园国际研讨会；9月，在甘肃敦煌联合举办第三届丝绸之路（敦煌）国际文化博览会"国家公园与生态文明建设"高端论坛。七是派员赴秘鲁、韩国、美国、加拿大等国学习交流体制机制建设、法律保障等方面的实践经验。

亚太森林恢复与可持续管理　2018年，中方继续大力支持亚太森林恢复与可持续管理组织（以下简称"亚太森林组织"）工作，取得积极进展。一是积极支持和推动亚太森林组织国际化发展。加强部门协调，提高中方对亚太森林组织运行发展提供的资金、技术、人才等支持。支持亚太森林组织健全顶层治理机构和优化秘书处管理，协助亚太森林组织成功举办第四届董事会和理事会，审议通过《亚太森林组织董事会议事规则》等文件，完成董事会和理事会成员的遴选，中方代表连任董事会主席。二是服务国内外林业发展需求，促进区域林业协调发展。促成在柬埔寨援建珍贵树种繁育中心项目；推动澜湄合作机制首脑会议确定的澜湄流域（GMS）森林生态系统综合管理规划与示范项目，完成涵盖区域6个经济体的森林生态系统综合管理与示范的规划方案。积极落实蒙古国家公园中国园建设项目和亚太森林组织森林多功能体验基地建设，启动GMS跨境野生动物保护合作机制。成功举办首届中国－东盟林业科技合作会议和中国－东盟森林旅游合作研讨会。三是资助亚太森林组织实施示范项目30个，完成3个项目中期评估和2个项目结题评估。四是改进管理思路，努力提升能力建设活动质量，对30位亚太区域的林业官员和研究人员进行了培训。继续在3所林业大学设立奖学金，强化对承办院校的师资水平、教学质量等进行跟踪调研和综合评估，通过该项目17人取得林业硕士学位，新招硕士研究生22人。

国际贷款项目　2018年，国际金融组织贷款项目稳步推进。一是世界银行、欧洲投资银行联合融资"长江经济带珍稀树种保护与发展项目"准备工作进展顺利。安徽省和江西省顺利通过欧洲投资银行组织的项目评估，四川省圆满完成世界银行开展的项目技术评估和安保政策评价。二是亚洲开发银行贷款"西北三省（自治区）林业生态发展项目"进入竣工准备阶段。项目营造经济林3.89万公顷、生态林0.50万公顷，为项目区林农修建果库、各类道路、房屋等设施，培训人员14.5万人次，累积使用贷款8 710万美元、赠款420万美元。另外，新一期亚洲开发银行贷款"丝绸之路沿线地区生态治理与保护项目"正式立项。三是欧洲投资银行贷款林业打捆项目继续实施。截至2018年底，项目累计完成营造林任务4.6万公顷，其中，人工造林3.3万公顷，改造培育1.3万公顷；完成项目总投资7.5亿元，其中，欧洲投资银行贷款（报账金额）1.5亿元，协调落实配套资金6亿元。四是全球环境基金"中国森林可持续管理提高森林应对气候变化能力项目"顺利实施。项目实行"统一管理，分级实施、各负其责、共担风险"的管理方式，累计培训项目技术人员1 200余人次。

（五）重要国际会议

第二届大中亚林业部长级论坛　2018年8月16～17日，第二届大中亚林业部长级会议在吉尔吉斯斯坦首都比什凯克召开，会议由吉尔吉斯斯坦环境保护和林业署与亚太森林组织联合主办，来自中亚五国和蒙古林业部门的部长级官员出席会议。会议围绕加强大中亚国家林业合作，促进跨境生物多样性及森林生态系统保护、恢复干旱地植被、加强沙漠化防治进行了深入探讨，达成了多项共识。我国政府派团出席会议，阐述了中方立场。

第二次中国－中东欧国家林业合作高级别会议　2018年5月14日，第二次中国－中东欧国家林业合作高级别会议在塞尔维亚举行。国家林业和草原局代表团出席会议并作主题演讲。与会各国代表围绕"21世纪的气候变化与林业"进行了深入探讨，通过了《关于森林与气候变化的声明》，并共同见证了中国－中东欧国家林业合作协调机制中英文网站正式开通。

打击野生动植物非法贸易国际会议　2018年10月11～12日，打击野生动植物非法贸易国际会议在英国伦敦举行，会议由英国政府主办，来自84个国家千余名代表出席会议，英国首相特蕾莎·梅发表视频致辞；博茨瓦纳、乌干达、加蓬等国家元首，英国剑桥公爵威廉王子出席会议并致辞。会议围绕打击野生动植物违法犯罪、减少需求、关闭非法市场、加强国际合作等议题进行了深入交流并达成了广泛共识。中国政府组团参会，介绍了我国打击野生动植物非法贸易成果，得到与会代表的高度赞誉。

首届世界竹藤大会　2018年6月25日～27日，首届世界竹藤大会在北京国家会议中心举行，会议由国家林业和草原局与国际竹藤组织联合主办。大会主题为"竹藤南南合作助推可持续绿色发展"。国务院总理李克强向大会发来贺信，厄瓜多尔总统莫雷诺、哥伦比亚总统桑托斯向大会发来视频贺辞。来自国际竹藤组织成员国、有关国际组织和非政府组织，以及科研院所、高校、企业界的代表约1 200人参加了会议。大会由部长级高峰论坛、专题会议和大型竹藤产品和技术展览会组成。期间，主办方共举办70余场竹藤相关专题会议，涉及竹藤与波恩挑战、竹林碳汇与碳贸易、竹藤食品安全、竹建筑、竹家具与竹人造板、竹藤标准、竹藤贸易、竹藤材料创新技术、竹产品认证等多个具体议题。大会发布了2018世界竹藤大会《北京宣言》和"竹藤产业绿色发展路线图"。

第四届世界人工林大会　2018年10月23～25日，第四届世界人工林大会在北京举行，会议由联合国粮农组织、国家林业和草原局、国际林业研究组织联盟联合主办。会议主题是"人工林——实现绿色发展的途径"。来自66个国家的政府官员、科研机构以及国际组织代表700余人出席会议，围绕经济、社会和生态效益兼顾的人工林可持续管理理论与实践途径开展了研讨。

第二届世界生态系统治理论坛　2018年11月5～7日，第二届世界生态系统治理论坛在浙江杭州开幕，论坛由中国政府和世界自然保护联盟联合主办。来自33个国家的政府机构、科研院所和12家联合国机构、国际非政府组织的70余名外国政府官员、国际组织代表、专家及中国政府有关部门代表近300人参加此次论坛。论坛以"生态资产和生态系统服务"为主题，围绕生态资本和生态系统核算、城市与乡村生态系统治理、生态系统治理和社会参与三个议题开展讨论，形成并发布了《杭州宣言》。

第八届联合国教科文组织世界地质公园大会　2018年9月11～14日，第八届联合国教科文组织世界地质公园大会在意大利阿达梅洛－布伦塔世界地质公园召开。本次大会的主题是"地质公园与可持续发展"。会议围绕地质遗迹保护和科学研究、公众教育与交流、可持续旅游和社会经济可持续发展、促进候选世界地质公园建设发展、世界地质公园国际和区域交流合作等进行研讨交流。来自64个国家的850多名代表出席会议。中国政府派团参会，在各分会场共进行了24场专题报告，设立了8个地质公园展位，广泛传递"中国声音"。我国光雾山－诺水河世界地质公园、黄冈大别山世界地质公园被授予世界地质公园网络成员资格证书，自贡世界地质公园获得了2016－2017年度世界地质公园网络"最佳实践奖"。

第42届联合国教科文组织世界遗产委员会会议　2018年6月24至7月4日，第42届联合国教科文组织世界遗产委员会会议在巴林首都麦纳麦举行。联合国教科文组织总干事奥黛丽·阿祖拉、巴林文化部部长等出席开幕式并致辞。大会共审议了28项世界遗产申报项目和54项濒危世界遗产地、103项世界遗产地的保护状况，最终通过了19项新的世界遗产和1项拓展项目。贵州梵净山在本次会上成功申报成为世界自然遗产，使我国的世界自然遗产总数达到13项，一举超越此前并列第一的澳大利亚和美国，独居世界第一。

专栏21　我国六城市获首批国际湿地城市称号

　　2017年4月，《湿地公约》组织决定在全球范围启动国际湿地城市创建、认证工作，推广《湿地公约》理念。我国政府积极响应公约倡导，根据我国实际情况制定了湿地城市认证办法和标准，在全国范围内组织开展湿地城市认证工作。经过申报、现场考察评估、专家评审等程序，我国政府向《湿地公约》推荐常德、常熟、东营、哈尔滨、海口、银川等6个城市参加全球遴选。2018年10月，在阿拉伯联合酋长国迪拜举办的《湿地公约》第13届缔约方大会上，7个国家18个城市获得全球首批"湿地城市"称号，我国提名的6个城市全部获此殊荣。

177 ————

专栏 22   森林恢复国际会议暨亚太森林组织十周年回顾

    2018 年 3 月 26～28 日，亚太地区森林恢复国际会议暨亚太森林组织十周年回顾活动在北京举行。会议以"分享森林恢复经验，协调区域林业发展"为主题，分析和总结了亚太地区森林恢复经验及亚太森林组织十年来在森林恢复领域所做的探索和取得的成果，倡导各成员国携手合作，继往开来，开启亚太林业可持续发展新征途，共同推进区域林业协调发展。会上启动了 GMS 跨境野生动物保护合作机制和中国－东盟林业科技合作机制。来自亚太地区 30 多个经济体的部长、国际组织高官、外交使节及国内外代表 300 多人出席会议。亚太森林组织自 2008 年成立以来，在 22 个经济体实施了 37 个示范项目，总资助金额 2 200 万美元，项目涉及森林可持续经营、退化林地恢复和管理、社区林业发展、林业减贫、森林资源监测、林业政策研究、生物多样性保护及跨境生态安全等领域，培训了 3 000 余名林业官员、林业技术人员和社区林农。

专栏 23   世界防治荒漠化与干旱日纪念大会

    2018 年 6 月 14 日，国家林业和草原局与全国政协农业和农村委员会、陕西省人民政府在陕西榆林市联合举办了世界防治荒漠化与干旱日纪念大会，来自重点沙区省份林业主管部门的主管领导、治沙处长、部分全国政协委员以及主要新闻媒体记者共 120 多人参加了大会。全国政协副主席郑建邦出席大会并作重要讲话，张建龙局长、全国政协农业和农村委员会马中平副主任、陕西省刘国中省长参加会议并讲话，联合国副秘书长、公约执行秘书莫尼卡·巴布为大会发来贺信，刘东生副局长主持会议。本次大会以"防治土地荒漠化 助力脱贫攻坚战"为主题，通过领导讲话、典型交流和现场参观等多种形式，全面展示我国治沙成就，宣传治沙治穷的经验，讲好中国治沙故事。大会时间虽短，但规格高、内容多、效果好、影响大。

M
P179-196
附录

2018 年各地区林业产业总产值
（按现行价格计算）

单位：万元

地 区	总 计	第一产业	第二产业	第三产业
全国合计	762727590	245808400	349958761	166960429
北 京	1982907	1506054	243	476610
天 津	329393	327286		2107
河 北	14537374	6913266	6565839	1058269
山 西	4975362	3697276	628401	649685
内 蒙 古	5005409	2000547	1669769	1335093
辽 宁	10981337	6331114	2899466	1750757
吉 林	13980773	3772380	7786998	2421395
黑 龙 江	14684966	6316767	4575747	3792452
上 海	3270590	366382	2687200	217008
江 苏	47389897	11594763	28935517	6859617
浙 江	48980208	10071035	26493789	12415384
安 徽	40445629	11616059	18766804	10062766
福 建	59237698	9296486	40039672	9901540
江 西	45025656	11951934	21205434	11868288
山 东	67358492	24166237	37972984	5219271
河 南	21120020	10094800	7893605	3131615
湖 北	37921344	11885476	12755229	13280639
湖 南	46569770	15250786	15786612	15532372
广 东	81675768	9934785	53311612	18429371
广 西	57082451	19550093	30356465	7175893
海 南	6384908	3196309	2758390	430209
重 庆	12605922	5199893	3689380	3716649
四 川	37408252	14438460	9977274	12992518
贵 州	30100000	8855188	3961577	17283235
云 南	22207951	13395340	5959590	2853021
西 藏	358893	294891	3342	60660
陕 西	13206108	10348411	1345835	1511862
甘 肃	4802713	3743224	236703	822786
青 海	675339	493314	96961	85064
宁 夏	1623706	764420	558996	300290
新 疆	9802514	8009992	864347	928175
大兴安岭	996240	425432	174980	395828

2018 年各地区营造林生产主要指标完成情况

单位：公顷

地区	造林面积						森林抚育	年末实有封山(沙)育林面积	四旁(零星)植树(万株)	当年苗木产量(万株)	育苗面积
	合计	人工造林	飞播造林	新封山育林	退化林修复	人工更新					
全国合计	7299473	3677952	135429	1785067	1329166	371859	8675957	24596091	173967	6463753	1426929
北　京	29979	18427		10001	744	807	96261	84098	631	8671	14921
天　津	8648	8648					49037	26014	233	8494	13817
河　北	600956	359045	14934	223827	238	2912	449100	1019150	9379	353980	95400
山　西	340148	308020		32128			62439	557487	10775	619274	74607
内蒙古	599979	317967	61146	107537	92497	20832	667603	3695853	759	217525	46541
辽　宁	167978	62353	13333	55334	25673	11285	99354	485408	3586	189651	28076
吉　林	122657	48260			62685	11712	214224	397517	443	215317	11694
黑龙江	96639	45678		30863	19692	406	588210	703607	466	96364	7470
上　海	3183	3183						26743	51	2383	3183
江　苏	43356	41283			124	1949	73858	3051	6485	670165	173236
浙　江	63643	7462		1798	46964	7419	128620	1117293	1680	499684	139624
安　徽	138493	55718		39965	38815	3995	553838	285385	11869	102612	86224
福　建	193393	6517		112846	18882	55148	393977	707297	4502	70014	8476
江　西	308143	88556		70193	144835	4559	378118	778749	4409	173278	98765
山　东	147481	118745			3188	25548	203046	14808	14409	495008	182285
河　南	173596	137272	13336	18890	4098		301934	350833	14069	298720	53811
湖　北	330657	143803		63178	119578	4098	273258	1178631	11404	142896	42105
湖　南	584316	188114		168002	223819	4381	473406	1387472	16216	84584	13458
广　东	270462	85178		99798	63696	21790	504606	874103	7800	59061	4080
广　西	247800	46828		29421	6085	165466	860744	1510131	4382	102728	11903
海　南	10496	2657				7839	49226		140	10951	1565
重　庆	270003	110058		62225	89521	8199	156666	255462	5161	88188	19547
四　川	436816	257961		70746	96135	11974	198570	788257	12993	138811	41833
贵　州	346676	205917		84347	56412		400000	854504	3380	175701	16874
云　南	374796	261079		67692	45937	88	169891	862927	11511	116748	13286
西　藏	75039	39883		35156			22660	1326576	505	3447	4320
陕　西	348094	160912	27004	75220	84958		166933	743916	7486	428308	98047
甘　肃	392765	296021	667	85410	10667		147442	1130187	5697	584578	47371
青　海	205904	70031		135873			38260	1479324	1586	110726	8902
宁　夏	100055	44828		14939	40288		26664	313572	663	208806	29212
新　疆	243788	134881	5009	89678	12768	1452	670669	1664479	1298	180544	36164
大兴安岭	23534	2667		20867			230600			6539	132

注：自 2015 年起造林面积包括人工造林、飞播造林、新封山育林、退化林修复和人工更新。森林抚育面积特指中、幼龄林抚育。

2018 年各地区主要经济林产品产量

单位：吨

地 区	板栗	竹笋干	油茶籽	核桃	生漆	油桐籽	乌桕籽	五倍子	棕片	松脂	紫胶（原胶）
全国合计	2272867	805691	2629796	3820720	18882	348173	23237	21263	59051	1375367	6160
北　京	26957			11584							
天　津	1833			1945							
河　北	374954			158422							
山　西	12862			71481							
内　蒙　古											
辽　宁	143563			1107							
吉　林	503			11430							
黑　龙　江				174							
上　海		169									
江　苏	17906	805	260	2183							
浙　江	66673	197434	68523	23950	20	178			582	272	
安　徽	88895	33107	97267	23385	110	1729	101	59	3612	14880	
福　建	80415	204101	174154	146	85	26329	419	59	16503	107635	3565
江　西	22533	49482	455454	5	195	13563	118	20	3433	119760	
山　东	267369			166006							
河　南	106776	1593	49134	151990	1998	66397	7845	3897		7	
湖　北	405495	16547	194836	123487	2664	21400	10234	2767	3014	13280	
湖　南	112941	71911	1010844	7655	1120	26663	518	436	4345	47434	
广　东	25505	54779	149194			8701	1047		4433	248015	573
广　西	109759	33804	273000	2560	55	85617	383	169	3355	690217	
海　南		622	3844							7712	
重　庆	23358	29499	10518	29226	1458	4318	443	1918	646	80	
四　川	52385	72900	23119	573685	293	5238	628	209	1141	240	
贵　州	87668	17143	83090	142398	7392	44470	1248	9536	6577	16708	
云　南	165913	17344	20043	1071092	130	15766	27	34	7445	108490	2022
西　藏	20		2	4645		897					
陕　西	76998	4446	16514	238329	3361	26905	226	1982	3965	637	
甘　肃	1586	5		76302	1	2		177			
青　海				28200							
宁　夏				1654							
新　疆				897679							
大兴安岭											

全国历年营造林面积

单位：万公顷

年　别	人工造林	飞播造林	新封山育林	更新造林	森林抚育
1981	368.10	42.91		44.26	
1982	411.58	37.98		43.88	
1983	560.31	72.13		50.88	
1984	729.07	96.29		55.20	
1985	694.88	138.80		63.83	
1986	415.82	111.58		57.74	
1987	420.73	120.69		70.35	
1988	457.48	95.85		63.69	
1989	410.95	91.38		71.91	
1990	435.33	85.51		67.15	
1991	475.18	84.27		66.41	262.27
1992	508.37	94.67		67.36	262.68
1993	504.44	85.90		73.92	297.59
1994	519.02	80.24		72.27	328.75
1995	462.94	58.53		75.10	366.60
1996	431.50	60.44		79.48	418.76
1997	373.78	61.72		79.84	432.04
1998	408.60	72.51		80.63	441.30
1999	427.69	62.39		104.28	612.01
2000	434.50	76.01		91.98	501.30
2001	397.73	97.57		51.53	457.44
2002	689.60	87.49		37.90	481.68
2003	843.25	68.64		28.60	457.77
2004	501.89	57.92		31.93	527.15
2005	322.13	41.64		40.75	501.06
2006	244.61	27.18	112.09	40.82	550.96
2007	273.85	11.87	105.05	39.09	649.76
2008	368.43	15.41	151.54	42.40	623.53
2009	415.63	22.63	187.97	34.43	636.26
2010	387.28	19.59	184.12	30.67	666.17
2011	406.57	19.69	173.40	32.66	733.45
2012	382.07	13.64	163.87	30.51	766.17
2013	420.97	15.44	173.60	30.31	784.72
2014	405.29	10.81	138.86	29.25	901.96
2015	436.18	12.84	215.29	29.96	781.26
2016	382.37	16.23	195.36	27.28	850.04
2017	429.59	14.12	165.72	30.54	885.64
2018	367.80	13.54	178.51	37.19	867.60

注：1. 本表自 2015 年新封山育林面积包含有林地和灌木林地封育，飞播造林面积包含飞播营林。

2. 森林抚育面积特指中、幼龄林抚育。

2018 年各地区林业重点生态工程造林面积

单位：公顷

地区	全部造林面积	重点生态工程造林面积						其他造林面积
		合计	天然林资源保护工程	退耕还林工程	京津风沙源治理工程	石漠化治理工程	三北及长江流域等重点防护林体系工程	
全国合计	7299473	2443078	400601	723500	177838	247284	893855	4856395
北 京	29979	12268			11601		667	17711
天 津	8648	1849			1849			6799
河 北	600956	114035			44210		69825	486921
山 西	340148	215570	27793	130002	23611		34164	124578
内 蒙 古	599979	316073	74103	51560	84293		106117	283906
辽 宁	167978	68599		866			67733	99379
吉 林	122657	71452	55563				15889	51205
黑 龙 江	96639	69808	18479				51329	26831
上 海	3183							3183
江 苏	43356	8205					8205	35151
浙 江	63643							63643
安 徽	138493	38098		333			37765	100395
福 建	193393	4078					4078	189315
江 西	308143	61747					61747	246396
山 东	147481	14651					14651	132830
河 南	173596	47567	4407	3072			40088	126029
湖 北	330657	71091	10000	4666		32591	23834	259566
湖 南	584316	50817		1533		14042	35242	533499
广 东	270462	1163					1163	269299
广 西	247800	31521		2160		23381	5980	216279
海 南	10496	189					189	10307
重 庆	270003	129230	17464	100000		9102	2664	140773
四 川	436816	67749	29670	34639		3440		369067
贵 州	346676	117945	6667	6400		95811	9067	228731
云 南	374796	255464	26987	151895		68917	7665	119332
西 藏	75039	13975	1466	2414			10095	61064
陕 西	348094	161847	59975	53598	12274		36000	186247
甘 肃	392765	164493	8410	106712			49371	228272
青 海	205904	71372	23470	8621			39281	134532
宁 夏	100055	51608	7334	2000			42274	48447
新 疆	243788	187080	5279	63029			118772	56708
大兴安岭	23534	23534	23534					

注：重点工程造林面积包括人工造林、飞播造林、新封山育林和退化林修复面积。

全国历年林业重点生态工程完成造林面积

单位：万公顷

年别	合计	天然林资源保护工程	退耕还林工程		京津风沙源治理工程	三北及长江流域等重点防护林体系工程					大行山绿化工程	平原绿化工程
			小计	其中:退耕地造林		小计	三北防护林工程	长江流域防护林工程	沿海防护林工程	珠江流域防护林工程		
1979－1985年	1010.98					1010.98	1010.98					
"七五"小计	589.93					589.93	517.49	36.99			35.46	17.78
"八五"小计	1186.04				44.12	1141.92	617.44	270.17	84.67		151.86	3.59
1996年	248.17				16.50	231.67	134.23	46.40	7.22		40.25	3.31
1997年	244.94				21.60	223.35	126.61	44.78	6.35		36.63	5.96
1998年	271.80	29.04		38.15	23.16	219.60	124.40	44.86	6.03	5.67	34.37	4.73
1999年	316.95	47.76	44.79	32.84	21.16	203.25	124.54	36.98	4.45	3.99	29.34	6.26
2000年	309.90	42.64	68.36	28.03	28.03	170.88	105.32	20.69	5.69	3.21	29.85	
"九五"小计	1391.76	119.43	113.15	70.99	110.43	1048.75	615.09	193.71	29.73	15.93	170.44	23.84
2001年	307.13	94.81	87.10	38.61	21.73	103.49	54.17	16.27	9.09	2.71	14.13	7.13
2002年	673.17	85.61	442.36	203.98	67.64	77.56	45.38	11.03	5.57	4.66	7.62	3.32
2003年	824.24	68.83	619.61	308.59	82.44	53.35	27.53	10.88	3.86	4.47	5.00	1.62
2004年	478.06	64.15	321.75	82.49	47.33	44.83	23.23	11.33	3.02	3.18	3.09	0.98
2005年	309.96	42.48	189.84	66.74	40.82	36.82	21.79	6.59	2.27	3.07	2.85	0.25
"十五"小计	2592.56	355.87	1660.66	700.41	259.96	316.06	172.10	56.10	23.80	18.07	32.69	13.29
2006年	280.17	77.48	105.05	21.85	40.95	56.68	32.68	7.87	1.70	2.88	11.47	0.09
2007年	267.83	73.29	105.60	5.95	31.51	57.42	38.15	7.64	2.39	1.74	7.39	0.11
2008年	343.35	100.90	118.97	0.22	46.90	76.58	49.79	7.23	7.42	3.70	8.03	0.41
2009年	457.55	136.09	88.67	0.07	43.48	189.31	125.59	22.21	21.22	8.21	11.92	0.17
2010年	366.79	88.55	98.26	0.03	43.91	136.06	92.82	11.88	17.32	6.68	6.92	0.43
"十一五"小计	1715.68	476.31	516.55	28.12	206.77	516.05	339.04	56.83	50.05	23.21	45.73	1.20
2011年	309.30	55.36	73.02	0.01	54.52	126.40	73.78	20.48	20.99	7.23	3.66	0.26
2012年	275.39	48.52	65.53		54.17	107.18	67.87	15.79	14.54	5.16	3.81	
2013年	256.90	46.03	62.89	0.01	62.61	85.36	51.86	13.04	11.86	4.40	3.57	0.64
2014年	192.69	41.05	37.86		23.91	89.87	59.63	10.74	9.69	2.69	4.92	2.19
2015年	284.05	64.48	63.60	44.63	22.33	133.64	76.60	23.72	18.85	9.66	4.81	
"十二五"小计	1318.32	255.44	302.90	44.64	217.53	542.46	329.74	83.78	75.92	29.14	20.77	3.10
2016年	250.55	48.73	68.33	55.85	23.00	110.50	64.85	21.78	10.87	5.73	3.59	
2017年	299.12	39.03	121.33	121.33	20.72	94.79	62.64	17.40	6.81	4.80	3.14	
2018年	244.31	40.06	72.35	71.98	17.78	89.39	57.85	20.65	4.45	2.55	3.89	
总计	10599.25	1334.86	2855.28	1093.32	900.31	5460.82	3787.23	757.40	286.30	99.43	467.58	59.22

注：1. 京津风沙源治理工程1993－2000年数据为原全国防沙治沙工程数据。

2. 2006－2014年郁闭度0.2以下（不含0.2）新封山育林面积计入造林面积，2015年起今郁闭度0.5以下（含0.5）新封山育林面积和退化林修复面积计入造林面积。

3. 2016年三北及长江流域等重点防护林体系工程造林面积包括林业血防工程3.67万公顷造林面积。2017年三北及长江流域等重点防护林体系工程造林面积合计包括石漠化治理工程23.25万公顷造林面积。2018年林业重点生态工程造林面积合计包括石漠化治理工程24.73万公顷，三北及长江流域等重点防护林体系工程0.55万公顷造林面积。

全国历年林业重点生态工程实际完成投资及国家投资情况

单位：万元

指标名称		合计	天然林资源保护工程	退耕还林工程	京津风沙源治理工程	三北及长江流域等重点防护林体系工程							野生动植物保护及自然保护区建设工程
						小计	三北防护林工程	长江流域防护林工程	沿海防护林工程	珠江流域防护林工程	太行山绿化工程	平原绿化工程	
1979—1995年	实际完成投资	417515				400083	231652	77939	41990		32622	15880	
	其中：国家完成投资	196633				188132	132779	27148	10930		8780	8495	
1996年	实际完成投资	140461				124720	71169	23114	16548		7371	6518	
	其中：国家完成投资	51939				47433	30802	7455	2531		2085	4560	
1997年	实际完成投资	186106				152324	80567	21095	12653	16430	12247	9332	
	其中：国家完成投资	64741				52494	34704	7196	2198	502	2853	5041	
1998年	实际完成投资	441717	227761			176215	90289	27774	21029	12060	11970	13093	
	其中：国家完成投资	280338	206365			63797	37206	11154	3340	1557	5411	5129	
1999年	实际完成投资	713818	409225	33595		235521	118754	31384	22897	16463	24232	21791	
	其中：国家完成投资	501534	351309	33595		108432	57383	16345	5717	2775	14195	12017	
2000年	实际完成投资	1106412	608414	154075	43102	300821	143682	31273	31551	14392	23781	56142	
	其中：国家完成投资	881704	582886	146623	15655	136540	71602	18427	13768	6831	13327	12585	
"九五"小计	实际完成投资	2588514	1245400	187670	165843	989601	504461	134640	104678	59345	79601	106876	
	其中：国家完成投资	1780256	1140560	180218	50782	408696	231697	60577	27554	11665	37871	39332	
2001年	实际完成投资	1771124	949319	314547	183275	303066	102468	53406	40026	10678	16169	80319	20917
	其中：国家完成投资	1353311	887717	248459	59283	145743	56163	22736	14425	6499	8832	37088	12109
2002年	实际完成投资	2519018	933712	1106096	123238	316711	139272	45837	41164	17657	17151	55630	39261
	其中：国家完成投资	2249185	881617	1061504	120022	157582	66512	27942	13839	15481	10920	22888	28460
2003年	实际完成投资	3307863	679020	2085573	258781	232083	85437	41442	29155	13136	10436	52477	52406
	其中：国家完成投资	2977684	650304	1926019	239513	136239	49105	27758	20127	11083	8097	20069	25609
2004年	实际完成投资	3489682	681985	2142905	267666	352661	86645	109028	51946	11922	13048	80072	44465
	其中：国家完成投资	2981364	640983	1920609	261857	135782	44014	26017	29705	9797	11268	14981	22133
2005年	实际完成投资	3600892	620148	2404111	332625	192556	85231	53607	23029	9134	14620	6936	51452
	其中：国家完成投资	3211855	584777	2185928	325408	91292	41252	12808	19704	7039	10095	394	24450
"十五"小计	实际完成投资	14688579	3864184	8053232	1165585	1397077	499053	303320	185320	62527	71423	275434	208501
	其中：国家完成投资	12773399	3645398	7342519	1006083	666638	257046	117261	97800	49899	49212	95420	112761

（续）

指标名称	合计	天然林资源保护工程	退耕还林工程	京津风沙源治理工程	三北及长江流域等重点防护林体系工程							野生动植物保护及自然保护区建设工程
					小计	三北防护林工程	长江流域防护林工程	沿海防护林工程	珠江流域防护林工程	太行山绿化工程	平原绿化工程	
2006年 实际完成投资	3527084	643750	2321449	327666	179501	84328	24386	42553	6509	13949	7776	54718
其中：国家完成投资	3254930	604120	2224633	310029	85398	38539	8262	20637	4647	13108	205	30750
2007年 实际完成投资	3470969	820496	2084085	320929	165879	94026	13912	37819	3994	13213	2915	79580
其中：国家完成投资	3027545	666496	1915544	298768	91273	48202	9964	23290	2811	6541	465	55464
2008年 实际完成投资	4193747	973000	2489727	323871	337349	184078	34916	94009	7142	16804	400	69800
其中：国家完成投资	3625728	923500	2210195	310795	139275	99184	13119	18429	4043	4275	225	41963
2009年 实际完成投资	5075170	817253	3217569	403175	557076	270310	101057	140019	23828	21663	199	80097
其中：国家完成投资	4179436	688199	2886310	355377	209602	133198	27000	35953	8979	4422	50	39948
2010年 实际完成投资	4711990	731299	2927290	382406	570888	284589	49422	192579	27177	16471	650	100107
其中：国家完成投资	3616315	591086	2499773	329166	138550	68632	19557	33802	12519	4000	40	57740
"十一五"小计 实际完成投资	20978960	3985798	13040120	1758047	1810693	917331	223693	506979	68650	82100	11940	384302
其中：国家完成投资	17703954	3473401	11736455	1604135	664098	387755	77902	132111	32999	32346	985	225865
2011年 实际完成投资	5319584	1826744	2463373	250395	664819	322215	98832	200344	26204	12948	4276	114253
其中：国家完成投资	4342817	1696826	1949855	223978	394431	208105	42627	117478	14984	11167	70	77727
2012年 实际完成投资	5283825	2186318	1977649	356646	630274	325088	99667	165824	25796	13899		132938
其中：国家完成投资	4050116	1710230	1545329	321863	380467	210938	40869	96239	19977	12444		92227
2013年 实际完成投资	5361512	2301529	1962668	378669	569772	274469	65806	178784	21154	17539	12020	148874
其中：国家完成投资	4378163	2020503	1557260	357304	354732	170664	33863	116389	11354	10442	12020	88364
2014年 实际完成投资	6659502	2610936	2230905	106583	1512854	406704	98569	278075	21229	13196	695081	198224
其中：国家完成投资	5448154	2204105	1916113	81217	1098931	253193	33154	140431	14930	12664	644559	147788
2015年 实际完成投资	7056599	2983638	2752809	111595	954103	551846	103717	247150	31420	19970		254454
其中：国家完成投资	6299919	2838326	2520733	107268	637340	370283	85227	138168	23913	19749		196252
"十二五"小计 实际完成投资	29681022	11909165	11387404	1203888	4331822	1880322	466591	1070177	125803	77552	711377	848743
其中：国家完成投资	24519169	10469990	9489290	1091630	2865901	1213183	235740	608705	85158	66466	656649	602358
2016年 实际完成投资	6754068	3400322	2366719	152729	678829	355827	96009	145345	38195	25946		155469
其中：国家完成投资	6304925	3334513	2149296	141944	533251	322104	83955	66275	20084	25946		145921
2017年 实际完成投资	7180115	3763641	2221446	174385	676739	397780	129902	95172	31473	22412	2438	254075
其中：国家完成投资	6702046	3615667	2055317	158962	546891	294678	120732	88841	20611	22029	2438	236685
2018年 实际完成投资	7171963	3956762	2254055	123900	575427	347045	123383	62467	19310	20784	2032	154297
其中：国家完成投资	6721782	3870733	2048106	112997	441992	272132	106295	27613	13705	20215	2032	143657
总　计 实际完成投资	89460736	32125272	39510646	4761809	10860271	5133471	1555477	2212128	405303	412441	1123945	2005387
其中：国家完成投资	76702164	29550262	35001201	4175034	6315599	3111374	829610	1059829	234121	262865	802913	1467247

注：2016年三北及长江流域等重点防护林体系工程投资包括林业血防工程17507万元，其中，国家投资14887万元。2017年林业重点工程投资合计包括石漠化治理工程89829万元，其中，国家投资88524万元。2018年林业重点工程投资合计包括石漠化治理工程107522万元，其中，国家投资104297万元；三北及长江流域等重点防护林体系工程投资包括林业血防工程2438万元，其中，国家投资2032万元。

2018 年各地区林业有害生物发生防治情况

单位：公顷

地 区	合 计		森林病害		森林虫害		森林鼠害		林业有害植物	
	发生面积	防治面积	发生面积	防治面积	发生面积	防治面积	发生面积	防治面积	发生面积	防治面积
全国合计	12195249	9489279	1768711	1345403	8404058	6652490	1843971	1386034	178509	105352
北 京	29117	29117	1338	1338	27779	27779				
天 津	51061	51060	6663	6662	44398	44398				
河 北	468626	440897	20979	20230	409547	387284	38100	33383		
山 西	239252	195324	16635	8735	166340	138342	54678	46742	1599	1505
内 蒙 古	1019762	604445	148851	81434	673247	411138	197664	111873		
辽 宁	560063	514272	49997	42950	498567	462510	11499	8812		
吉 林	231911	222046	22444	20825	164773	156743	44694	44478		
黑 龙 江	414260	327000	28901	18499	211112	160921	174247	147580		
上 海	12649	12037	1181	1155	11468	10882				
江 苏	150963	145756	6415	6414	143117	137985			1431	1357
浙 江	211376	197982	58291	54536	153085	143446				
安 徽	419769	385033	71532	61060	348237	323973				
福 建	176530	168980	9865	9832	166665	159148				
江 西	310731	289043	104973	99701	205757	189341			1	1
山 东	485020	472815	77573	74159	407447	398656				
河 南	570725	515386	107424	97631	463301	417755				
湖 北	535294	393540	132520	94425	311471	253011	3855	3558	87448	42546
湖 南	422763	278534	31243	20040	391063	258041	120	120	337	333
广 东	346139	221322	104015	88267	206665	105644			35459	27411
广 西	345649	56033	56370	19831	283877	31499	178	178	5224	4525
海 南	22708	6594	94	12	9303	5311			13311	1271
重 庆	413677	413108	146610	146513	237055	236616	29879	29846	133	133
四 川	692552	451131	87966	47798	567774	373348	36791	29964	21	21
贵 州	205010	195699	19253	18784	172759	166004	3782	3565	9216	7346
云 南	452459	446919	72339	71280	355117	351654	7079	7000	17924	16985
西 藏	376046	72577	84645	16336	237356	45811	53426	10311	619	119
陕 西	411905	318271	81724	52312	243893	204407	86288	61552		
甘 肃	393778	282624	69911	46451	188283	137600	135584	98573		
青 海	267760	221260	26630	23638	108562	84755	126782	111068	5786	1799
宁 夏	303243	163506	9531	8764	119541	54569	174171	100173		
新 疆	1517200	1375105	91566	83951	847915	767152	577719	524002		
大兴安岭	137251	21863	21232	1840	28584	6767	87435	13256		

2018 年各地区主要林产工业产品产量

地 区	木 材 （万立方米）	竹 材 （万根）	锯 材 （万立方米）	人造板（万立方米） 合 计	胶合板	纤维板	刨花板	其他人造板	木竹地板 （万平方米）	松香类 产品（吨）
全国合计	8810.86	315517	8361.83	29909.29	17898.33	6168.05	2731.53	3111.37	78898	1421382
北 京	13.79									
天 津	19.75									
河 北	87.42		96.68	1588.13	657.52	464.68	256.49	209.44		
山 西	25.97		16.30	31.35	1.96	18.19	0.98	10.21		
内 蒙 古	74.55		1260.18	35.34	32.43		0.06	2.86	20	
辽 宁	170.96		264.25	174.88	71.07	45.33	13.47	45.02	2271	
吉 林	165.46		98.46	320.69	142.34	89.72	26.00	62.62	3388	
黑 龙 江	70.58		434.64	68.12	42.60	4.63	2.20	18.70	263	
上 海										
江 苏	133.85	445	350.96	5743.47	3892.37	785.64	769.83	295.63	34725	9000
浙 江	123.42	20246	363.29	510.24	182.18	81.02	8.72	238.31	10585	18000
安 徽	450.50	15632	553.39	2513.07	1790.88	368.03	185.31	168.84	8809	5411
福 建	580.22	91928	333.48	995.97	527.86	212.59	37.55	217.97	2285	119944
江 西	257.00	21366	270.04	435.03	164.34	108.99	39.36	122.35	3723	140190
山 东	474.26		1197.75	7488.85	5039.04	1382.77	640.39	426.66	4285	
河 南	258.36	118	271.10	1642.20	721.44	432.87	90.45	397.44	558	
湖 北	209.76	3744	243.59	830.04	311.44	383.83	73.31	61.46	3326	16219
湖 南	286.07	19802	471.61	714.39	449.08	70.47	34.90	159.95	1410	89326
广 东	859.91	22264	178.99	1011.39	330.74	479.66	174.91	26.08	1348	150573
广 西	3174.82	63610	1242.04	4458.69	2988.43	757.11	279.59	433.57	1265	712576
海 南	198.41	861	103.01	42.73	32.24	2.80	7.69		16	539
重 庆	59.53	18426	100.47	159.84	56.82	53.43	33.49	16.11	27	1185
四 川	230.70	17750	170.16	565.32	177.20	275.26	9.64	103.23	307	125
贵 州	278.25	1908	170.02	145.97	67.79	10.47	9.54	58.18	163	15863
云 南	550.71	16772	150.35	384.19	195.82	118.01	37.26	33.10	120	142231
西 藏				0.40	0.40					
陕 西	8.00	645	7.40	26.89	10.48	13.85	0.43	2.13	4	200
甘 肃	4.45		1.25	4.61	0.71	2.50		1.40		
青 海	0.06									
宁 夏										
新 疆	44.11		12.43	17.47	11.14	6.20		0.13		
大兴安岭										

全国历年主要林产工业产品产量

时　期	木　材 （万立方米）	竹　材 （万根）	锯　材 （万立方米）	人造板 （万立方米）	木竹地板 （万平方米）	松　香 （吨）
1981 年	4942.31	8656	1301.06	99.61		406214
1982 年	5041.25	10183	1360.85	116.67		400784
1983 年	5232.32	9601	1394.48	138.95		246916
1984 年	6384.81	9117	1508.59	151.38		307993
1985 年	6323.44	5641	1590.76	165.93		255736
1986 年	6502.42	7716	1505.20	189.44		293500
1987 年	6407.86	11855	1471.91	247.66		395692
1988 年	6217.60	26211	1468.40	289.88		376482
1989 年	5801.80	15238	1393.30	270.56		409463
1990 年	5571.00	18714	1284.90	244.60		344003
1991 年	5807.30	29173	1141.50	296.01		343300
1992 年	6173.60	40430	1118.70	428.90		419503
1993 年	6392.20	43356	1401.30	579.79		503681
1994 年	6615.10	50430	1294.30	664.72		437269
1995 年	6766.90	44792	4183.80	1684.60		481264
1996 年	6710.27	42175	2442.40	1203.26	2293.70	501221
1997 年	6394.79	44921	2012.40	1648.48	1894.39	675758
1998 年	5966.20	69253	1787.60	1056.33	2643.17	416016
1999 年	5236.80	53921	1585.94	1503.05	3204.58	434528
2000 年	4723.97	56183	634.44	2001.66	3319.25	386760
2001 年	4552.03	58146	763.83	2111.27	4849.06	377793
2002 年	4436.07	66811	851.61	2930.18	4976.99	395273
2003 年	4758.87	96867	1126.87	4553.36	8642.46	443306
2004 年	5197.33	109846	1532.54	5446.49	12300.47	485863
2005 年	5560.31	115174	1790.29	6392.89	17322.79	606594
2006 年	6611.78	131176	2486.46	7428.56	23398.99	915364
2007 年	6976.65	139761	2829.10	8838.58	34343.25	1183556
2008 年	8108.34	126220	2840.95	9409.95	37689.43	1067293
2009 年	7068.29	135650	3229.77	11546.65	37753.20	1117030
2010 年	8089.62	143008	3722.63	15360.83	47917.15	1332798
2011 年	8145.92	153929	4460.25	20919.29	62908.25	1413041
2012 年	8174.87	164412	5568.19	22335.79	60430.54	1409995
2013 年	8438.50	187685	6297.60	25559.91	68925.68	1642308
2014 年	8233.30	222440	6836.98	27371.79	76022.40	1700727
2015 年	7218.21	235466	7430.38	28679.52	77355.85	1742521
2016 年	7775.87	250630	7716.14	30042.22	83798.66	1838691
2017 年	8398.17	272013	8602.37	29485.87	82568.31	1664982
2018 年	8810.86	315517	8361.83	29909.29	78897.76	1421382

注：自 2006 年起松香产量包括深加工产品。

2018 年各地区林业投资完成情况

单位：万元

地　　区	总　　计
全国合计	48171343
北　　京	2448559
天　　津	135079
河　　北	1861822
山　　西	1117541
内 蒙 古	1612360
辽　　宁	419546
吉　　林	884136
黑 龙 江	1414502
上　　海	164947
江　　苏	867269
浙　　江	796396
安　　徽	1021252
福　　建	1539947
江　　西	1149215
山　　东	3045469
河　　南	750687
湖　　北	1966414
湖　　南	3233334
广　　东	867790
广　　西	9629216
海　　南	143945
重　　庆	819216
四　　川	2790807
贵　　州	2535121
云　　南	1383232
西　　藏	347444
陕　　西	1372268
甘　　肃	1384743
青　　海	430816
宁　　夏	201418
新　　疆	1093882
局直属单位	742970
大兴安岭	392946

全 国 历 年 林 业 投 资 完 成 情 况

单位：万元

年　份	林业投资完成总额	其中：国家投资
1981 年	140752	64928
1982 年	168725	70986
1983 年	164399	77364
1984 年	180111	85604
1985 年	183303	81277
1986 年	231994	83613
1987 年	247834	97348
1988 年	261413	91504
1989 年	237553	90604
1990 年	246131	107246
1991 年	272236	134816
1992 年	329800	138679
1993 年	409238	142025
1994 年	476997	141198
1995 年	563972	198678
1996 年	638626	200898
1997 年	741802	198908
1998 年	874648	374386
1999 年	1084077	594921
2000 年	1677712	1130715
2001 年	2095636	1551602
2002 年	3152374	2538071
2003 年	4072782	3137514
2004 年	4118669	3226063
2005 年	4593443	3528122
2006 年	4957918	3715114
2007 年	6457517	4486119
2008 年	9872422	5083432
2009 年	13513349	7104764
2010 年	15533217	7452396
2011 年	26326068	11065990
2012 年	33420880	12454012
2013 年	37822690	13942080
2014 年	43255140	16314880
2015 年	42901420	16298683
2016 年	45095738	21517308
2017 年	48002639	22592278
2018 年	48171343	24324902

2009－2018 年主要林产品进出口数量

产品		单位	2009年	2010年	2011年	2012年	2013年	2014年	2015年	2016年	2017年	2018年
原木	针叶原木 出口	立方米	851	174	41			2042				
	针叶原木 进口	立方米	20302606	24274023	31465280	26769151	33163602	35839252	30059122	33665605	38236224	41612911
	阔叶原木 出口	立方米	11885	28208	14339	3569	13128	9702	12070	94565	92491	72327
	阔叶原木 进口	立方米	7756655	10073466	10860568	11123565	11995831	15355616	14509893	15059132	17162103	18072555
	合计 出口	立方米	12736	28382	14380	3569	13128	11744	12070	94565	92491	78545991
	合计 进口	立方米	28059261	34347489	42325848	37892716	45159433	51194868	44569015	48724737	55398327	59685466
锯材	出口	立方米	561106	539433	544194	479847	458284	408970	288288	262053	285640	255670
	进口	立方米	9935167	14812175	21606705	20669661	24042966	25739161	26597691	31526379	37402136	36642861
单板	出口	立方米	114327	158158	246914	205644	204347	255744	265447	246424	335140	428288
	进口	立方米	72327	109517	200231	342983	599518	986173	998698	880574	738810	958718
特形材	出口	吨	251560	302159	254144	247267	225281	212089	176867	162298	148973	132838
	进口	吨	7953	10513	13442	14108	11818	16072	21624	27295	18896	28971
刨花板	出口	立方米	124944	165527	86786	216685	271316	372733	254430	288177	305917	353440
	进口	立方米	446543	539368	547030	540749	586779	577962	638947	903089	1093961	1065331
纤维板	出口	立方米	2031141	2569456	3291031	3609069	3068658	3205530	3014850	2649206	2687649	2273630
	进口	立方米	452979	400071	306210	211524	226156	238661	220524	241021	229508	307631
胶合板	出口	立方米	5634800	7546940	9572461	10032149	10263412	11633086	10766786	11172980	10835369	11203381
	进口	立方米	179178	213672	188371	178781	154695	177765	165884	196145	185483	162996
木制品	出口	吨	1563994	1858712	1876915	1865571	1935606	2175183	2269553	2302459	2420625	2392503
	进口	吨	39734	43652	55484	198006	445186	670641	760350	796138	753180	664333
家具	出口	件	247470421	298327198	289157492	286991126	287405234	316268837	327246688	332626587	367209974	386935434
	进口	件	3298999	4361353	5497244	6368316	7384560	9845973	10191956	11101311	11888758	12246952
木片	出口	吨	7247	5342	5094	69	69	42	85	5531		230
	进口	吨	2766012	4631704	6565328	7580364	9157137	8850785	9818990	11569916	11401753	12836122
木浆	出口	吨	35045	14433	31520	19504	22759	18393	25441	27790	24417	24370
	进口	吨	13578483	11299952	14354611	16380763	16781790	17893771	19791810	21019085	23652174	24419135
废纸	出口	吨	220	621	2853	2067	923	661	631	2142	1394	537
	进口	吨	27501707	24352214	27279353	30067145	29236781	27518476	29283876	28498407	25717692	17025286
纸和纸制品	出口	吨	4802753	5157993	5997827	6444274	7622315	8520484	8358720	9422457	9313991	8563363
	进口	吨	3495948	3536533	3477712	3254368	2971246	2945544	2986103	3091659	4874085	6404037
木炭	出口	吨	54922	63398	67463	64192	75550	80373	74075	68170	76533	60647
	进口	吨	156678	175518	188697	167655	209273	219758	172780	159338	170718	298037
松香	出口	吨	193291	249801	231148	167784	133136	122469	85322	58433		46950
	进口	吨	2927	3589	2659	9918	30413	11343	23357	45857		69931
水果	柑橘属 出口	吨	1113002	933089	901557	1082217	1041421	979882	920513	934320	775228	983551
	柑橘属 进口	吨	91652	105275	131739	126154	128621	161833	214890	295641	466751	533265
	鲜苹果 出口	吨	1174191	1122953	1034635	975878	994664	865070	833017	1322042	1334636	1118478
	鲜苹果 进口	吨	54116	66882	77085	61505	38642	28148	87563	67109	68850	64512
	鲜梨 出口	吨	463159	437804	402778	409584	381374	297260	373125	452435		491087
	鲜梨 进口	吨	13	13	527	2479	3122	7379	7930	8224		7433
	鲜葡萄 出口	吨	100225	89359	106477	152292	105152	125879	208015	254452	280391	277162
	鲜葡萄 进口	吨	89775	81744	122909	168409	185228	211019	215899	252396	233931	231702

（续）

产　品		单位	2009年	2010年	2011年	2012年	2013年	2014年	2015年	2016年	2017年	2018年
水果	鲜猕猴桃	出口	吨	26835	33162	1891	934	1478	2175	2007		4304	6498
		进口	吨	1749	2041	43114	51979	48243	62829	90178	66247	112532	113344
	山竹果	出口	吨		1	4	1				4133	27	26
		进口	吨	91719	90918	83573	101141	112945	82798	104480	125988	71141	159029
	鲜榴莲	出口	吨		4	11						3	4
		进口	吨	196147	172205	210938	286510	321950	315509	298793	292310	224382	431956
	鲜龙眼	出口	吨	945	1177	1704	1894	1892	1754	3915	2760	3170	3713
		进口	吨	256037	291336	338846	323328	365227	326079	354149	348455	528806	456603
	鲜火龙果	出口	吨	418	440	430	607	347	179	146	240	1092	3990
		进口	吨	195044	218355	339710	469245	538542	603876	813480	523373	533448	510844
坚果	核桃	出口	吨	10582	12086	17952	18024	18189	17571	13660	9151	33826	51157
		进口	吨	21102	25918	22837	27801	28385	26409	13137	12380	12334	11114
	板栗	出口	吨	46640	37002	37767	35081	39046	35594	34590	32884		36389
		进口	吨	10820	11983	9197	10666	11788	9874	6694	7213		7822
	松子仁	出口	吨	7862	7027	9633	11579	10683	11428	13444	13771	16153	12750
		进口	吨	935	503	2481	2279	1948	3750	4228	6638	12980	3175
	开心果	出口	吨	2469	3382	5178	11008	5193	3360	2596	2082		4939
		进口	吨	21545	52781	24952	28039	13651	10779	11348	18331		54954
干果	梅干及李干	出口	吨	551	954	1157	1522	1504	935	469	497	421	544
		进口	吨	3034	5635	9065	8269	6838	1613	1171	3421	4362	6304
	龙眼干及肉	出口	吨	232	283	264	248	193	216	297	291	246	410
		进口	吨	133616	62036	77370	58551	64471	35810	16203	33729	57850	83965
	柿饼	出口	吨	5001	6505	4657	6080	5036	5492	3113	4013	2614	2434
		进口	吨									4	2
	红枣	出口	吨	8668	7686	6873	8522	7784	7822	9573	11027	9886	11172
		进口	吨	5	51	37	17	1	1		4	9	3
	葡萄干	出口	吨	41345	39850	47959	30633	36005	30201	25500	28770	13792	23739
		进口	吨	11743	13855	20624	22358	20073	22592	34818	37087	33132	37717
果汁	柑橘属果汁	出口	吨	20220	22563	20541	6102	5661	5265	5076	4323	4741	4553
		进口	吨	65108	71364	78156	61904	70459	69701	64356	66268	82451	97816
	苹果汁	出口	吨	799505	788409	613912	591633	601490	458590	474959	507390	655527	558700
		进口	吨	467	464	819	1034	1769	2747	4770	5600	7712	6445

注：①资料来源：原始数据由海关总署信息中心提供。

②表中数据体积与重量按刨花板650千克/立方米，单板750千克/立方米的标准换算。纤维板折算标准：密度〉800千克/立方米的取950千克/立方米、500千克/立方米<密度<800千克/立方米的取650千克/立方米、350千克/立方米<密度<500千克/立方米的取425千克/立方米、密度<350千克/立方米的取250千克/立方米。

③木浆中未包括从回收纸和纸板中提取的木浆。

④纸和纸制品中未包括回收的废纸和纸板、印刷品、手稿等。

⑤2008年废纸、纸和纸制品出口量按纸和纸产品中的原生木浆比例折算，2009－2017年按木纤维浆（原生木浆和废纸中的木浆）比例折算，纸和纸制品出口量按纸和纸产品中木浆比例折算，出口量的折算系数：2008年为0.221；2009年为0.80；2010年为0.78；2011年为0.80；2012年为0.85；2013年为0.88；2014年为0.89；2015年为0.90；2016年为0.92；2017年为0.92；2018年为0.91。

⑥核桃进（出）口量包括未去壳核桃和核桃仁的折算量，其中，核桃仁的折算量是以40%的出仁率将核桃仁数量折算为未去壳的核桃数量；板栗进（出）口量包括未去壳板栗和去壳板栗的折算量，其中，去壳板栗的折算量是以80%的出仁率将去壳板栗数量折算为未去壳板栗数量；开心果进（出）口量包括未去壳开心果和去壳开心果的折算量，其中，去壳开心果的折算量是以50%的出仁率将去壳开心果数量折算为未去壳开心果数量。

⑦柑橘属水果中包括橙、葡萄柚、柚、蕉柑、其他柑橘、柠檬酸橙、其他柑橘属水果。

2009－2018 年主要林产品进出口金额

单位：千美元

产品		2009 年	2010 年	2011 年	2012 年	2013 年	2014 年	2015 年	2016 年	2017 年	2018 年
总 计	出口	36316317	46316686	55033714	58690787	64454614	71412007	74262543	72676670	73405906	78491352
	进口	33902486	47506554	65299100	61948082	64088332	67605223	63603710	62425744	74983984	81872984
原木 针叶原木	出口	274	51	38	1724		289				
	进口	2234430	3240796	4864608	7250935	5114048	5440581	3657984	4111591	5138718	5785597
阔叶原木	出口	4306	10475	6730		6656	7773	4140	29793	30155	23605
	进口	1852088	2830298	3408524	3760576	4203304	6341506	4402247	3973686	4781965	5199242
合 计	出口	4580	10526	6768	1724	6656	8062	4140	29793	30155	23605
	进口	4086518	6071094	8273132	3490359	9317352	11782087	8060231	8085277	9920683	10984839
锯 材	出口	346344	342001	360493	331346	325737	298200	206795	194220	204445	180496
	进口	2327863	3878172	5721322	5524195	6829924	8088849	7506603	8137933	10067066	10132562
单 板	出口	172678	210865	273559	234420	235983	276757	283714	280009	382999	481998
	进口	63736	88064	118568	135155	142005	183822	162113	157597	156892	192217
特形材	出口	371345	433189	377244	359769	334364	355706	293881	234461	213652	189707
	进口	15547	19708	29668	30988	28193	35357	41178	51055	36828	45769
刨花板	出口	32712	41387	56411	66454	93181	136337	114107	120502	97400	106627
	进口	88913	114283	122232	116921	127891	141666	141018	184022	241020	242553
纤维板	出口	884401	1114253	1435693	1613657	1523620	1630949	1425474	1228476	1146604	1118496
	进口	119570	124654	107114	93740	100575	110055	108396	125490	135017	141499
胶合板	出口	2523949	3402140	4339929	4795625	5033698	5813258	5487696	5275773	5097387	5425910
	进口	89042	116042	119681	119546	103104	131966	121126	138484	150851	155669
木制品	出口	3324597	4114612	4536235	4854951	5160484	5932432	6457198	6308242	6289577	6086516
	进口	84081	121953	156709	274723	500161	715093	763723	771224	740539	666670
家 具	出口	12035202	16157214	17118709	18331201	19440770	22091885	22854641	22209363	22692178	22933444
	进口	297671	387711	546457	596047	707904	888821	884025	961700	1183797	1256034
木 片	出口	887	558	726	30	57	21	102	823		478
	进口	353802	673817	1159600	1331814	1554275	1545100	1693669	1912019	1897517	2263472
木 浆	出口	22351	11344	34119	12694	14008	12433	16818	17267	16600	20375
	进口	6795615	8774104	11852421	10904715	11316770	12004565	12701792	12196424	15266065	19513308
废 纸	出口	48	119	616	691	418	265	280	495	385	203
	进口	3796054	5352897	6967452	6275973	5930000	5347795	5283161	4988961	5874652	4294716
纸和纸制品	出口	6129326	7554688	10454553	11800706	14232066	15859260	17097590	16403632	16733385	17599912
	进口	3879784	4610590	5055272	4600238	4373700	4308915	4046869	3945233	4981667	6203231
木 炭	出口	26065	35748	39094	44428	64472	89129	108964	101677	104079	80387
	进口	17552	22952	44877	58017	62857	62022	50057	46031	50264	87121
松 香	出口	181729	486750	593328	268287	272145	296592	194439	104297		81774
	进口	6104	8830	8577	17549	47616	25367	40434	64510		84263
水果 柑橘属	出口	592697	615797	726457	971902	1155959	1170064	1258434	1303841	1071605	1261167
	进口	74224	106072	148576	150776	166152	229953	267179	354846	552051	633489
鲜苹果	出口	713518	831627	914326	959913	1030074	1027619	1031232	1452932	1456372	1298926
	进口	54108	75932	115830	92578	67465	46278	146957	123220	115215	117385
鲜 梨	出口	220716	243263	285559	325154	361737	350656	442537	487011		530066
	进口	23	75	1043	3793	6041	10148	12935	13300		12671

（续）

产品		2009 年	2010 年	2011 年	2012 年	2013 年	2014 年	2015 年	2016 年	2017 年	2018 年
水果 鲜葡萄	出口	85926	104943	162273	336036	268561	358756	761873	663604	735140	689676
	进口	172077	189471	324280	425205	514608	602607	586628	629772	590728	586352
鲜猕猴桃	出口	33082	44719	2803	1592	3026	4646	4463		7061	9781
	进口	1900	2571	81910	138843	121626	195481	266718	145952	350104	411291
山竹果	出口		1	1	1				12932	28	30
	进口	144383	147018	145837	196000	231455	158470	238200	343079	147070	349401
鲜榴莲	出口			1	4					3	6
	进口	124373	149562	234304	399762	543165	592625	567943	693302	552171	1095163
鲜龙眼	出口	857	711	2451	2813	2158	3105	10187	8763	9936	8295
	进口	157334	193182	314287	395965	448088	328267	341923	270213	437722	365577
鲜火龙果	出口	161	300	719	1093	736	329	345	538	1781	6422
	进口	94538	105305	200154	326473	410163	529932	662882	381121	389512	396649
坚果 核 桃	出口	19849	24536	47654	54660	63087	71524	60735	30301	106052	149973
	进口	28502	48596	55204	73373	61000	62120	42335	31916	33817	34107
板 栗	出口	68208	73434	75865	85864	84255	82517	77858	76939		78469
	进口	18108	22090	17893	26937	24578	18360	10504	15222		19220
松子仁	出口	142974	159277	153902	174671	212315	234068	258135	272137	243249	184826
	进口	7875	5619	21990	22467	26953	53440	64841	88809	96659	30162
开心果	出口	5622	7334	10889	35959	28830	13482	10306	9956		20762
	进口	77461	203136	116623	134940	80886	66195	75964	118898		352594
干果 梅干及 李干	出口	2311	3844	4943	6766	6479	4235	2294	2405	2096	2416
	进口	2865	4942	8274	9718	9745	4251	3267	6282	7722	11365
龙眼干 及肉	出口	1249	1742	1674	1868	1535	1657	2392	1905	1713	2765
	进口	88737	64630	86455	82020	86062	56678	26565	60613	91308	125350
柿 饼	出口	9098	13896	11100	16040	13476	14826	8830	11904	7764	7446
	进口				1				2	17	5
红 枣	出口	17399	17447	22611	26808	24638	28535	35320	37290	33361	35872
	进口	20	90	58	70	8	8	4	16	49	47
葡萄干	出口	65311	69960	102067	73901	83392	74344	56891	62245	29387	45737
	进口	18340	23010	34943	41525	37881	37952	50952	55113	43633	52983
果汁 柑橘属 果汁	出口	14218	16064	19946	11107	11209	10880	10914	9353	10808	9974
	进口	106311	109036	172899	153505	155367	153185	124160	115084	160369	191326
苹果汁	出口	655526	747088	1081240	1142004	906622	638698	561250	546813	648227	621540
	进口	718	606	1087	1383	2269	3209	4454	4811	6438	5354
其 他	出口	7640042	9459801	11782556	11746517	13455234	14525425	15122709	15176770	16032475	19173670
	进口	6718656	9727522	23016281	14830100	10756768	19280066	18504906	17208212	20706541	9833733

注：① 资料来源：原始数据由海关总署提供。

② 木浆中未包括从回收纸与纸板中提取的木浆。

③ 纸和纸制品中未包括回收纸和纸板及印刷品等。

④ 纸和纸制品出口按木纤维浆（原生木浆和废纸中的木浆）价值比例折算，各年的折算系数为：2009年取0.80；2010年为0.78；2011年为0.8；2012 年为0.85；2013年为0.89；2014年为0.89；2015年为0.90；2016年为0.92；2017年为0.93；2018年为0.92。

⑤ 以造纸工业纸浆消耗价值中原生木浆价值的比例将纸和纸制品出口额折算为木制林产品价值，各年的折算系数为：2009年取0.81；2010年取0.79；2011年取0.81；2012年取0.86；2013年取0.89；2014年取0.89；2015年为0.91；2016年为0.93；2017年为0.93；2018年为0.92。

⑥ 将印刷品、手稿、打字稿等的进（出）口额=进（出）口折算量×纸和纸制品的平均价格。

注 释

1. 文中采用国家四大区域的分类方法，全国分为东部、中部、西部和东北四大区域。东部地区包括北京、天津、河北、上海、江苏、浙江、福建、山东、广东、海南 10 省（直辖市）；中部地区包括山西、安徽、江西、河南、湖北、湖南 6 省；西部地区包括内蒙古、广西、重庆、四川、贵州、云南、西藏、陕西、甘肃、青海、宁夏、新疆 12 个省（自治区、直辖市）；东北地区包括辽宁、吉林、黑龙江 3 省。

2. 文中林草产品进出口部分，将林产品分为木质林产品和非木质林产品。木质林产品划分为 8 类：原木、锯材（包括特形材）、人造板及单板（包括单板、胶合板、刨花板、纤维板和强化木）、木制品、纸类（包括木浆、纸及纸板、纸或纸板制品、废纸及废纸浆、印刷品等）、木家具、木片、其他（薪材、木炭等）。非木质林产品划分为 7 类：苗木类，菌、竹笋、山野菜类，果类，茶、咖啡类，调料、药材、补品类，林化产品类，竹藤、软木类（含竹藤家具）。将草产品分为草种子和草饲料 2 类。

3. 关于造林面积统计，根据《造林技术规程》（GB/T 15776 – 2006），自 2006 年起将无林地和疏林地新封山育林面积计入造林总面积。1985 年以前（含 1985 年），按造林成活率 40% 以上统计，1986 年以后按成活率 85% 统计。

4. 书中除全国森林资源数据外，附表中所有统计资料和数据均未包括香港、澳门特别行政区和台湾省。

5. 附表中符号使用说明："空格"表示该项统计指标数据不足本表最小单位数、不详或无该项数据。

后 记

《2018 年度中国林业和草原发展报告》是集体劳动的成果。在国家林业和草原局领导的直接领导下，局规划财务司和经济发展研究中心负责组织和编写，各司局、有关直属单位、北京林业大学、中国人民大学参加了这项工作。

本报告在编写过程中，得到了商务部、国家统计局、海关总署、中国造纸协会、中国木材与木制品流通协会等单位的大力支持，他们为之提供了有关资料，在此表示感谢。

我们诚恳希望广大读者关心林业和草原发展并能提供宝贵的建设性意见。我们的联系方式如下。

地址：北京市东城区和平里东街 18 号

国家林业和草原局规划财务司

国家林业和草原局经济发展研究中心

电话：010-84238824，84239038

编 者

2019 年 9 月

图书在版编目 (CIP) 数据

2018 年度中国林业和草原发展报告 / 国家林业和草
原局编著 . -- 北京：中国林业出版社，2019.10

ISBN 978-7-5219-0300-3

Ⅰ . ① 2… Ⅱ . ①国… Ⅲ . ①林业经济－经济发展－
研究报告－中国－ 2018 ②草原建设－畜牧业经济－经济发
展－研究报告－中国－ 2018 Ⅳ . ① F326.23 ② F326.33

中国版本图书馆 CIP 数据核字 (2019) 第 213962 号

中国林业出版社·生态保护出版中心

策划编辑：刘家玲
责任编辑：肖　静　刘家玲

出版：中国林业出版社（100009 北京西城区刘海胡同 7 号）
　　　E-mail: wildlife_cfph@163.com 电话：83143577　83143519
发行：中国林业出版社
制作：北京美光设计制版有限公司
印刷：固安县京平诚乾印刷有限公司
版次：2019 年 10 月第 1 版
印次：2019 年 10 月第 1 次
开本：889mm×1194mm　1/16
印张：13.25
字数：320 千字
定价：128.00 元